# Geschichte der Antike

*Ein fesselnder Führer durch das antike Ägypten, das antike Griechenland und das antike Rom*

© Copyright 2020
Alle Rechte vorbehalten. Kein Teil dieses Buches darf in irgendeiner Form ohne schriftliche Genehmigung des Autors reproduziert werden. Rezensenten dürfen in Besprechungen kurze Textpassagen zitieren.

Haftungsausschluss: Kein Teil dieser Publikation darf ohne die schriftliche Erlaubnis des Verlags reproduziert oder in irgendeiner Form übertragen werden, sei es auf mechanischem oder elektronischem Wege, einschließlich Fotokopie oder Tonaufnahme oder in einem Informationsspeicher oder Datenspeicher oder durch E-Mail.

Obwohl alle Anstrengungen unternommen wurden, die in diesem Werk enthaltenen Informationen zu verifizieren, übernehmen weder der Autor noch der Verlag Verantwortung für etwaige Fehler, Auslassungen oder gegenteilige Auslegungen des Themas.

Dieses Buch dient der Unterhaltung. Die geäußerte Meinung ist ausschließlich die des Autors und sollte nicht als Ausdruck von fachlicher Anweisung oder Anordnung verstanden werden. Der Leser / die Leserin ist selbst für seine / ihre Handlungen verantwortlich.

Die Einhaltung aller anwendbaren Gesetze und Regelungen, einschließlich internationaler, Bundes-, Staats- und lokaler Rechtsprechung, die Geschäftspraktiken, Werbung und alle übrigen Aspekte des Geschäftsbetriebs in den USA, Kanada, dem Vereinigten Königreich regeln oder jeglicher anderer Jurisdiktion obliegt ausschließlich dem Käufer oder Leser.

Weder der Autor noch der Verlag übernimmt Verantwortung oder Haftung oder sonst etwas im Namen des Käufers oder Lesers dieser Materialien. Jegliche Kränkung einer Einzelperson oder Organisation ist unbeabsichtigt.

# Inhaltsverzeichnis

**TEIL 1: DAS ALTE ÄGYPTEN** ..................................................................................1
**EINFÜHRUNG**..................................................................................................2
    Datierungsprobleme ........................................................................... 4
    Die Reiche und Dynastien des Alten Ägyptens: Ein herrliches Reich und die dunkle Seite .................................................................. 5
**KAPITEL 1 – WER WAREN DIE ALTEN ÄGYPTER? IHRE URSPRÜNGE, GESCHICHTE UND GEOGRAPHIE**..........................................................7
    Der Nil............................................................................................ 7
    Die Menschen .................................................................................. 8
    Die Entwicklung der ägyptischen Gesellschaft ................................ 8
    Ein vereintes Königreich: Das Erbe König Narmers....................... 9
    Warum waren die Ikonographie, die Monumente und das geschriebene Wort so wichtig? ................................................... 11
    Der König der zwei Länder.............................................................. 11
    Geographie..................................................................................... 12
**KAPITEL 2 – WER HATTE DIE MACHT INNE? DIE SOZIALSTRUKTUR DES ALTEN ÄGYPTENS**...............................................................................13
    Der Pharao..................................................................................... 13

DIE PRIESTER UND DIE ELITE .................................................................... 14

DAS LEBEN DER EINFACHEN LEUTE ........................................................ 15

BILDUNG ....................................................................................................... 16

DIE BERUFSLAUFBAHNEN ........................................................................... 17

FRAUEN ........................................................................................................ 19

## KAPITEL 3 – ÜBER KÖNIGE UND IHRE MILITÄRISCHE MACHT: EIN CHRONOLOGISCHER ÜBERBLICK ÜBER DIE REICHE, DYNASTIEN, PHARAONEN UND IHRE ERRUNGENSCHAFTEN VON DER VORDYNASTISCHEN ZEIT BIS ZUM NEUEN REICH ................................ 21

DIE VORDYNASTISCHE ZEIT ...................................................................... 22

DAS ALTE REICH: DAS ZEITALTER DER PYRAMIDEN ............................... 22

DIE ERSTE ZWISCHENZEIT ......................................................................... 23

DAS MITTLERE REICH: DAS ZEITALTER DER FESTUNGEN UND MILITÄRISCHEN EXPANSION ........................................................................................ 24

DIE ZWEITE ZWISCHENZEIT ....................................................................... 25

DAS NEUE REICH ........................................................................................ 25

## KAPITEL 4 – DIE GROSSARTIGEN PHARAONEN DES NEUEN REICHS UND IHR IMPERIUM .............................................................................. 27

THUTMOSIS III. ............................................................................................ 28

DAS HISTORISCHE ARMAGEDDON ............................................................. 29

ECHNATON .................................................................................................. 30

NOFRETETE .................................................................................................. 31

TUTANCHAMUN ........................................................................................... 33

GEHEIMNISVOLLER TOD UND UNGEWOLLTE HEIRAT ............................. 34

DIE WIEDERHERSTELLUNG DER IMPERIALEN MACHT: SETHOS I. UND RAMSES II. ............................................................................................................... 35

DIE LETZTEN MÄCHTIGEN PHARAONEN: MERENPTAH AND RAMSES III. ......... 39

## KAPITEL 5 – DER NIEDERGANG UND DAS ENDE DER ÄGYPTISCHEN ZIVILISATION ........................................................................................... 41

DIE DRITTE ZWISCHENZEIT ....................................................................... 41

SPÄTZEIT ..................................................................................................... 44

ALEXANDER DER GROSSE UND DIE PTOLEMAIER .................................. 45

**KAPITEL 6 – EINE ROMANZE, POLITIK UND TRAGÖDIE: DIE GESCHICHTE KLEOPATRAS VII.** .................................................. **48**

    Kleopatra und Julius Cäsar ........................................................... 48

    Kleopatra und Mark Anton .......................................................... 50

    Das Ende ..................................................................................... 52

**KAPITEL 7 – DIE RELIGION, MYTHOLOGIE UND RITUALE DER ALTEN ÄGYPTER** ............................................................................ **54**

    Der Kampf zwischen Ordnung und Chaos: Die zentrale mythologische Erzählung .............................................................. 56

    An der Spitze des Pantheons ........................................................ 58

    Hausgötter .................................................................................. 59

    Tägliche Rituale .......................................................................... 60

    Die wichtigsten Kultzentren ........................................................ 60

    Heilige Feste .............................................................................. 61

    Amulette ..................................................................................... 61

    Figuren für Verwünschungen und Flüche .................................... 62

    Kommunikation mit den Gottheiten ............................................. 62

    Der Kult um die Ahnen und vergöttlichte Menschen .................... 63

**KAPITEL 8 – BESTATTUNGSGLAUBEN UND RITUAL: MUMIFIZIERUNG UND DAS LEBEN NACH DEM TOD** ......................... **64**

    Der Fluch des Pharao .................................................................. 64

    Die Bestandteile eines menschlichen Wesens .............................. 65

    Die Mumifizierung in der Praxis .................................................. 66

**KAPITEL 9 – DIE ARCHITEKTUR DES ALTEN ÄGYPTENS: TEMPEL UND PYRAMIDEN** ........................................................................... **69**

    Tempel ........................................................................................ 69

    Gräber ........................................................................................ 73

    Pyramiden .................................................................................. 74

**SCHLUSS – AUFREGENDE AUSGRABUNGEN UND WELTWEITE ÄGYPTOMANIE: WARUM SIND WIR SO BESESSEN VOM ALTEN ÄGYPTEN?** ......................................................................................... **76**

**TEIL 2: DAS ANTIKE GRIECHENLAND** ........................................... **79**

**EINFÜHRUNG** ................................................................................... **80**

KAPITEL 1 – DIE DÄMMERUNG DES DUNKLEN ZEITALTERS ............ 82

KAPITEL 2 – VON DER DUNKELHEIT ZUR DEMOKRATIE ............... 87

KAPITEL 3 – DIE OLYMPISCHEN ANFÄNGE ..................................... 91

KAPITEL 4 – GRIECHENLAND WÄCHST MIT JEDEM KRIEG ............ 96

KAPITEL 5 – DER KAMPF UM DIE DEMOKRATIE ............................ 103

KAPITEL 6 – DER PELOPONNESISCHE KRIEG ................................. 108

KAPITEL 7 – AUFTRITT VON ALEXANDER DEM GROßEN ............... 113

KAPITEL 8 – GROßE GEISTER DES ANTIKEN GRIECHENLANDS ..... 120

KAPITEL 9 – DIE RÖMISCHE ÜBERNAHME .................................... 124

KAPITEL 10 – KLEOPATRA UND IHRE GATTEN .............................. 133

KAPITEL 11 – HADRIANS REISEN ................................................... 136

KAPITEL 12 – DIE ANGRIFFE DER GOTEN AUF GRIECHENLAND ... 141

KAPITEL 13 – DER AUFSTIEG DES CHRISTENTUMS ....................... 146

KAPITEL 14 – DAS ENDE DER ANTIKE ........................................... 151

SCHLUSSBEMERKUNG .................................................................. 155

TEIL 3: DAS ANTIKE ROM ............................................................. 157

EINFÜHRUNG ................................................................................ 158

KAPITEL 1 – DIE SIEBEN KÖNIGE DER SIEBEN HÜGEL: DIE GRÜNDUNG ROMS UND SEINE ERSTEN HERRSCHER .................. 161

    DER GRÜNDUNGSMYTHOS ........................................................ 161

    DIE ERSTEN RÖMER ................................................................. 162

KAPITEL 2 – DIE FRÜHE REPUBLIK: GANZ ITALIEN IST RÖMISCH .. 164

    DIE PATRIZIER, DIE PLEBEJER UND DIE STÄNDEKÄMPFE ............. 165

    MILITÄRISCHE EXPANSION WÄHREND DER FRÜHEN REPUBLIK: DIE EINNAHME ITALIENS .......................................................... 166

KAPITEL 3 – DIE PUNISCHEN KRIEGE UND DIE VORHERRSCHAFT IM MITTELMEERRAUM: DIE MITTLERE REPUBLIK ............................ 168

    DER ERSTE PUNISCHE KRIEG .................................................... 169

    DER ZWEITE PUNISCHE KRIEG UND DER ERSTE RÖMISCHE MILITÄRISCHE STAR: SCIPIO AFRICANUS .................................. 170

KAPITEL 4 – NIEDERGANG, KORRUPTION UND BÜRGERKRIEGE: DIE SPÄTE REPUBLIK ......................................................................... 172

    DIE MÄRTYRER SOZIALER GERECHTIGKEIT: DIE BRÜDER GRACCHUS ........... 173

MARIUS, DER NEUE MANN, UND SULLA ............................................................. 174

DIE TRIUMVIRI: POMPEIUS, CRASSUS UND CÄSAR ........................................ 174

CICERO GEGEN CATILINA ................................................................................ 175

## KAPITEL 5 – GAIUS JULIUS CÄSAR, DIE ÜBERQUERUNG DES RUBIKON UND EIN TOD, DER DIE STADT ERSCHÜTTERTE ............ 177

CÄSAR UND KLEOPATRA .................................................................................. 178

DER GELIEBTE DIKTATOR ................................................................................ 179

CÄSARS TOD ........................................................................................................ 180

## KAPITEL 6 – DER AUFSTIEG DES ERSTEN RÖMISCHEN KAISERS ...... 182

DAS ZWEITE TRIUMVIRAT ............................................................................... 183

ANTONIUS' MISSION IM OSTEN ...................................................................... 185

OKTAVIAN HAT DAS LETZTE WORT ............................................................... 186

## KAPITEL 7 – DAS FRÜHE RÖMISCHE REICH: PRINCEPS AUGUSTUS UND DIE JULISCH-CLAUDISCHE DYNASTIE .................. 188

DAS ZEITALTER DES AUGUSTUS ..................................................................... 188

TIBERIUS' LEBEN UND REGENTSCHAFT ...................................................... 191

CALIGULA ............................................................................................................ 192

CLAUDIUS ............................................................................................................ 193

NERO ..................................................................................................................... 193

## KAPITEL 8 – DIE FLAVISCHE DYNASTIE .................................................. 197

VESPASIAN .......................................................................................................... 197

TITUS ..................................................................................................................... 198

DOMITIAN ............................................................................................................ 199

## KAPITEL 9 – DIE NERVISCH-ANTONINISCHE DYNASTIE ................... 201

NERVA ................................................................................................................... 202

TRAJAN ................................................................................................................. 202

HADRIAN .............................................................................................................. 205

ANTONINUS PIUS ............................................................................................... 206

MARCUS AURELIUS ........................................................................................... 207

COMMODUS ........................................................................................................ 207

## KAPITEL 10 – DAS SPÄTE REICH ............................................................... 209

DIOKLETIAN UND DIE TETRARCHIE ............................................................. 209

DAS ENDE DER TETRARCHIE ........................................................................ 211
KONSTANTIN ÜBERNIMMT DEN WESTEN... ........................................... 211
...UND DEN OSTEN ........................................................................................ 212

**KAPITEL 11 – DAS REICH KONSTANTINS ................................................214**
DIE ERSTEN HÄRETIKER: DIE ARIANER ................................................. 215
DER BAU VON KONSTANTINOPEL (DAS NEUE ROM) ......................... 216
DIE LETZTEN JAHRE KONSTANTINS DES GROßEN: EIN DUNKLES GEHEIMNIS,
TAUFE UND TOD ............................................................................................ 217

**KAPITEL 12 – DIE KONSTANTINISCHE DYNASTIE .............................219**
KONSTANTINS SÖHNE ................................................................................. 219
JULIAN DER APOSTAT ................................................................................... 220
DIE RESTAURATION DER GRIECHISCH-RÖMISCHEN KULTUR: JULIANS
VERGEBLICHE TRÄUME .............................................................................. 221

**KAPITEL 13 – NIEDERGANG UND FALL DES WESTRÖMISCHEN
REICHS .................................................................................................................224**
VALENTINIAN, VALENS UND GRATIAN .................................................. 224
THEODOSIUS ................................................................................................... 225
DIE EINZIGARTIGKEIT DES CHRISTENTUMS ...................................... 226
DIE PLÜNDERUNG ROMS ........................................................................... 226
DIE FURCHTERREGENDEN HUNNEN ..................................................... 227
WIDERSTAND GEGEN EINFLUSS DER BARBAREN .............................. 227
DER WESTEN FÄLLT, DER OSTEN BESTEHT WEITER ......................... 228

**KAPITEL 14 – DAS BYZANTINISCHE JAHRTAUSEND ........................230**
JUSTINIAN UND THEODORA .................................................................... 231
EIN GOTT IM HIMMEL, EIN KAISER AUF ERDEN ................................ 232
DIE KREUZZÜGE ............................................................................................ 233
DIE OSMANEN ................................................................................................ 234

**ZEITTAFEL DER RÖMISCHEN GESCHICHTE ........................................236**
ANTIKE GESCHICHTE: DIE RÖMISCHE REPUBLIK .............................. 236
DAS FRÜHE REICH ........................................................................................ 238
DAS SPÄTE REICH .......................................................................................... 241
DAS BYZANTINISCHE REICH ..................................................................... 244

LITERATURVERZEICHNIS ..........................................................................247
ENDNOTEN ................................................................................................248

# Teil 1: Das Alte Ägypten

*Ein fesselnder Führer zur ägyptischen Geschichte, den alten Pyramiden und Tempeln, zur ägyptischen Mythologie und Pharaonen wie Tutanchamun und Kleopatra*

# Einführung

Wenn wir an das Alte Ägypten denken, sind wohl Mumien, Pyramiden und der rätselhafte Tod Tutanchamuns das Erste, was uns in den Sinn kommt. Aber das ist nur der Anfang. Es gibt so viel mehr Faszinierendes zu entdecken und zu erforschen. Jahr für Jahr enthüllen neue Ausgrabungen erstaunliche Artefakte wie z.B. Tongegenstände, die immer noch die Fingerabdrücke der antiken Künstler zeigen. Andere Gegenstände helfen uns, die spezifischen Krankheiten zu bestimmen, an denen eine Person starb, bevor er oder sie mumifiziert wurde. So viele kleine Einblicke helfen uns, die alten Ägypter kennenzulernen – ihr tägliches Leben, ihren Antrieb und ihre Motivation, ihre Gefühle und Schwächen genau wie unsere.

Viele überlieferte Texte helfen uns zu verstehen, wie die Könige, die Priester und auch gewöhnliche Menschen lebten und woran sie glaubten. Diese Menschen erschufen eine erstaunliche Zivilisation. Ihre Generäle fochten zahlreiche Schlachten. Ihre Priester verehrten ein Pantheon von fast 1.000 Göttern. Ihre Könige schufen große Architekturwunder – die Pyramiden und eine Reihe von Palästen, Tempeln, Dörfern und geheimnisvollen Gräbern.

Das alte ägyptische Reich überdauerte fast 3.000 Jahre. Wie viele souveräne Königreiche entstand es aus den Ruinen, die durch die Zusammenstöße verschiedener Mächte, die fragmentierte Territorien kontrollierten, zurückblieben, und entwickelte sich zu einer Nation, die Nordafrika und die umliegende Welt veränderte. Das Alte Ägypten entwickelte sich langsam zu einem kulturellen Epizentrum, in dem Wissenschaft und Magie miteinander verbunden waren. Die Höhepunkte der menschlichen Errungenschaften dieses goldenen Zeitalters sind mit denen des antiken Griechenlands und Roms auf ihrem jeweiligen Höhepunkt vergleichbar.

Diese Errungenschaften vollzogen sich über einen langen Zeitraum. Lange bevor die Assyrer, Perser, Griechen und Römer in der Folgezeit ins Land einfielen, hatten sich die Ägypter von ganz allein zur zivilisatorischen Blüte aufgeschwungen und waren wieder hinabgestürzt. In der Zeitleiste des Alten Ägyptens gibt es drei Hauptepochen: das Alte Reich, das Mittlere Reich und das Neue Reich. Die ikonischen Monumente, die Jahrtausende überdauert haben, wurden während des Alten Reichs errichtet. Das war die Zeit des kulturellen Erwachens und der monumentalen Bauweise. Das Mittlere Reich war die Epoche, in der eine Nation vereint und neu gegründet wurde. Das Neue Reich war die Zeit der aggressiven Expansion und des kulturellen Fortschritts.

Die Epoche, in der die Ägypter die Welt erschütterten, war nicht nur eine des militärischen Triumphs und der Expansion, sondern auch eine Zeit großer Innovationen. Sie entwickelten eine der ersten Schriftsprachen (neben Mesopotamien), erfanden den Papyrus, Jahrhunderte bevor die Chinesen Papier herstellten, und legten die Basis für die Kalendereinteilung, die wir heute noch kennen. Darüber hinaus entwickelten die alten Ägypter frühe Formeln für Kosmetika, u.a. Augen-Make-up und Atembonbons.

Das Alte Ägypten ist eine der faszinierendsten und höchstentwickelten Zivilisationen der bekannten Geschichte. Man erinnert sich an die alten Ägypter wegen ihrer Götter, den Pyramiden, den Pharaonen, der Mumifizierung, der Hieroglyphen, der Landwirtschaft und vielem mehr. Dieses Buch enthüllt die Geheimnisse der fesselnden Welt des Alten Ägyptens, die faszinierenden Geschichten seiner Berühmtheiten wie Echnaton,

Ramses des Großen, Königin Kleopatra und des Kindkönigs Tutanchamun. Sie werden etwas über mächtige Götter und die magische Verbindung zwischen der Sonne und dem Volk Ägyptens erfahren und Sie erforschen die grauenhaften Begräbnisrituale, die einen sicheren Weg ins Jenseits garantierten. Entdecken Sie die Geheimnisse einer der großartigsten Gesellschaften, die je existiert haben, und finden Sie heraus, warum es ihr immer noch gelingt, die Aufmerksamkeit der Welt auf sich zu ziehen.

## Datierungsprobleme

Es ist fast unmöglich, Epochen, Regierungszeiten, Schlachten oder Zeremonien mit genauen Daten anzugeben. Die Ägypter nutzten kein zentralisiertes Datierungssystem. Stattdessen verwiesen sie auf Daten mit der Angabe königlicher Regierungsjahre (z.B. im 3. Jahr Ramses III. oder im 12. Jahr Echnatons), was zu Verwirrungen und Diskrepanzen zwischen unterschiedlichen historischen Quellen führt.

Im dritten vorchristlichen Jahrhundert erfand der ägyptische Historiker und Priester Manetho das dynastische System, das wir – mit einigen Modifikationen – heute noch benutzen. Er teilte die ägyptischen Könige in 31 Dynastien auf, gruppierte sie zu drei Reichen und drei dazwischenliegenden Übergangsepochen (Zwischenzeiten).

- Frühe dynastische Epoche: 0. bis 2. Dynastie, um 3150–2686 v. Chr.
- Das Alte Reich: 3. bis 6. Dynastie, um 2686–2181 v. Chr.
- Erste Zwischenzeit: 7. bis 10. Dynastie, um 2181–2040 v. Chr.
- Das Mittlere Reich: 11. und 12. Dynastie, um 2040–1782 v. Chr.
- Zweite Zwischenzeit: 13. bis 17. Dynastie, um 1782–1570 v. Chr.
- Das Neue Reich: 18. bis 20. Dynastie, um 1570–1070 v. Chr.
- Dritte Zwischenzeit: 21. bis 26. Dynastie, um 1070–525 v. Chr.
- Späte Epoche: 27. bis 30. Dynastie, um 525–332 v. Chr.[i]

# Die Reiche und Dynastien des Alten Ägyptens: Ein herrliches Reich und die dunkle Seite

Schreibkunst und Königtum waren zwei mächtige Zeichen des Fortschritts, die die pharaonische Zivilisation ermöglichten und sie von anderen antiken Kulturen unterschied. Die spektakulären Artefakte und zahlreichen schriftlichen Zeugnisse von Leben, Tod und Macht der ägyptischen Pharaonen dominieren unsere Sicht auf ihre Geschichte. Wir kennen ihre erstaunlichen Kunstwerke und kulturellen Errungenschaften. Aber trotz zahlreicher schriftlicher und anderer Quellen wissen wir immer noch wenig über das tägliche Leben der einfachen Leute. Aus diesem Grund weist der renommierte Ägyptologe Tobi Wilkinson darauf hin, dass das Alte Ägypten auch eine dunklere Seite hatte.[ii] Es gibt viele Hinweise für die finstere Seite der pharaonischen Zivilisation. Von Menschenopfern in der ersten Dynastie bis zu einer Bauernrevolte unter den Ptolemaiern war das Alte Ägypten eine Kultur, in der das Verhältnis zwischen dem Monarchen und seinem Volk auf Unterdrückung und Terror basierte, nicht auf Liebe und Bewunderung. Die königliche Macht war absolut und menschliches Leben war billig.

Die ersten Souveräne im Tal der Könige hatten schnell gelernt, die erhebliche Macht der Ideologie und ihr visuelles Gegenstück, die Ikonographie, zu gebrauchen – und zu missbrauchen. Es gelang ihnen, verschiedene Gruppen und Gemeinschaften zu vereinen und sie loyal an den Pharao und sein Reich zu binden. Zunächst erfanden und nutzten die Könige die Führungsinstrumente, die auch in modernen Gesellschaften noch genutzt werden. Elaborierte Systeme von Symbolen und klug arrangierte öffentliche Auftritte trugen dazu bei, den Herrscher von den Massen zu isolieren. Spektakuläre Zeremonien zu formalen Anlässen dienten dazu, den Bund der Loyalität zu festigen. Patriotischer Eifer wurde regelmäßig sowohl in Worten als auch in Bildern ausgedrückt. Diese Maßnahmen wurden von anderen, weniger gütigen Strategien begleitet, um die Macht der Pharaonen zu erhalten. Die Stärke des Königs wurde durch eine politische Propaganda vergrößert, die die Ideologie der Fremdenfeindlichkeit verstärkte. Die Bevölkerung wurde genau überwacht und Gegenstimmen brutal unterdrückt.

Die alten Ägypter ersannen die Vorstellung vom Nationalstaat, die heute noch die Welt dominiert. Das Konzept der Ägypter war außergewöhnlich, sowohl für seine Wirkung als auch seine Langlebigkeit: Der pharaonische Staat überdauerte in seiner ursprünglichen Form über dreitausend Jahre. Denken Sie daran, dass Rom kaum tausend Jahre überlebte und die westliche Kultur noch zweitausend erleben muss.

# Kapitel 1 – Wer waren die alten Ägypter? Ihre Ursprünge, Geschichte und Geographie

## Der Nil

Der wichtigste Einzelfaktor, der die antike ägyptische Zivilisation ermöglichte, war der Nil. Der Fluss machte das Leben - und die Entwicklung - in einer ansonsten trockenen und verlassenen nordafrikanischen Wüste erst möglich. Aus diesem Grund ist das Alte Ägypten auch als das Niltal bekannt. Da der Nil von Süden nach Norden fließt, heißt der südliche Teil entgegen der Intuition Oberägypten und der nördliche Teil Unterägypten. Der Nil trat jedes Jahr zwischen Juli und Oktober über die Ufer. Das Land an beiden Ufern wurde überflutet und war, wenn sich das Wasser später wieder zurückzog, mit fruchtbarem, schwarzem Schlamm bedeckt. Die Ägypter nannten ihr Land „Schwarzes Land" oder Kemet. Das Delta (der nördliche Teil, wo sich der Nil in verschiedene Kanäle verzweigt, die ins Mittelmeer münden) war außerordentlich fruchtbar. Papyrus wuchs in großer Menge, die Landwirtschaft florierte. Allerdings bestand auch immer die Möglichkeit, dass der Nil zu stark oder zu wenig über die Ufer trat. Beides war schlecht, denn Missernten führten zu Hungersnöten und Tod.

## Die Menschen

Das Niltal war Heimat für zahlreiche ethnische Gruppen unterschiedlicher Herkunft. In der Zeit vor 5000 v. Chr. lebten dort Nomadenstämme, sowohl Jäger als auch Sammler. Dann verursachte ein erheblicher klimatischer Wandel die Austrocknung jenes Gebietes, das das antike ägyptische Reich werden sollte. Die Dürre beeinflusste die Populationen großer Tiere und der Menschen, die Nahrung und frisches Wasser finden mussten. Aus diesem Grund kamen die Stämme aus verschiedenen Richtungen zusammen und siedelten im Niltal, wo sie eine ganz neue Gesellschaft gründeten. Aus dieser Vielfalt von Gemeinschaften und Sprachen entstand die ägyptische Kultur.

## Die Entwicklung der ägyptischen Gesellschaft

Die ersten sesshaften Gemeinschaften gehörten der Badari-Kultur an. Diese viehhütenden Halbnomaden sahen sich über die Jahrhunderte vielen Herausforderungen gegenüber, aber nachdem sie alle entlang des Niltals zusammengekommen waren, beschleunigten sich die Dinge. Der Überfluss an Ressourcen schuf ein Interesse am persönlichen Fortkommen und die Gesellschaft begann, sich auszudifferenzieren. Die Menschen wurden Führer und Anhänger, eine kleine herrschende Klasse bildete sich heraus und begann, eine viel größere Gruppe von Menschen anzuführen. Die Reichen wurden reicher und begannen, eine neue Schicht zu finanzieren: die spezialisierten Handwerker. Diese Fachleute entwickelten neue Technologien und Produkte für ihre Förderer. Nur die Reichen hatten Zugang zu diesen Prestigeprodukten und anderen Gütern und Materialien.

Der ökonomische, kulturelle und politische Wandel war unausweichlich. Die Anhäufung von Gemeinschaften hatte sich in eine komplexe Gesellschaft verwandelt. Der nächste Schritt war der zum Königtum.

## Ein vereintes Königreich: Das Erbe König Narmers

Das endgültige Austrocknen der Wüste um 3600 v. Chr. führte zu einer plötzlichen Bevölkerungszunahme entlang des Niltals. Die Produktion von Nahrungsmitteln wurde intensiviert, die Verstädterung wurde beschleunigt. Ressourcen wurden knapp und die Konkurrenz wurde stärker, was zur Entwicklung der ersten befestigten Städte führte.

Die Menschen der Region, aus der ein großes Königreich entstehen sollte, fanden sich in drei regionalen Gruppierungen zusammen, mit Zentren in den Städten Tjeni (in der Nähe des heutigen Girga), Nubet (das heutige Naqada) und Nechen. Jede von ihnen hatte ihren eigenen Herrscher – wahrscheinlich einen Erbkönig. Die Herrscher der drei Gruppen wollten ihre Autorität um jeden Preis demonstrieren und vergrößern. Mit der Zeit wuchs ihr Hunger nach seltenen und wertvollen Objekten. Die Könige waren auf Gold und wertvolle Edelsteine wie Lapislazuli aus und folglich florierten der Binnen- und der Außenhandel. Aber das war nicht die einzige Folge. Die Herrscher der drei Königreiche betrachteten sich als Rivalen und ein Konflikt war unausweichlich.

Die Herrscher von Tjeni besaßen einen großen Vorteil, da sie bereits zwei Drittel des ägyptischen Territoriums kontrollierten. Darüber hinaus hatten sie Zugang zu den örtlichen Häfen und etablierten den Handel mit dem Nahen Osten. Nach fast zwei Jahrhunderten der Feindschaft ergriff König Narmer von Tjeni um 2950 v. Chr. das Königtum eines vereinten Ägyptens. Er gab eine beeindruckende Palette – die berühmte Narmerpalette – in Auftrag, die mit Szenen seines Triumphs geschmückt war und stiftete sie dem

Tempel in Nechen, wo sie verblieb, bis sie fast fünf Jahrtausende später wieder aus dem Schlamm geborgen wurde.

Narmer wurde der erste König der Ersten Dynastie, der allererste Herrscher eines vereinten Ägyptens. Das berühmte Artefakt seiner Zeit, die Narmerpalette, zeigt eine meisterhafte Beherrschung der Steinhauerei und zeugt schon von hochentwickelter Kunst und königlicher Ikonographie.

*König Narmer, die Narmerpalette (Detail)*

Neben der künstlerischen Meisterschaft der altägyptischen Handwerker zeigt die Narmerpalette eine aufregende, obskure und geheimnisvolle Ikonographie, die Narmers Herrschaft mit einer entfernten prähistorischen Vergangenheit in Verbindung bringt. Verschlungene Kreaturen mit langen, verdrehten Hälsen, ein Stier, der die Mauern einer feindlichen Festung zerschmettert, und andere Abbildungen von Naturkräften erzählen uns viel über die Stellung eines Königs im frühen Ägypten. Der Umstand, dass ägyptische

Monumente und Artefakte aus Stein hergestellt sind, ist ebenfalls von Bedeutung: Es weist auf Dauerhaftigkeit und Unsterblichkeit hin. Ägyptische Monumente waren für die Ewigkeit gemacht.

## Warum waren die Ikonographie, die Monumente und das geschriebene Wort so wichtig?

Mit der Vereinigung Ägyptens wurde der weltweit erste Nationalstaat geschaffen. Die alten Ägypter erfanden die Nationalität – eine gemeinsam geteilte Identität für viele verschiedene Gruppen von Menschen. Narmer gelang es, eine Regierungsstruktur aufzubauen und kollektive Werte sowie einen sehr ausgeprägten Sinn für das zu schaffen, was als *ägyptisch* galt.

Die Ägypter erfanden Herrschaftsinsignien wie z.B. Krone und Zepter und sie nutzten die Architektur als Symbol königlicher Macht. Obwohl die alten Ägypter eine geschriebene Sprache entwickelten, war die überwiegende Mehrheit des Volkes Analphabeten. Aus diesem Grund waren Ikonographie und Architektur besonders nützlich. Auf der anderen Seite konnte eine kleine Gruppe gebildeter Menschen eine Bedrohung für den Monarchen darstellen. Dabei handelte es sich um hohe Beamte und seine engsten Berater und es musste ihm daran gelegen sein, sie auf seiner Seite zu behalten.

Hieroglyphen waren ebenfalls sehr wichtig. Obwohl sie ursprünglich einem äußerst alltäglichen Zweck dienten, nämlich um Aufzeichnungen zu machen, waren sich die alten Ägypter des großen ideologischen Potentials des geschriebenen Wortes bewusst. Aus diesem Grund hinterließen sie überall Inschriften mit ihren Namen, Titeln und Hierarchien.

## Der König der zwei Länder

Von Narmer bis Kleopatra musste jeder Herrscher, der als wahrer König (oder wahre Königin) Ägyptens Anerkennung suchte,

Gegensätze ins Gleichgewicht bringen und beherrschen. Ober- und Unterägypten, das schwarze und das rote Land, das Reich der Lebendigen und das der Toten. Ein wahrer König Ägyptens musste sowohl geistliche als auch weltliche Aspekte des Lebens ordnen. Er stand an der Spitze des Staates und war gleichzeitig auch ein Gott auf Erden.

## Geographie

Das Alte Ägypten war in Ober- und Unterägypten geteilt sowie in den Osten und den Westen, mit dem Nil als Grenze dazwischen. Die Städte aus der vordynastischen Zeit wie Naqada, Hierankonpolis (Nechen) und Abydos waren alle einmal Hauptstädte. Im Alten Reich wurde jedoch eine Stadt das Verwaltungszentrum: Memphis. Alle königlichen Friedhöfe des Alten Reichs, einschließlich der Pyramidenfelder in Gizeh, lagen in der Nähe. Viel später – im Neuen Reich – wurde Theben (heute Luxor) die neue Hauptstadt. Genauer gesagt entwickelte sich Theben zur religiösen Hauptstadt, während Memphis die Verwaltungshauptstadt blieb, die die Kontrolle über Ober- und Unterägypten sicherstellte.

# Kapitel 2 – Wer hatte die Macht inne? Die Sozialstruktur des Alten Ägyptens

Die antike ägyptische Gesellschaft war stark gegliedert und lässt sich gut als Pyramide darstellen, mit dem König an der Spitze und der arbeitenden Klasse an der Basis. Direkt unter dem König standen die Priester, gefolgt von der etwas größeren Gruppe der herrschenden Eliten. Die Arbeiter standen auf der untersten Stufe und umfassten verschiedene Gruppen von hochspezialisierten Fachleuten bis hin zu ungebildeten Landarbeitern. Alle hatten ihren definierten Platz in dieser hochorganisierten Gesellschaft.

## Der Pharao

Ob rechtmäßiger Thronerbe oder Usurpator des Throns, der König verfügte über ungeheure Macht. Seine Rollen und Funktionen sowie auch seine Verantwortlichkeiten waren unterschiedlich. Er war der Hohepriester jedes Tempels im Land. Der König war auch Befehlshaber der Armee in Friedens- und Kriegszeiten und internationaler Diplomat, der Friedensverträge und Handelsabkommen abschloss. Eine seiner Rollen war besonders interessant: Der König agierte als Mittler zwischen dem Volk und den Göttern. Er trug den Titel Horus, eine irdische Verkörperung der höchsten göttlichen Existenz. Kurz gesagt war ein ägyptischer König selbst ein Gott. Man nahm an, dass er in der Lage war, im Namen des ägyptischen Volkes direkt mit anderen Göttern zu sprechen. Eine seiner größten Verantwortlichkeiten bestand darin, die Götter glücklich zu machen. Das kam manchmal äußerst ungelegen. Denn wenn das ägyptische Volk von Hungersnöten, Krieg oder Krankheiten geplagt wurde, konnte dies bedeuteten, dass der König bestraft wurde.

## Die Priester und die Elite

Die Stellung eines Priesters garantierte große Machtfülle. Priester erhielten viele Geschenke und konnten unglaublich reich werden. Sie arbeiteten im Namen des Königs für den Tempel, um zu gewährleisten, dass die Götter zufrieden waren und die Bevölkerung sicher war.

Örtliche Beamte verfügten ebenfalls über Macht, Nomarchen oder Gaufürsten waren für ihre Provinz oder *Nome* verantwortlich. Sie verwalteten die Wirtschaft und die Gewerbe und beeinflussten in starkem Maße das Leben der Menschen in ihrem Territorium. Die Nomarchen spielten eine Schlüsselrolle in Kriegszeiten. Bevor im Neuen Reich eine stehende Armee eingeführt wurde, waren die örtlichen Führer für die Rekrutierung und die Ausbildung gesunder und kräftiger junger Männer aus ihren Nomen verantwortlich, die für Ägypten kämpften oder den König auf Expeditionen begleiteten. Da die militärische Macht stark dezentralisiert war, musste der König für gute Beziehungen zu den Nomarchen sorgen und so behielt er sie durch Geschenke und Zahlungen auf seiner Seite, wodurch sie im Gegenzug noch mächtiger wurden.

Der zweitmächtigste Mann nach dem König war der Wesir. Sein Verantwortungsbereich war eine Kombination aus Staatssekretär und persönlichem Assistenten. Der Wesir stellte Berichte aus allen wichtigen Informationen des ganzen Landes zusammen. Er konnte

Vieles im Namen des Königs tun, wie z.B. Ländereien und Güter aus Kriegsgewinnen an die Nomarchen oder andere Beamten als Preis für ihre Loyalität zu verteilen. Der Wesir war ebenfalls der Chef der Justiz. Er saß dem Gericht vor und entschied täglich über Petitionen, Verbrechen und kleinere Delikte.

Machtwandel waren im Alten Ägypten üblich. Manchmal übertraf der Wesir, ein Priester oder ein anderer Beamter den König an Macht. Ramses XI. aus der 20. Dynastie war Hohepriester des Amun, bevor er auf dem Thron landete. Darüber hinaus verfügten die Priester seiner Zeit über mehr Macht als er. König Ay aus der 18. Dynastie war ein Wesir und Haremhab war genau wie sein Nachfolger Ramses I. Armeegeneral. Das Missverhältnis von Reichtum und Macht wird in den Gräbern und Pyramiden, die gegen Ende des Alten Reichs errichtet wurden, offensichtlich. Die königlichen Pyramiden sind kleiner und weniger teuer als diejenigen hoher Staatsbeamter.

## Das Leben der einfachen Leute

Die Überreste mehrerer Dörfer wie Deir el-Medina, Kahun, Pi-Ramses, Auaris und Amarna vermitteln uns wertvolle Informationen über die Lebensweise und Arbeit der örtlichen Bevölkerung. Es ist interessant festzustellen, dass alle Häuser im Alten Ägypten mit Menschen vollgestopft waren. Die Häuser (oder Villen) der Elite waren die Wohnstätte des Besitzers und seiner Familie, außerdem seiner Angestellten, Diener und Verwalter. Allerdings bestanden sie aus zahlreichen Räumen und Fluren, die den Besitzern ausreichend Intimsphäre gewährten. In den kleinen Häusern der Arbeiter war Intimsphäre dagegen unmöglich. Ehepaare hatten bis zu 15 Kinder und viele Generationen teilten sich die gleichen, aus vier Räumen bestehenden Wohnungen.

Die Arbeiterschaft war groß und in sich nicht einheitlich. Von Landarbeitern, die das Land für die Begüterten pflügten und im Wesentlichen für ihr Überleben arbeiteten, bis zu den gutbezahlten

Schreibern und privilegierten Handwerkern gab es eine Fülle verschiedener Beschäftigungen, die ein Ägypter ausüben konnte.

## Bildung

Nicht viele ägyptische Jungen konnten sich in der Antike ihre Laufbahn aussuchen, aber sie bereiteten sich seit früher Kindheit darauf vor. Es galt als Regel, dass der älteste Sohn der Familie in die Fußstapfen seines Vaters trat und mit dem fünften Lebensjahr begann, die Landwirtschaft, die Bildhauerei oder die Verwaltung zu erlernen. Die anderen Söhne mussten sich ebenfalls nützlich machen. Sie wurden von Fachleuten in verschiedenen Laufbahnen ausgebildet und einige waren sehr gebildet.

Die Elite ebenso wie besonders talentierte Jungen aus der Arbeiterschaft wurden in Tempel- oder Palastschulen unterrichtet. Einige dieser Schulen waren hochspezialisiert und nahmen nur Kinder aus Familien eines bestimmten Gewerbes auf. Manchmal gab es eine örtliche Alternative für Jungen, die auf den Eliteschulen abgewiesen wurden. Dorfschreiber unterrichteten mitunter die Kinder des Dorfes gemeinsam mit ihren eigenen Kindern.

Mädchen genossen nur selten eine Bildung. Ihnen war der Zugang zu formalen Bildungseinrichtungen verwehrt und als Frauen durften sie keine Verwaltungspositionen einnehmen. Einige konnten lesen und schreiben, weil sie die Töchter von Schreibern waren, aber diese Fälle waren selten.

Fünfjährige lernten Lesen, Schreiben und Rechnen. Im Alter von neun Jahren mussten alle jungen Ägypter ihren Beruf wählen. Ein interessanter Text namens „Satire über die Gewerbe"[iii] beschreibt verschiedene Tätigkeiten in einem negativen Licht, während er die Vorteile des Schreiberberufs lobt. Er ist in Form eines Ratschlags des Schreibers Dua-Cheti an seinen Sohn verfasst und enthüllt die Sicht der Schreiber auf die Arbeiter. Dennoch kann er als eine unschätzbare Informationsquelle bezüglich der beruflichen

Beschäftigungen gelten, für die sich ägyptische Jungen entscheiden konnten.

## Die Berufslaufbahnen

Es gab vier Hauptkategorien: Handarbeit, Verwaltung, Priesterschaft und Militärdienst. Alle Beschäftigungen fielen in eine dieser Kategorien. Nicht jedermann konnte Priester werden, aber jeder konnte eine Beschäftigung in der Landwirtschaft und im Bauwesen finden. Im Neuen Reich hatten Ägyptens klügste und beste Jungen zwei Wahlmöglichkeiten: Schreiber oder Soldat. Das Leben als Soldat erschien vielen Jungen sowohl aufregend als auch glamourös. Der Beruf des Schreibers bot auf der anderen Seite ein angenehmes, friedliches Leben ohne physische Anstrengung, aber mit Bildung, Einfluss und Reichtum. Ein erfolgreicher Schreiber konnte sogar Wesir werden und wir haben gesehen, was das bedeutete. Der gesamte Palast und seine internen Abläufe, die Polizei und die Justiz (der Wesir handelte im Namen des Königs als Richter) standen unter der Kontrolle des Wesirs. Natürlich konnte nicht jeder Wesir werden, aber selbst ein einfacher Schreiber konnte gut leben. Die meisten Menschen waren Analphabeten und benötigten die Dienste eines Schreibers.

Die Priesterschaft war eher ein Erbe als eine Berufung, da sie traditionellerweise vom Vater auf den Sohn vererbt wurde. Der Priester war ein Diener Gottes. Priester hatten nicht viel Kontakt mit der Bevölkerung. Ihre Hauptverantwortlichkeit lag darin zu gewährleisten, dass die Gebete, Opfergaben und Beschwörungen angemessen durchgeführt wurden.

Im Neuen Reich konnten ägyptische Jungen auch Berufssoldaten werden. Zuvor hatten die Nomarchen, wenn eine Armee benötigt wurde, geeignete junge Männer aus ihren Bezirken versammelt und sie für die Expedition oder den Feldzug rekrutiert.

Während die Handwerker, die die Gräber im Tal der Könige konstruierten und schmückten, gut bezahlt waren und zahlreiche

Vergünstigungen genossen, mussten weniger geschickte Handwerker an neun von zehn Tagen viele Arbeitsstunden verrichten, um ihr Überleben zu sichern. Landarbeiter kannten keine freien Tage. Darüber hinaus besaßen sie kein Land. Der Großteil des landwirtschaftlich genutzten Bodens gehörte dem König oder dem Tempel und wurde den Bauern zur Nutzung überlassen, die verpflichtet waren, die verlangten Getreideabgaben zu produzieren. Andernfalls wurden sie geschlagen.

Es sollte erwähnt werden, dass es nicht stimmt, dass Sklaven am Bau der Pyramiden beteiligt waren. Es handelte sich dabei um Arbeitgeber, die eine gute Vergütung und Boni erhielten, die es ihnen erlaubten, für Wohlstand und Gesundheitsfürsorge zu sorgen. Es gibt schriftliche Beweise, dass die hochqualifizierten Bauarbeiter und Künstler, die in Deir el-Medina siedelten und die Verantwortung für größere Projekte im Tal der Könige trugen, so viele Tage freinehmen konnten, wie sie wollten; als Begründung genügte ein Kater, was – überraschenderweise oder auch nicht – einer der häufigsten Gründe war.

Während Bauern und Landarbeiter die ärmste Schicht der ägyptischen Gesellschaft darstellten, war ihre Arbeit nicht die schlechteste. Die schlimmste Arbeit war – laut der „Satire über die Gewerbe – die eines Wäschers. In einer hochdifferenzierten Gesellschaft von Fachleuten wie im Alten Ägypten gab es einen Bedarf an Fachleuten, die sich um die Lendenschurze der Menschen kümmerten. Die Wäscher sammelten die Wäsche in den Häusern ein und wuschen sie im Nil mit einer Seife aus Natron und Kalk. Die Lendenschurze anderer Menschen zu waschen, war nicht nur abstoßend, sondern auch körperlich hart und gefährlich. Die Kleidung musste gegen Steine geschlagen werden, damit die Flecken verschwanden. Dazu kam, dass der Nil die Heimat von Krokodilen, parasitären Würmern und wahrscheinlich tödlichen, stechenden Insekten war.

# Frauen

Ägyptische Frauen genossen im Gegensatz zu den meisten anderen Frauen antiker Gesellschaften viele Freiheiten. Sie konnten ohne männlichen Begleiter aus dem Haus gehen und besaßen die gleichen Rechte wie die Männer ihrer Gesellschaftsschicht. Auch wenn sie die meiste Zeit im Haus verbrachten, konnten sie Geld mit dem Verkauf von Waren verdienen, die sie herstellten, z.B. Brot, Bier, Leinen, Körbe oder Gemüse. Einige waren in privaten Haushalten angestellt und hatten Stellungen inne, die der einer modernen Haushälterin entsprachen. Andere arbeiteten als Hebammen - eine lukrative und sehr notwendige Tätigkeit, wenn man die Zahl der Kinder pro Familie bedenkt (gewöhnlich zwischen fünf und fünfzehn) - oder als Ammen. Einige ägyptische Frauen waren Teil der Priesterschaft und hatten verschiedene Rollen in den Kulten der Göttinnen wie z.B. Isis, Neith oder Hathor. Neben anderen Rechten konnten ägyptische Frauen Eigentum besitzen, erben und vererben. Die Frauen königlicher Abstammung verfügten jedoch nicht über diese Freiheiten. Sie waren im Harem eingesperrt und wurden häufig als politisches Pfand benutzt. Oft wurden sie gezwungen, einen Bruder zu heiraten oder den Vater (oder einen ältlichen Wesir, der nach Macht hungerte, wie wir noch in einem der folgenden Kapitel sehen werden) und unnatürliche Beziehungen einzugehen, nur um zu gewährleisten, dass der Thron in der Familie blieb.

Die alten Ägypter heirateten sehr jung und es wurde erwartet, dass jeder Kinder hatte. Hochzeiten waren formlos, genau wie Scheidungen. Im Gegensatz zu einer weitverbreiteten Auffassung gingen die Ägypter normalerweise keine inzestuösen Beziehungen ein. Heiraten zwischen Geschwistern kamen hin und wieder in königlichen Familien vor, dann aber ausschließlich aus politischen Gründen.

Die Versorgung der Älteren war Aufgabe der Kinder, besonders der Töchter. Söhne mussten sich um die Eltern ihrer Frauen kümmern. Einige, wie die Handwerkerelite in Deir el-Medina und das Militär, erhielten jedoch eine staatliche Pension. Die durchschnittliche Lebenserwartung lag bei 35 Jahren, vor allem wegen der hohen Sterblichkeit durch Krankheiten und Verletzungen, aber es war auch nicht ungewöhnlich, ein auch für unsere Begriffe hohes Alter zu erreichen.

# Kapitel 3 – Über Könige und ihre militärische Macht: Ein chronologischer Überblick über die Reiche, Dynastien, Pharaonen und ihre Errungenschaften von der vordynastischen Zeit bis zum Neuen Reich

Die Ägypter führten Aufzeichnungen über ihre Könige und deren Errungenschaften. Diese Aufzeichnungen liegen uns in Form der Königslisten vor, die uns über die Namen der Pharaonen, ihre Titel, Regierungszeit und deren Hauptereignisse unterrichten. Aber die Listen sind selektiv und enthalten nicht alle Pharaonen. Die Daten sind ebenfalls mit einem Fragezeichen zu versehen, weil die alten Ägypter keinen einheitlichen Kalender hatten.

# Die vordynastische Zeit

In der vordynastischen Zeit (von etwa 5000 v. Chr. bis 3000 v. Chr.[iv]) existierten zwei getrennte Kulturen: Ober- und Unterägypten. Aus archäologischer Sicht ist es interessant, dass sich die meisten ägyptischen Siedlungen in Unterägypten befanden (das entgegen heutiger Logik im Norden lag), während sich die Friedhöfe in Oberägypten (im Süden) befanden. Die Kulturen der beiden Länder waren die Grundlage für die spätere ägyptische Zivilisation.

König Narmer (0. Dynastie) begründete die ägyptische Zivilisation, die wir heute kennen. Er einte mithilfe seiner militärischen Macht zahlreiche Regionen mit lokaler Regierung. Seine Zeremonialpalette zeigt die früheste Schlachtszene, die im Alten Ägypten dokumentiert ist. Ihre Bildsprache – insbesondere das Bild des Königs, der die Krone sowohl Ober- als auch Unterägyptens trägt – impliziert, dass Ägypten nie wieder geteilt sein sollte. Alle Pharaonen mussten dieses Modell aufrechterhalten und ein geeintes Ägypten regieren. Die frühe dynastische Periode hatte mit der ersten Dynastie begonnen und endete mit dem Ende der zweiten Dynastie. Nach und nach hatte sich der Staat herausgebildet und die Pharaonen hatten begonnen, große unterirdische Gräber voller wertvoller Waren zu bauen.

# Das Alte Reich: Das Zeitalter der Pyramiden

Auch wenn wir die Anfänge und die frühe Entwicklung der ägyptischen Gesellschaft bis in die prähistorische Vergangenheit des Landes tausende von Jahren vor den Pyramiden zurückverfolgen können, markieren die ikonischen Monumente auf dem Plateau von Gizeh den ersten Zenit der pharaonischen Kultur. Die Ideologie eines göttlichen Königtums definiert diese Zeit. Die Verbreitung des Glaubens an einen Herrscher mit göttlicher Autorität war der wichtigste Triumph der frühen ägyptischen Könige. Im ägyptischen Bewusstsein wurde dieser Glaube zur einzigen akzeptablen Form der Regierung – und er blieb es für die nächsten dreitausend Jahre. Aus diesem Grund ist dieser Typus der Monarchie das am längsten währende politische und religiöse System, das die Welt bisher gesehen hat. Die Kunst, die Schrift, die Zeremonien und die Architektur des Alten Ägyptens drücken alle den Glauben an dieses System aus und liefern sowohl die Inspiration als auch die Rechtfertigung für die überdimensionalen königlichen Gräber.

Das Alte Reich hatte mit der dritten Dynastie (um 2686 v. Chr.) begonnen und endete mit der sechsten (um 2181 v. Chr.). Das war die Zeit, in der die großen Pyramiden gebaut wurden. Die erste Pyramide war die des Königs Djoser aus der dritten Dynastie. Er ließ die Stufenpyramide in Sakkara erbauen. Die große Pyramide des Königs Cheops in Gizeh repräsentiert den Höhepunkt in der Entwicklung des Pyramidenbaus. In der fünften Dynastie wurden die Pyramidentexte ebenso wichtig wie die Pyramiden selbst und die sechste Dynastie erlebte einen Niedergang. Überflutungen, Hunger und eine Adelsschicht, die reicher wurde als die Könige (die Gräber der Reichen waren weitaus teurer als die der Könige der sechsten Dynastie) – all diese Faktoren markierten das Ende des Alten Reichs.

## Die erste Zwischenzeit

An das Ende des Alten Reichs schloss sich eine Phase politischer Unruhen an, die die erste Zwischenzeit genannt wird. Die Armen erhoben sich gegen die Elite und die Herrscher. Es war eine Zeit der Anarchie, in der die Menschen um ihr Leben fürchteten. Laut den „Klagen des Ipuwer" hatten die Menschen sogar vor ihren eigenen Familienangehörigen Angst. „Ein Mann betrachtet seinen Sohn als seinen Feind [...] Der tugendhafte Mann geht in Trauer über das, was im Land passiert."[v]

Ägypten wurde wieder geteilt. Die Verwaltung der achten Dynastie befand sich in der Region um Memphis und ihre Herrschaft war auf die örtliche Gegend beschränkt. Der Rest Ägyptens war unter der Kontrolle verschiedener unbedeutender Führer. Als die achte Dynastie zusammenbrach, begann die neunte Dynastie ihre

Herrschaft von Herakleopolis aus. Irgendwann gewann diese Dynastie die Macht über ganz Ägypten zurück, aber sie wurde in der zehnten und elften Dynastie wieder geteilt, als die Hauptstadt nach Theben verlegt wurde.

## Das Mittlere Reich: Das Zeitalter der Festungen und militärischen Expansion

Mentuhotep I., dem vierten Pharao der elften Dynastie, gelang es um 2100 v. Chr. ganz Ägypten wieder zu vereinen und die Kontrolle zurückzugewinnen. Das war der Beginn der Periode, die als Mittleres Reich bezeichnet wird. Der König war immer noch abhängig von örtlichen Gouverneuren. Er benötigte ihre Hilfe, um eine Armee auszuheben. Pharao Sesostris III. aus der zwölften Dynastie gewann schließlich genug Macht, um die Armee selbst auszuheben.

Wie das Alte Reich für seine großartigen Pyramiden bekannt ist, glänzte das Mittlere Reich mit seinen Festungen. Dies war eine Zeit der militärischen Expansion und der Vergrößerung des ägyptischen Territoriums. Jedes Mal, wenn die Ägypter ein neues Gebiet besetzten, bauten sie eine große und beeindruckende Festung, um dem Feind zu signalisieren, dass die Ägypter gekommen sind, um zu bleiben. In der zwölften Dynastie ließ Pharao Amenemhet I. eine Reihe von Festungen im nordöstlichen Delta erbauen, um die neuen Grenzen zu verteidigen. Eine Reihe von 17 weiteren Festungen wurde in Nubien erbaut, ein Stück von den Grenzen entfernt, um den Einfall der Nubier zu verhindern und den Handel der Goldminen und andere Aktivitäten in der Region zu kontrollieren. Alle Festungen hatten gemeinsame architektonische Elemente, wie Bastionen (von denen aus Soldaten auf den Feind feuern konnten), Mauern aus Lehmziegeln mit einem Gang auf der Mauerkrone (wodurch Soldaten die Grenze patrouillieren konnten), weiße Gräben um die Mauern herum und ummauerte Treppen zum Nil (was Nachschub und Marineangriffe ermöglichte). Einige Festungen hatten befestigte Städte und Tempel in nächster Nähe.

## Die zweite Zwischenzeit

Das Mittlere Reich endete und die zweite Zwischenzeit begann um 1800 v. Chr. in ähnlicher Weise wie die erste: Überflutungen, Hungersnöte und Anarchie. Zur gleichen Zeit kamen Einwanderer aus dem Gebiet Syriens und Palästinas (die Ägypter bezeichneten sie als Asiaten) und wurden von der Regierung willkommen geheißen, die hoffte, sich ihrer Fertigkeiten im Bootsbau bedienen zu können. Dann begann die *Hyksos-Zeit*. Die Herrschaft über Ägypten wurde wieder geteilt. Die 15. Dynastie - die Hyksos, gestärkt durch die asiatische Gemeinschaft - herrschte von Auaris aus im Norden, während die 17. Dynastie den Süden von Theben aus beherrschte. Die Pharaonen der 17. Dynastie waren Ägypter, aber aller Wahrscheinlichkeit nach waren sie lediglich Vasallenherrscher und bereiteten den Hyksos keine Schwierigkeiten.

Entgegen dem weitverbreiteten Mythos, dass die Hyksos aus Palästina mit ihren Kampfwagen in Ägypten einfielen, fand ein solches Ereignis nie statt. Die Hyksos-Herrscher gehörten zur örtlichen siro-palästinensischen Gemeinschaft, die schon über ein Jahrhundert im Nildelta lebte, bevor die Hyksos-Periode begann.

Obwohl es den Hyksos gelang, gegen 1600 v. Chr. die Kontrolle über Ober- und Unterägypten zu gewinnen, wurden sie schließlich vertrieben. In der Regierungszeit des Hyksos-Königs Apopi, kämpfte König Seqenenre Taa aus der 17. Dynastie gegen ihn. Der König aus Theben fiel in der Schlacht, aber sein Sohn Kamose führte den Kampf weiter und nach ihm gelang es seinem Bruder Ahmose, die Feinde aus Ägypten zu vertreiben.

## Das Neue Reich

Das Neue Reich begann mit Ahmoses Rückkehr nach Ägypten um 1550 v. Chr. Er war der erste König der 18. Dynastie und er führte zahlreiche Veränderungen in der Regierung und der Verwaltung ein. Am wichtigsten war die Aufstellung einer stehenden Armee.

Jeder konnte in die Armee eintreten. Die Ausbildung begann im Alter von fünf Jahren und der Dienst begann im Alter von zwanzig Jahren. Auch wenn militärische Posten wie in anderen Berufen vom Vater an den Sohn weitergegeben wurden, konnten andere ebenfalls Soldat werden und ihren Rang mit der Zeit verbessern. Die Armee war in Divisionen von fünftausend Mann unterteilt. Jede war nach einem Gott benannt. Alle Generäle der Divisionen waren königliche Söhne. Wenn nicht genug erwachsene Prinzen zur Verfügung standen, wurde der Titel „General" einem Kinderprinzen verliehen. Die Divisionen waren hochspezialisiert. Es gab Bogenschützen, Lanzenträger, Wagenlenker und ausländische Söldner – um nur ein paar zu nennen. Das Heer war zusätzlich gegliedert in Armeen, Kompanien, Züge und Gruppen. Die Soldaten wurden vom Tross begleitet, der für Waschen, Kochen und Wasserholen zuständig war, von Trompetern und Trommlern, die während der Schlacht taktische Signale gaben, und von Schreibern, die die Zahl der gefangengenommenen und getöteten Feinde aufzeichneten, indem sie abgeschlagene Körperteile nach der Schlacht zählten. Allerdings sind Schlachtenberichte keine wirklich zuverlässige historische Quelle. Sie wurden zu Propagandazwecken verfasst. Glaubt man ihnen, wurden Ägypter niemals in einer Schlacht verwundet oder getötet, weil sie unbesiegbar waren und den Gegnern oft solche Furcht einflößten, dass sie die Flucht ergriffen. Archäologische Befunde zeigen allerdings, dass die Realität anders aussah. Eine Reihe von Mumien zeigt Spuren von Verletzungen, die aus Schlachten stammen.

Die Einführung einer stehenden Armee veränderte Ägypten für immer, indem sie den Beginn einer neuen Ära ermöglichte. Das Neue Reich wuchs zu einem wahren Imperium heran, das von berühmten Pharaonen wie Tutanchamun, Echnaton und Ramses II. regiert wurde. Hier beginnt eine der interessantesten Perioden der altägyptischen Zivilisation,eine, die unsere genauere Aufmerksamkeit verdient.

# Kapitel 4 – Die großartigen Pharaonen des Neuen Reichs und ihr Imperium

Das Neue Reich begann mit einer erfolgreichen Militäraktion und der Vertreibung der Hyksos. Es dauerte von etwa 1570 bis etwa 1070 v. Chr. und schloss die Herrscher der 18. und 19. Dynastie ein – die mächtigsten Monarchen der antiken Welt.

Die Herrscher der 18. Dynastie hatten nicht nur eine stehende Armee geschaffen, sie veränderten auch Ägyptens internationale Politik für immer. Die Pharaonen des Neuen Reichs setzten neue Maßstäbe. Es war bedeutsam geworden, die Grenzen zu erweitern, und jeder Pharao bemühte sich, ein größeres Territorium als sein Vater zu beanspruchen. Als Folge gerieten große Teile des Nahen Ostens unter ägyptische Kontrolle. Die neuen Territorien hatten noch ihre eigenen Könige, aber alle waren Ägyptens treu ergebene Vasallen.

# Thutmosis III.

Thutmosis III. war der erste ägyptische Pharao, der sich ganz der Erweiterung des Reichs widmete. Er verbrachte den größten Teil seines Lebens im Kampf und damit, das ägyptische Territorium zu vergrößern. Aus diesem Grund nennen ihn moderne Ägyptologen den ägyptischen Napoleon. Seine militärischen Erfolge sind in der Halle der Annalen im Tempel von Karnak aufgezeichnet.

Der erste ägyptische Imperator war der Sohn von Thutmosis II. und seiner zweiten Frau Isis. Als sein Vater starb und ihm den Thron hinterließ, war er noch ein Kind. Der junge Monarch heiratete die erste Frau seines Vaters, Hatschepsut, die das Land regierte, bis der König erwachsen war. Währenddessen genoss er eine Ausbildung in der Armee. Nach 22-jähriger Herrschaft starb Hatschepsut und Thutmosis III., jetzt erwachsen und ein fähiger militärischer Anführer, übernahm den Thron und regierte für über zwanzig Jahre.

Thutmosis III. (1504–1450 v. Chr.),
Basalt-Statue im Museum von Luxor

# Das historische Armageddon

Die meisten Menschen wissen nicht, dass sich der biblische Begriff Armageddon (wörtlich „Berg von Meggido", im heutigen Israel) auf eine spezielle Schlacht bezieht, die hier geschlagen wurde. Dabei handelt es sich möglicherweise um die Schlacht, die zwischen der Armee von Thutmosis III. und dem König von Kadesch in Syrien (und nicht nur ihm) stattfand. Um 1476 v. Chr., im ersten Jahr der Alleinherrschaft Thutmosis' III. nach dem Tod seiner Frau, versammelte der König von Kadesch eine Reihe von palästinensischen Städten. Sie schlossen sich zusammen, um die ägyptischen Grenzen von der befestigten und strategisch wertvollen Stadt Meggido aus anzugreifen. Die Ägypter nahmen den direkten Weg nach Meggido, auch wenn das bedeutete, dass sie sich in einer ungeschützten Position befanden. Die syrische Armee bestand aus über 330 Königen und ihren Truppen und war der ägyptischen Armee zahlenmäßig weit überlegen. Dennoch schien Thutmosis III. furchtlos und übertrug diese Haltung auf seine Männer. Sie marschierten mit allen Schlachtinsignien, um ihre Moral zu stärken und Panik in den Reihen der Feinde zu verbreiten – und es funktionierte. Sie waren mächtig und die Armee in Meggido lief schnell davon, wobei sie ihre komplette Ausrüstung zurückließ. Sie konnte sich jedoch nicht in die Festung zurückziehen, da sich die Torwächter in Meggido weigerten, die Tore zu öffnen. Diejenigen, die sich in der Festung befanden, fürchteten, dass die Ägypter den Syrern auf den Fuß in die Festung hinein folgen würden. Die Ägypter verpassten ihrerseits die Gelegenheit, die Festung schnell einzunehmen, weil sie zu sehr damit beschäftigt waren, in den Waffen, Streitwagen und anderen Dingen, die die Feinde zurückgelassen hatten, herumzustöbern. Am Ende benötigten Thutmosis und seine Männer sieben Monate, um Meggido zu erobern. Der nächste Schritt war die Einnahme von Kadesch, das an einer wichtigen Handelsroute lag und Zugang zu den nördlichen Territorien gewährte. Das Ergebnis dieser Aktionen war schließlich, dass sowohl der Pharao als auch seine Männer reicher und mächtiger geworden waren.

## Echnaton

Ein ebenso berühmter König der 18. Dynastie, wenn auch aus völlig anderen Gründen, war Echnaton. Er war ein häretischer König, der die ägyptische Religion verwandelte: von der Anbetung zahlloser Götter in die Anbetung eines einzigen Gottes. Dieser Wandel wurde durch den Monotheismus begünstigt, aber in Echnatons System gab es eigentlich zwei Götter. Der Pharao und seine Familie hatten das Vorrecht, den neuen Gott – Aton (oder Sonne) – anzubeten, während alle anderen Echnaton anbeten mussten. Aton war der höchste Gott, aber Echnaton erhob sich selbst zu einer vollwertigen Gottheit.

Echnaton (1350–1333 v. Chr.[vi]

Sein Name bedeutete „Geist des Aton", aber das war nicht sein Geburtsname. Er war der jüngste Sohn Amenophis' III. und sein Name war ursprünglich ebenfalls Amenophis. Seine Familie entsprach nicht ganz dem zeitgenössischen Stereotyp. Nicht nur, dass seine Mutter, Tiye, nicht königlicher Herkunft war, sie war auch eine herrschsüchtige Frau. Die zeitgenössische Kunst zeigt sie Seite an Seite mit ihrem Mann als gleichberechtigt. In der früheren ägyptischen Geschichte waren die Königinnen immer untergeordnet. Echnatons älterer Bruder, Thutmosis, starb, bevor er König werden konnte. Er hatte drei Schwestern und zwei von ihnen waren mit seinem Vater verheiratet.

## Nofretete

Niemand weiß genau, wer sie war, woher sie kam oder wer ihre Eltern waren, aber sie heiratete Echnaton und gebar sechs Prinzessinnen. Die Mädchen wurden üblicherweise gemeinsam mit dem Herrscherpaar abgebildet, was nicht der Tradition entsprach. Nofretete war verwandt mit der vorherigen Königin, Tiye, obwohl die Art der Verwandtschaft nicht ganz klar ist. Alles, was wir wissen, ist, dass die Ehefrau von Tiyes Bruder Ay Nofretetes Amme war. Sie könnte ihre Mutter gewesen sein, aber es gibt noch keinen Beweis für diese Hypothese.

Nofretete war nicht das einzige Mitglied von Echnatons Familie, dessen Herkunft geheimnisvoll war. Es ist nicht auszuschließen, dass Tutanchamun sein Sohn war, da Tutanchamun der Sohn von Kiya, Echnatons Nebenfrau, war. Darüber hinaus war Echnatons Nachfolger auf dem Thron der rätselhafte König Semenchkare - niemand weiß, wer er war. Möglicherweise war er ein weiterer Sohn Echnatons oder ein Sohn Amenophis' III. oder sogar die verkleidete Nofretete. Wer immer er auch war, er saß nur kurze Zeit auf dem Thron.

Echnaton gelang es, das religiöse System des Alten Ägyptens vollständig zu verändern. Er brauchte ungefähr neun Jahre, um die Revolution durchzuführen. Wir wissen alles darüber, weil diese Periode im Vergleich zu anderen Zeiten des Alten Ägyptens am besten dokumentiert ist. Aton ist das zentrale Element in der

Herrschaftszeit Echnatons. Aton war nicht irgendein neuer Gott, von dem man zuvor noch nichts gehört hatte. Er war schon immer als Element des größeren Sonnenzyklus präsent gewesen, als Inbegriff des Lichts, das der Sonnenscheibe entströmt. Dieses Licht wurde üblicherweise durch Hände, die aus der Sonnenscheibe kommen, verbildlicht. Jede Hand endete in kleinen Händen, die das Zeichen des ewigen Lichts (*anch*) für die königliche Familie formten. Das Bild impliziert, dass die Sonne Leben spendet. Echnaton erhöhte dieses Bild der Sonnengottheit eigentlich nur und machte es zum einzigen Sonnengott. Die religiöse Revolution hatte einen praktischen Grund. Amenophis III. hatte damit begonnen, Aton den anderen Göttern vorzuziehen, weil er den Einfluss der Priesterschaft des Amun in Karnak beschneiden wollte. Diese Priesterschaft besaß fast so viel Macht wie die königliche Familie. Echnaton ging einen Schritt weiter und ersetzte alle Götter durch Aton. Im neunten Jahr seiner Herrschaft ließ er alle bestehenden Tempel schließen und leitete das gesamte Einkommen zu den neuen Tempeln des Aton um. Drei Jahre später entschloss sich Echnaton, alle Spuren des Amunkultes auszulöschen. Die Namen Amuns wurden überall getilgt, sogar im Namen Amenophis. Das war ein bisschen viel und sehr wahrscheinlich war eine Reihe von Menschen äußerst verärgert.

Echnaton regierte von der neuen Stadt bei Amarna in Zentralägypten aus. Höchstwahrscheinlich war er bereits Mitregent seines Vaters Amenophis III., der in Theben saß. Eine geteilte Herrschaft wurde als durchaus akzeptabel empfunden.

Wir wissen nicht genau, wie Echnaton starb, aber einige unglückliche und manchmal wirklich bizarre Ereignisse gingen seinem Tod voraus. Amenophis III. starb im zwölften Jahr von Echnatons Herrschaft. Im darauffolgenden Jahr verschwanden alle Zeichen von Nofretete. Entweder starb sie oder - wie manche Ägyptologen annehmen - sie änderte ihren Namen und wurde Mitregentin. Ein Jahr später starben Echnatons Mutter und eine seiner drei Schwestern. Drei Jahre später starb Echnaton und bald nach ihm der geheimnisvolle Erbe Semenchkare, der drei Jahre lang Echnatons Mitregent war und ein paar Monate allein herrschte.

All diese Todesfälle gingen auf die „asiatische Krankheit" zurück, bei der es sich tatsächlich um eine Pestepidemie handelte. Die Krankheit besiegte Amarna und wurde von der Bevölkerung als eine Bestrafung für die religiöse Revolution und die Abschaffung der traditionellen Götter gesehen.

## Tutanchamun

Als sowohl Echnaton als auch Semenchkare starben, war es nicht leicht, einen Thronerben zu finden. Der einzige passende war Tutanchamun, der zu der Zeit erst sieben Jahre alt war. Fachleute sind sich nicht sicher, wer seine Eltern waren, obwohl sein Vater entweder Echnaton (mit Kiya oder Taduchepa) oder Amenophis III. (mit Tiye oder Sitamun) war. Er wurde als Tutanchaton in Amarna geboren, aber sein Name musste geändert werden, als er König wurde.

Wenn wir den Namen Tutanchamun hören, kommt uns als erstes der Schatz ins Gedächtnis, der in seinem Grab gefunden wurde. Allerdings dürften die Artefakte in seinem Leben keine Rolle gespielt haben. Die meisten von ihnen wurden speziell als Grabbeigaben angefertigt.

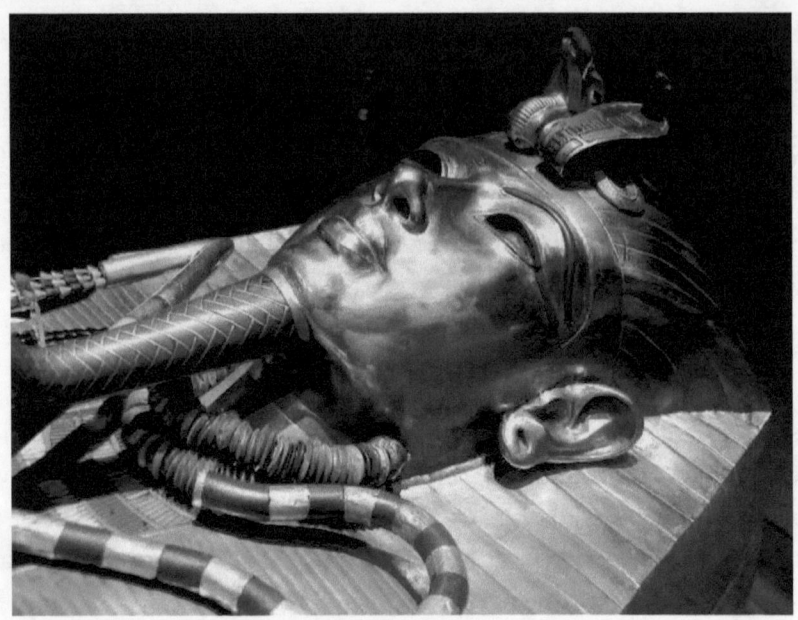
Tutanchamuns innerer Sarg

Tutanchamuns Frau war Anchesenamun (geboren als Anchesenpaaton). Das Paar regierte zehn Jahre lang und hatte keine überlebenden Kinder. Zwei weibliche Babys wurden in Tutanchamuns Grab gefunden. Unglücklicherweise hatte der berühmteste Pharao keinen Erben. Viele glauben, dass Tutanchamun, da er sehr jung war, unter dem Einfluss des Generals und Vizekönigs Haremhab und des Wesirs Ay stand.

Tutanchamun verließ Amarna und kehrte in die traditionellen Hauptstädte Ägyptens, Memphis und Theben, zurück. Die Restaurationsstele im Tempel von Karnak belegt, dass er auch die ägyptische Religion wiederherstellte und alle Veränderungen, die Echnaton vorgenommen hatte, rückgängig machte.

## Geheimnisvoller Tod und ungewollte Heirat

Obwohl ein neuer CT-Scan zeigt, dass Tutanchamun nicht an einem Schlag auf den Kopf starb (die Knochenabsplitterungen, die jedermann glauben ließen, der König sei ermordet worden, entstanden erst lange nach seinem Tod), ist sein Tod doch von einem geheimnisvollen Schleier umgeben. Darüber hinaus folgten auf seinen Tod viele faszinierende Ereignisse. Sein Wesir Ay, der schon früher in diesem Kapitel als der Bruder von Echnatons Mutter Tiye erwähnt wurde und der auf seltsame Weise mit Nofretete verwandt war, kam auf den Thron und sollte Tutanchamuns Witwe heiraten. Anchesenamun war bei dem Gedanken wie versteinert, denn erstens verachtete sie seine Herkunft und bezeichnete ihn als Diener und zweitens war er sehr alt und sie erst in ihren frühen Zwanzigern. Vielleicht gab es auch einen dritten Grund, weil er möglicherweise etwas mit Tutanchamuns Tod zu tun hatte, aber dafür haben wir zurzeit keine Beweise. Die junge Königswitwe schrieb einen Brief an den hethitischen König Suppiluliuma und bat ihn, einen seiner Söhne nach Ägypten zu schicken. Sie hoffte, sie würde einen jungen Prinzen heiraten anstelle eines ältlichen Dieners. Es dauerte eine Weile, bevor dem hethitischen König klar wurde, dass ihre Bitte ehrlich gemeint war, und er schickte einen seiner Söhne nach Ägypten. Unglücklicherweise wurde der Prinz unterwegs getötet und Ay hatte damit sicherlich etwas zu tun, da er die unglückliche Königin kurz nachher heiratete.

Ay war etwa sechzig, als er den Thron bestieg und er herrschte nur für vier Jahre. Der Nächste auf dem Thron war Haremhab, ein Armeegeneral und Tutanchamuns Vizekönig. Er regierte dreißig Jahre und ernannte einen seiner Generäle, Piramesis, zu seinem Nachfolger auf dem Thron. Ramses I. (das war der Name, den Piramesis bei der Thronbesteigung annahm) war der erste Pharao der 19. Dynastie, aber er war nur zwei Jahre an der Macht und hinterließ den Thron seinem Sohn Sethos I.

## Die Wiederherstellung der imperialen Macht: Sethos I. und Ramses II.

Eine Reihe von Problemen zeigte sich während der Regentschaft Sethos' I. (1291-1278 v. Chr.) und seiner Nachfolger. Die Pharaonen der vorherigen Dynastie, Echnaton und Semenchkare, hatten die

Grenzen des niedergehenden ägyptischen Reichs vernachlässigt, die jetzt wiederhergestellt werden mussten. Sobald er auf dem Thron saß, hörte Sethos I., dass örtliche Stammesführer eine Rebellion planten, und begann einen Feldzug durch Syrien. Sethos I. eroberte die Stadt Kadesch, aber die Hethiter verdrängten die Ägypter kurze Zeit später. Gleichwohl eroberten der Pharao und seine Armee weiterhin befestigte syrische Städte, entweder durch Schlachten wie der bei Karnak oder durch Kapitulation.

Sethos' Sohn, Ramses II. (auch bekannt als Ozymandias), hielt es für eine großartige Idee, göttliche Geburt zu beanspruchen. Seine Eltern saßen - obwohl sie nicht königlicher Herkunft waren - auf dem Thron und Ramses sah das offensichtlich als Problem an. Verschiedene Bilder, die in seinem Begräbnistempel in Luxor gefunden wurden, zeigen verschiedene Götter wie Amun oder den widderköpfigen Gott Chnum als seinen Vater. Sethos I. hatte jedenfalls seinen Sohn zum Mitregenten gemacht und sie herrschten gemeinsam mehrere Jahre. Ramses war mit Nefertari, Isisnofret und vielen anderen verheiratet. Er hatte einen Harem von 300 Frauen, ein Geschenk seines Vaters. Er hatte ebenfalls viele Kinder. Einige Aufzeichnungen zeigen, dass er 150 Söhne und 70 Töchter hatte, aber diese Zahlen sind übertrieben. Er schien bis zu 46 Söhne und etwa 55 Töchter gehabt zu haben. Er hatte mindestens zehn Kinder mit Nefertari, von denen sechs Jungen waren, die aber alle vor Ramses starben. Mit Isisnofret hatte er sechs Kinder und eins von ihnen folgte ihm auf den Thron. Es handelte sich um Ramses' dreizehnten Sohn, der als Merenptah geboren wurde.

*Statue von Ramses II. (1279-1212 v. Chr.) in Luxor*

Ramses II. hatte sich seinen Ruhm durch eine spektakuläre Schlacht gegen die Hethiter im fünften Jahr seiner Herrschaft erworben. Die Schlacht fand in Kadesch statt. Sethos hatte zuvor schon in Kadesch triumphiert, aber kurz darauf gelang es den Hethitern, in die Nähe der ägyptischen Grenzen zu gelangen. Ägypten musste sie durch einen Angriff aufhalten. Der hethitische König hatte den Angriff erwartet und einen Pakt mit vielen angrenzenden Provinzen geschlossen und eine große Armee versammelt. Beide Seiten verwendeten die gleichen Waffen, aber die Armee der Hethiter war größer. Die Art des Angriffs war ebenfalls unterschiedlich. Ramses II. führte die nach dem Gott Amun benannte Division. Andere Divisionen trugen die Namen Re, Ptah und Seth. Als sich die Divisionen Kadesch näherten, teilten sie sich auf und zeitweise stand die Amun-Division den hethitischen Truppen allein gegenüber. Die meisten von Ramses' Männern fielen und es glich einem Wunder, dass er überlebte. Die Dokumente dieser Zeit verkündeten, dass der Pharao allein gegen die hethitische Armee kämpfte. Schließlich gelang es anderen Divisionen, zu ihm zu stoßen und den Feind zurückzutreiben. Die Hethiter entkamen in die befestigte Stadt Kadesch und die Ägypter beanspruchten den Sieg. Sechzehn Jahre später unterzeichneten die Ägypter und die Hethiter einen Friedensvertrag und beendeten alle Feindseligkeiten.

*Tontafel des Vertrags zwischen Hattushili III. von Hatti und Ramses II. von Ägypten, Fassung aus Boğazkale / Hattuscha*[vii]

# Die letzten mächtigen Pharaonen: Merenptah and Ramses III.

Merenptah (1212-1202 v. Chr.) war der dreizehnte Sohn Ramscs' II. Seine Herrschaft war geprägt von ständigen Auseinandersetzungen mit den Libyern, die sich mit einer Reihe von anderen Stämmen zusammenschlossen. Die Seevölker - 25.000 Männer mit ihren Familien und ihrem Besitz - versuchten in Ägypten einzumarschieren. Bei verschiedenen Gelegenheiten gelang es ihnen, die ägyptischen Befestigungen zu durchdringen und zu verwüsten. Merenptah führte seine Bogenschützen heran, besiegte die Libyer und machte viele Gefangene. Alles, was die Ägypter wollten, war in Frieden zu leben, und das ermöglichte der Pharao, wenn auch nur für eine kurze Zeit.

Die Invasionen gingen während der Herrschaft von Merenptahs Sohn Ramses III. (1182-1151 v. Chr.) weiter. Die Seevölker hatten sehr an Stärke gewonnen. Es gelang ihnen, eine wichtige Schlacht gegen die Hethiter zu gewinnen, was sie in die Lage versetzte, den Handel im Nahen Osten sowohl zu Land als auch zur See zu kontrollieren. Ramses III. stellte sich den Seevölkern an Land und auf dem Wasser entgegen und triumphierte beide Male. Seine Schlacht auf dem Wasser ist eine der frühesten Seeschlachten, die in der Geschichte verzeichnet wurden. Die ägyptische Flotte folgte der feindlichen Flotte in die Mündungen des Deltas und lockte sie zwischen den ägyptischen Schiffen und dem Strand in eine Falle. Die ägyptischen Bogenschützen warteten am Strand, bereit sie mit Pfeilen zu überschütten. Die Seevölker wurden vernichtet. Aber die Libyer schlugen im elften Jahr der Herrschaft Ramses' III. noch einmal zu.

Ramses III. war der letzte Pharao, der im traditionellen Stil regierte. Die folgenden Perioden litten unter der Teilung des Landes, Angriffen und ökonomischem Niedergang. Das mächtige Königreich, das Thutmosis III. erbaut und Sethos I. und Ramses II. bewahrt hatten, und die ägyptische Zivilisation fielen langsam in sich zusammen.

# Kapitel 5 – Der Niedergang und das Ende der ägyptischen Zivilisation

Der Stern der traditionellen ägyptischen Kultur begann gegen Ende des Neuen Reichs zu sinken. Mit der zwanzigsten Dynastie (1185-1070 v. Chr.) bahnte sich der Niedergang des mächtigen und wirtschaftlich starken Landes an. Der Thron wurde geteilt und zwei oder mehr Könige herrschten von verschiedenen Städten aus. Das war ein schlechtes Zeichen, denn ein vereintes Ägypten mit einem einzigen Pharao war ein lebenswichtiger Teil der alten ägyptischen Tradition.

## Die dritte Zwischenzeit

Der Niedergang Ägyptens vollzog sich in einem langsamen Prozess, der über 1.000 Jahre dauerte. Das Land, das Ramses II. und Ramses III. hinterlassen hatten, war immer noch mächtig, aber es wurde bis zum Zeitalter Kleopatras immer schwächer. Die dritte Zwischenzeit dauerte von 1070 v. Chr. bis 525 v. Chr. Während dieser Zeit regierten viele Herrscher aus verschiedenen Regionen Ägyptens - sogar zur gleichen Zeit. Die Periode, die darauf folgte, war die

Spätzeit. Invasionen durch fremde Völker und ein häufiger Wechsel der Dynastien kennzeichnen diese Epoche. Die griechisch-römische Zeit (332-30 v. Chr.), die mit der Invasion Alexander des Großen begann, führte schließlich zu großen kulturellen Veränderungen.

Der Niedergang vollzog sich nicht über Nacht, aber er war während der Herrschaft von Ramses XI. (1098-1070 v. Chr.) deutlich zu erkennen. Verschiedene ökonomische Probleme verringerten langsam die Macht des Pharao. Die Priester des Amun andererseits vervielfachten ihre Macht und ihren Reichtum. Schließlich wurden sie genauso mächtig wie der Pharao, was allerdings fast ausschließlich sein eigener Fehler war. Der einzige Unterschied lag darin, dass der König immer noch die Kontrolle über die Armee hatte. Ramses XI. förderte den Zuwachs an Macht durch zahllose Geschenke, Hilfen und Bautätigkeiten am Tempel von Karnak in Luxor.

Im Konflikt zwischen dem Vizekönig von Nubien, Panehsi, und dem Hohepriester des Amun, Amenophis, stellte sich Ramses auf die Seite des Letzteren. Darüber hinaus half der religiöse Pharao Amenophis' Nachfolger auf der Position des Hohepriesters, Herihor, Panehsi vom Thron zu stoßen. Ramses verlieh ihm die militärischen Titel, die Panehsi getragen hatte. Damit verfügte Herihor sowohl über religiöse als auch militärische Titel und war in seinem Ehrgeiz nicht mehr aufzuhalten. Er nahm die Rolle des Pharaos in Anspruch, während der legitime Pharao noch lebte. Herihor starb zufällig vor Ramses, aber sein Nachfolger, Pianchi, regierte weiter auf die gleiche Weise. Pianchi wurde nach Ramses' Tod König, blieb es aber nur für ein paar Monate. Sein Einfluss war auf die Umgebung von Theben im Süden beschränkt.

Zur gleichen Zeit heiratete im Norden des Landes ein Mann von unbekannter Herkunft namens Smendes (1069-1043 v. Chr.) die Tochter Ramses' XI. und beanspruchte den Thron Ägyptens. Er erbaute seine eigene Hauptstadt in Tanis auf den Ruinen von Pi-Ramesse. Der nächste König auf dem Thron war Psusennes I. (1039-991 v. Chr.). Das Interessanteste an ihm war, dass er seiner Tochter erlaubte, Mencheperre zu heiraten, den Hohepriester des Amun. Die

Heirat zeigt, dass die Beziehungen zwischen den Herrschern im Norden und im Süden gut waren. Das blieben sie auch für die nächsten 350 Jahre und sie garantierten Frieden und sogar Wohlstand.

Ägypten war einmal mehr vereint unter der Herrschaft von Scheschonq, der eigentlich ein libyscher Häuptling war. Er hatte sehr wohl verstanden, dass die Vereinigung entscheidend war, damit er ein legitimer Pharao wurde. Darüber hinaus heiratete er eine ägyptische Prinzessin – eine Tochter von Psusennes II., dem letzten Pharao aus der 21. Dynastie – und sorgte dafür, dass sein Sohn den Titel des Hohepriesters von Amun trug. Dennoch war das Ende der 22. Dynastie voller Feindseligkeiten und Zerwürfnisse und erlebte selbst einen Bürgerkrieg, der mehr als zehn Jahre dauerte. In der folgenden Epoche der 22., 23. und 24. Dynastie gab es zu viele Pharaonen, die alle zur gleichen Zeit ihren eigenen kleinen Herrschaftsbereich hatten.

Um 727 v. Chr. erschien eine ernste Bedrohung auf der Bildfläche und zwang die Könige zur Zusammenarbeit. Nubien war zu mächtig geworden und stellte eine Gefahr dar. Die Könige von Tanis (22. Dynastie), Leontopolis (23. Dynastie) und Sais (24. Dynastie) im Norden des Landes vereinigten sich, so dass sie sich den nubischen Herrschern (25. Dynastie) entgegenstellen konnten. Erstere versuchten die Letzteren daran zu hindern, ihre Kontrolle auszuweiten. Der nubische Pharao zu jener Zeit war Pije, der gleichzeitig Hohepriester des Amun war. Ihm und seinem Sohn Schebitko gelang es, ihre Macht zu vermehren und die Kontrolle über fast ganz Ägypten zu erlangen.

Die nächste Bedrohung erfolgte durch das assyrische Reich. Der assyrische König Asarhaddon marschierte 671 v. Chr. während der Herrschaft des nubischen Pharaos Taharqa in Ägypten ein. Asarhaddons Sohn Assurbanipal gelang es, die volle Kontrolle über Ägypten zu gewinnen, sich in Theben niederzulassen und König von Ober- und Unterägypten zu werden.

# Spätzeit

In den nächsten Jahrzehnten wurde Ägypten von Vasallenherrschern regiert, die loyal gegenüber den assyrischen Königen waren. Die neue Hauptstadt war Sais und die herrschende Dynastie war die 26., die auch als saitische Dynastie bekannt ist. Einer der Könige aus Sais, nämlich Psammetich I. (664–610 v. Chr.), entschied sich, kein Vasall zu sein. Er hatte schon viele Veränderungen bewirkt und versucht, vergangene Traditionen wiederzubeleben. Er nahm verschiedene Elemente der Religion, des Ritus und der Kunst wieder auf, um die Kontinuität der Kultur des Alten und Mittleren Reichs zu unterstreichen. Der nächste Schritt, um ein wahrhaft traditioneller Pharao Ägyptens zu werden, bestand darin, das Land von fremdem Einfluss zu befreien. Die Assyrer hingegen hatten ihrerseits mit internen Problemen zu kämpfen und es gelang Psammetich I., die Kontrolle über Ägypten aus eigener Kraft zu erlangen.

Ägypten war wieder auf einem guten Weg. Der nächste auf dem Thron, Necho II., verbesserte Ägyptens Lage weiter: Er kontrollierte Syria-Palästina, rekrutierte eine Reihe von ionischen Griechen und baute mit ihrer Hilfe Ägyptens erste offizielle Flotte auf. Der Handel entwickelte sich ebenfalls und Necho II. ließ einen Kanal zum Roten Meer bauen. Die Handelsbeziehungen wurden intensiviert, Ägypten wurde reicher und eine Reihe von ausländischen Einwanderern kam ins Land. Sie verursachten aber schließlich Probleme und es kam während der Herrschaft von Ahmose II. (auch bekannt als Amasis, 570–526 v. Chr.) zu Bürgerkriegen unter verschiedenen Einwanderergruppen.

Mittlerweile war das assyrische Reich zerschlagen worden. Die Perser eroberten 612 v. Chr. Ninive, erweiterten ihre Macht und ihr Reich und fielen schließlich 525 v. Chr. in Ägypten ein und nahmen Pharao Psammetich III. als Kriegsgefangenen mit. So begann die persische 27. Dynastie, die über hundert Jahre dauerte (525–414 v. Chr.). Der persische König, der ursprünglich Ägypten erobert hatte, Kambyses (525–522 v. Chr.), kehrte nach Persien zurück und setzte einen örtlichen Gouverneur ein, der in seinem Namen herrschte. Sein Nachfolger jedoch, Dareios I. (521-486 v. Chr.), engagierte sich stark in den inneren Angelegenheiten Ägyptens. Er ließ eine Reihe von Bauwerken bauen und wiederherstellen, darunter Tempel und den Kanal zum Roten Meer, den der saitische König Necho begonnen hatte. Aber die Ägypter revoltierten. Der nächste Perserkönig, Xerxes, zerschlug die Revolte schließlich, aber darauf folgten die Griechen. Den Ägyptern gelang es mit Hilfe von griechischen Söldnern, Xerxes zu ermorden. Sie verbrachten die folgende Zeit damit, die Perser loszuwerden, während ihre Kultur und Macht um 400 v. Chr. immer weiter zerfiel. Die nächsten Dynastien (die 28., 29. und 30.) waren relativ unbedeutend. Der einzige erwähnenswerte Pharao war Nektanebos II., der letzte Herrscher der 30. Dynastie, der gegen den persischen König Artaxerxes III. kämpfte und verlor. Er starb 343 v. Chr. als letzter ägyptischer Herrscher auf dem Thron. Alle Herrscher nach ihm kamen nicht aus Ägypten. Einige Historiker betrachten die persischen Herrscher als die 31. Dynastie (343-332 v. Chr.). Sie dauerte aber nur für eine kurze Zeit und endete 332 v. Chr., als Dareios III. die Grenzen öffnete, um Alexander dem Großen Zugang zu gewähren.

## Alexander der Große und die Ptolemaier

Alexanders Ziel war es, die Perser zu besiegen. Als er jedoch erst einmal ägyptischen Boden betreten hatte, wuchs sein Interesse daran, Pharao zu werden. Er reiste nach Siwa, wo sich das Orakel des Amun befand, um seinen Platz auf dem Thron zu legitimieren, indem er bewies, dass er der göttliche Sohn und prädestiniert war, König von Ägypten zu werden. Er blieb eine Weile in Ägypten und ließ Tempel renovieren, die neue Hauptstadt Alexandria bauen, er führte ein Geldsystem ein usw., aber schließlich zog er weiter, um seinen Eroberungszug in der Region fortzusetzen. Alexandria war eine große, kosmopolitische Stadt (mit einer Bevölkerung von über einer halben Million Einwohnern) und u.a. Heimat vieler griechischer und jüdischer Einwanderer. Die Stadt wurde unter Ptolemaios II. (285-246 v. Chr.) fertiggestellt.

Alexander der Große starb 323 v. Chr. Sein Sohn, Alexander IV., übernahm den Thron sehr viel später, weil er erst nach dem Tod seines Vaters geboren wurde. In der Zwischenzeit herrschten Alexanders Generäle sehr effektiv. Ptolemaios war der Gouverneur von Ägypten und begründete später die Dynastie der Ptolemaier. Alle Könige wurden Ptolemaios genannt, so dass es 15 Ptolemaier gab. An Königinnen gab es sieben Kleopatras und vier Berenikes auf dem Thron (und es gab sicher noch sehr viel mehr Kleopatras und Berenikes in der königlichen Familie). Die ptolemaiische Dynastie unterstützte die ägyptische Tradition, bereicherte sie aber auch um viele hellenistische Elemente. Diese Herrscher waren davon besessen, den Thron zu besteigen und ihn für alle Zeit für die Familie zu sichern, indem sie ihre Geschwister heirateten und mit ihnen Kinder zeugten. Das bedeutete jedoch nicht, dass die Beziehungen innerhalb der Familie gut waren. Die Familie verfügte über ein ansehnliches Register von Intrigen und Morden.

- Phillip Arrhidaios (der Vorgänger des ersten Ptolemaios) wurde von einem seiner Leibwächter ermordet.
- Berenike II. wurde von ihrem Sohn Ptolemaios IV. vergiftet.
- Arsinoë, die Ehefrau Ptolemaios' IV., wurde von Agathoclea, der zweiten Frau von Ptolemaios' Bruder, ermordet.
- Ptolemaios VII. wurde von seinem Onkel und Stiefvater Ptolemaios VIII. ermordet.
- Memphites wurde von seinem Vater, Ptolemeios VIII., ermordet, der seinen Leichnam anschließend seiner Frau und Schwester, Kleopatra II., als Geburtstagsgeschenk schickte.
- Kleopatra III. wurde wahrscheinlich von ihrem jüngeren Sohn, Ptolemaios X., ermordet (interessanterweise wurde vor

ihrem Tod ihr älterer Sohn, Ptolemaios IX., wegen einer Verschwörung gegen sie angeklagt).
- Berenike, die Tochter Ptolemaios IX., wurde einen Monat nach der Heirat mit Ptolemaios XI. ermordet, da er nicht gewillt war, den Thron mit ihr zu teilen.
- 19 Tage später wurde Ptolemaios IX. von der Menge gelyncht, die über den Mord an der vielgeliebten Königin Berenike außer sich war.
- Die Römer ermordeten die Tochter von Ptolemaios XII., weil sie versuchte, den Thron zu übernehmen und Julius Cäsar um Hilfe bat.
- Kleopatra VII. (genau, die richtige Kleopatra, über die wir im nächsten Kapitel sprechen werden) hatte wahrscheinlich etwas mit dem Tod ihres Ehemanns (und Bruders) zu tun. Ihr Ziel war es, ihren Sohn, Ptolemaios XV., auf den Thron zu heben und ihn auf diesem Wege vor den Römern zu schützen.

Die Römer waren stark in innerägyptischen Angelegenheiten engagiert und hatten verschiedenen Ptolemaiern immer wieder Hilfe geleistet. Jetzt war es an der Zeit, die Schulden einzutreiben.

# Kapitel 6 – Eine Romanze, Politik und Tragödie: Die Geschichte Kleopatras VII.

Kleopatras Vater, Ptolemaios XII., war ein schwacher, grausamer und höchst unbeliebter Herrscher, der sich oft auf die Hilfe Roms verließ, um auf dem Thron zu bleiben. Seine älteste Tochter, Berenike, hatte ihn schon einmal vom Thron gestoßen, aber es gelang ihm, ihn zurückzuerlangen. Er starb im Jahr 52 v. Chr. Seine jüngere Tochter, Kleopatra VII., heiratete Ptolemaios XIII., der noch ein Knabe war, und wurde so die souveräne Herrscherin Ägyptens.

## Kleopatra und Julius Cäsar

Anfangs liebte das ägyptische Volk Kleopatra. Auch ihr lag das Volk am Herzen und sie war die einzige Herrscherin der Dynastie, die ägyptisch sprach. Als ihr Ehemann erwachsen wurde, gelang es ihm jedoch durch Betrug, die Bevölkerung gegen sie aufzubringen. Seine Verbündeten verteilten in ihrem Namen einen Erlass, durch den das gesamte Getreide nach Alexandria geschickt werden sollte und nichts in den Rest Ägyptens. Kleopatra musste infolgedessen das Land verlassen und fand Obdach in Aschkelon in Syrien. Im Jahr 48 v.

Chr. stellte sie eine Armee auf und marschierte zur Grenze Ägyptens, um ihren Bruder und Ehemann, Ptolemaios XIII., vom Thron zu stoßen. Die Situation war so angespannt, dass Julius Cäsar nach Alexandria kommen musste, um zu vermitteln. Sein Ziel war es, Kleopatra zu helfen, den Thron zu erlangen. Ptolemaios' Männer versuchten, Cäsar Angst einzuflößen, indem sie einen seiner Freunde töteten und ihm seinen Kopf als Geschenk schickten. Die Folge war, dass Cäsar in die Stadt eindrang und den Palast übernahm. Er befahl sowohl Kleopatra als auch Ptolemaios, ihre Armeen zu entlassen und sich mit ihm zu treffen. Kleopatra wusste, dass Ptolemaios es nicht zulassen würde, dass sie Alexandria lebend betrat. Also kam sie versteckt in einer orientalischen Decke, die Cäsar als Geschenk überbracht wurde. Cäsar und Kleopatra wurden Liebhaber, Ptolemaios fühlte sich betrogen und nach sechsmonatiger Belagerung ertrank er im Nil. Kleopatra heiratete einen anderen Knaben, ihren Bruder Ptolemaios XIV. Ihre Beziehung mit Cäsar dauerte an und sie gebar einen Sohn namens Ptolemaios Cäsar, Sohn von Julius Cäsar und Kleopatra, der auch als Cäsarion bekannt ist.

*Ein Relief im Tempel der Hathor in Dendera zeigt Kleopatra, wie sie ihren Sohn den Göttern präsentiert, um zu bestätigen, dass er der Thronerbe ist.*

Die Beziehung zu Cäsar vertiefte sich mit der Zeit. Sie verbrachte zwei Jahre in seinem Palast, wo sie eine Reihe von Geschenken und Titeln erhielt. Nachdem Julius Cäsar ermordet worden war, flüchtete sie zurück nach Ägypten, arrangierte wahrscheinlich den Mord an ihrem Ehemann und heiratete ihren Sohn, um sicherzustellen, dass er den Thron erben würde. Mittlerweile war das Römische Reich unter Oktavian, Marcus Lepidus und Marcus Antonius (Mark Anton) aufgeteilt worden.

## Kleopatra und Mark Anton

Kleopatra und Mark Anton hatten sich bereits einmal getroffen, als er mit Cäsar Ägypten besuchte. Die Römer trafen sich mit ihrem Vater, Kleopatra war zu der Zeit erst 15 Jahre alt. Im Jahr 42 v. Chr. trafen sie sich wieder. Sie war 28 und er über vierzig. Sie wurden Liebhaber und wenn man Plutarch glauben darf, verbrachten sie eine traumhafte Zeit miteinander. Nach ein paar Jahren bekam Kleopatra Zwillinge: Alexander Helios (die Sonne) und Kleopatra Selene (der Mond). Mark Anton erkannte die Vaterschaft an. Später bot er sogar Alexander an, die Tochter des armenischen Königs zu heiraten, um Streitigkeiten zu befrieden. Der König von Armenien lehnte ab und als Antwort griff Mark Anton ihn 34 v. Chr. an. Mittlerweile hatte Oktavian (später Kaiser Augustus) seine Schwester Oktavia mit Mark Anton verheiratet, um ihn von Ägypten fernzuhalten, aber seine Bemühungen waren umsonst. Antonius und Kleopatra heirateten 36 v. Chr. im syrischen Antiochia, gekleidet wie die Götter Osiris und Isis, die Hauptgötter des Schöpfungsmythos. Kleopatra bekam einen weiteres Kind, einen Jungen namens Ptolemaios Philadelphus. 34 v. Chr. verlieh Mark Anton seinen Kindern beachtliche Titel und Macht. Alexander Helios wurde König von Armenien, Kleopatra Selene Königin von Kyrenaika und Kreta und Ptolemaios Philadelphus König von Syrien.

Oktavian, wie die Römer im allgemeinen, war fassungslos über Mark Antons Handeln. Er beschloss, den Thron für sich selbst zu beanspruchen und sich um Mark Anton und Kleopatra zu kümmern. Im Jahr 31 v. Chr. kam es daher zur Seeschlacht gegen die Armeen Mark Antons und Kleopatras vor der Küste von Actium (Nordgriechenland). Als klar wurde, dass sie die Schlacht verlieren würden, flüchtete Kleopatra und Mark Anton folgte ihr. Für die Römer stand fest, dass dies der Beweis war, dass Mark Anton Sklave seiner Zuneigung zu Kleopatra war, unfähig für sich selbst zu denken oder zu handeln.

Im Jahr 30. v. Chr. betrat Oktavian Alexandria. Mark Anton hieß ihn mit seiner geschwächten Armee und Flotte willkommen, die, sobald sie die Römer erblickten, die Seiten wechselten. Mark Anton stand schließlich allein da. Kleopatra hatte sich mittlerweile in ihrem Grab eingeschlossen und Mark Anton die Nachricht überbringen lassen, dass sie tot sei. Daraufhin versuchte Mark Anton, sich zu töten. Sein Selbstmordversuch war nicht unmittelbar erfolgreich, aber er fügte sich eine tödliche Wunde zu, an der er verblutete. Als er hörte, dass Kleopatra noch lebte, verlangte er, sofort zu ihr gebracht zu werden. Er starb in Kleopatras Armen.

Zur gleichen Zeit hatte Oktavian Alexandria erobert und die Herrschaft über Kleopatras Palast übernommen. Er beabsichtigte, Kleopatra nach Rom zu bringen und sie dort in Ketten durch die Straßen schleifen zu lassen. Die Römer konnten das Grab jedoch nicht betreten. Kleopatra ließ Oktavian nicht hinein, sondern verhandelte mit ihm durch die geschlossene Tür und forderte, dass ihr Königreich auf ihre Kinder überginge. Während Kleopatras Aufmerksamkeit auf die geschlossene Tür gerichtet war, hatten Oktavians Männer Leitern aufgerichtet und stiegen durchs Fenster ein. Die Königin von Ägypten versuchte sofort, sich zu erstechen, aber die Soldaten entwaffneten sie und setzten sie und ihre Kinder gefangen. Allerdings erlaubte Oktavian Kleopatra, Mark Anton mit königlichem Gepränge zu beerdigen. Nach dem Begräbnis blieb Kleopatra von Leid geplagt im Bett. Sie war fest entschlossen zu sterben und sich mit ihrer Liebe im Jenseits zu vereinen. Sie veranlasste, dass ihr ein Korb mit Feigen gebracht wurde, in dem eine

Natter versteckt war. Während sie am Schlangengift starb, schrieb sie einen Brief an Oktavian, in dem sie bat, in Mark Antons Grab beerdigt zu werden. Nach ihrem Tod war Cäsarion die einzige Person, die eine Gefahr für Oktavian darstellen konnte, aber Oktavian wurde ihn schnell los. Von dem Zeitpunkt an gehörte Ägypten den Römern.

Kleopatras Tod im Jahr 30 v. Chr. öffnete den Römern den Weg, um Ägypten in Besitz zu nehmen. Nichtsdestotrotz wurde Ägypten nicht direkt eine römische Provinz im wahrsten Sinne des Wortes. Oktavian nutzte das Land als sein eigenes Besitztum. Ägypten wurde zur wichtigsten Getreidequelle des Römischen Reichs.

Aber Ägyptens Bedeutung für Rom beschränkte sich nicht nur auf seinen landwirtschaftlichen und mineralischen Reichtum. Das Land verfügte über einen Zugang sowohl zum Mittelmeer als auch zum Roten Meer und spielte eine zentrale Rolle für den römischen Handel, insbesondere den Handel mit Indien, der Quelle der orientalischen Luxusgüter, die die herrschende Klasse so liebte. Ägypten hatte eine einzigartige strategische Lage am Knotenpunkt von Handelsrouten, die Arabien, Asien, Afrika und Europa verbanden. Die Lage war ein entscheidender Faktor für die Macht und den Reichtum einer unabhängigen ägyptischen Nation gewesen. Ironischerweise war der gleiche geographische Vorteil für den Niedergang Ägyptens durch eine Folge anderer Imperien verantwortlich. Rom, Byzanz und Persien - sie alle sahen Ägypten als eine Quelle des Reichtums und einen Knotenpunkt des Handels ohnegleichen - und so sahen es auch die Kalifen, die Osmanen und die Briten.

## Das Ende

Die Herrscher, die Oktavian auf den ägyptischen Thron folgten, versuchten in einem traditionellen ägyptischen Stil zu regieren. Sie bauten Tempel für die traditionellen ägyptischen Götter, zeigten sich selbst als ägyptische Pharaonen und zelebrierten die traditionellen

Rituale. Obwohl sich die ägyptische Kultur seit der griechischen Invasion durch Alexander so sehr verändert hatte, wurden einige der ägyptischen Kulte unter der römischen Herrschaft bewahrt. Der Tempel von Philae war 394 n. Chr. noch in Gebrauch. Dieser Tempel verfügt über die letzten Inschriften in Hieroglyphen in Ägypten. 1.400 Jahre vergingen, bevor jemand sie entziffern konnte.

# Kapitel 7 – Die Religion, Mythologie und Rituale der alten Ägypter

Es mag verwirrend klingen, dass die alten Ägypter mindestens 700 verschiedene Götter hatten (manche Quellen nennen sogar 2.000 Götter), aber nicht jeder betete jederzeit alle Götter an. Jeder Gott symbolisierte und personifizierte ein einzigartiges Konzept, eine Funktion oder einen Ort, an dem er verehrt wurde. Die Menschen konnten eine Gottheit wählen, die ihren besonderen Bedürfnissen entsprach.

Die religiösen Praktiken der alten Ägypter waren strikt getrennt. Bei der Staatsreligion ging es um den König und seine Göttlichkeit. Die Hauptstaatsgötter wurden in großen Tempeln angebetet, die für die Öffentlichkeit geschlossen waren. Der König und die Priester waren die einzigen, die Tempelanlagen wie die in Karnak, Luxor, Abydos und Abu Simbel betreten durften, während die heilige Praxis für andere unzugänglich war. Die gewöhnlichen Ägypter beteten andere Götter zu Hause an, außerhalb der Tempel und ohne Priester.

Im Gegensatz zu beliebten Stereotypen glaubten die Ägypter nicht wirklich, dass ihre Götter wie die bizarren Kreaturen auf den alten

Bildern und Hieroglyphen aussahen – Tiere oder Menschen mit unbelebten Objekten anstelle von Köpfen oder Menschen mit Tierköpfen. Die Göttin Hathor wurde tatsächlich als eine Frau mit dem Kopf einer Kuh dargestellt, aber nur, um ihre mütterliche Natur zu betonen. Der Kopf der Göttin Sachmet war der Kopf einer Löwin, um ihre Aggressivität zu unterstreichen. Selkets Skorpionkörper weist darauf hin, dass sie die Wächtergöttin war, die vor Skorpion- und Spinnenbissen schützt. Die Bilder anderer Götter geben uns auf die gleiche Weise zu erkennen, welches ihre Charakteristika und ihre Rolle im Pantheon waren. Darüber hinaus wurde ein Gott häufig auf verschiedene Art und Weise dargestellt. Der Sonnengott Re war entweder Chepre (ein Mensch mit dem Kopf eines Käfers, der die Sonne in der Morgendämmerung darstellte) oder Aton (die Sonnenscheibe am Mittag) oder Re-Harachte (ein Mann mit einem Falkenkopf oder die Sonne am Horizont) oder Chnum (eine Kreatur mit dem Kopf eines Widders und die Sonne bei Sonnenuntergang).

Der Sonnenkult, der die Anbetung der Gottheiten beinhaltete, die mit dem Sonnenkreislauf in Beziehung standen, war in allen Reichen und Dynastien besonders wichtig. Das lag daran, dass die Ägypter von der Sonne abhängig waren – dieser unglaublich mächtigen Kraft, die sich auf ihr Leben auswirkte. Die Sonnengötter werden als Schöpfungsgötter gesehen und standen ebenso in enger Beziehung mit dem Tod und der Wiedergeburt der Toten. Diese Götter waren in der Lage, Menschen zu helfen, ihr Vermögen und ihre Macht zu vermehren. Deswegen und um ihren göttlichen Ursprung zu demonstrieren, benutzten die Könige die Wendung „Sohn des Re" in ihren Titeln.

Die Erklärung für den Umstand, dass die Ägypter so viele Götter hatten, liegt darin, dass sie ihre Götter mit anderen vermischen konnten, indem sie ihre Eigenschaften kombinierten. Wenn ein Gott mehr als eine Eigenschaft repräsentierte, wurde er oder sie in zwei (oder mehreren) verschiedenen Gottheiten wiedergegeben. Amun-Re war zum Beispiel eine Mischung aus Amun, dem Schöpfergott, und Re, dem Sonnengott. Darüber hinaus repräsentierten einige Götter

Kombinationen aus ägyptischen und fremden Gottheiten: Seth (Chaos) mit dem kanaaischen Ball (Blitz), Hathor (Mutter) mit dem syrischen Anat (Ehe), Osiris (Gott der Toten) mit dem griechischen Dionysos (Fruchtbarkeit), Isis (Mutter) mit der griechischen Aphrodite (Liebe) und Imhotep (Medizin) mit dem griechischen Asklepios (ebenfalls Medizin).

## Der Kampf zwischen Ordnung und Chaos: Die zentrale mythologische Erzählung

Die Vielzahl an Gottheiten, Kulten und religiösen Erzählungen wird durch eine kleine Zahl grundlegender mythologischer Themen zusammengehalten. Unglücklicherweise hatten die Ägypter kein heiliges Buch und die meisten Inschriften in den Tempeln handelten von Königen und ihren Opfern an die Götter. Nationale Mythen in Form einer langen Erzählung wurden bisher nicht entdeckt. Das Material, das wir über diese Erzählungen haben, stammt aus Begräbnistexten, die dem Zweck dienten, den Übergang ins Jenseits zu erleichtern. Diese Quellen enthalten eine kleine Zahl mythologischer Geschichten, die immer wiederkehren. Die Details sind von Quelle zu Quelle unterschiedlich, aber im Grunde erzählen alle dieselbe Geschichte.[viii]

- Der Schöpfer entsteht im Nun (der Ur-Flut, ein Wasserchaos, das sich in einem Gott personifiziert). Die urzeitlichen Wasser waren dunkel und gestaltlos, aber sie trugen die Anlage des Lebens genauso in sich wie Chaos die Anlage für Ordnung in sich trägt.[ix] Die Wasser von Nun ziehen sich zurück und enthüllen das erste Land (den Ur-Hügel), der sich aus dem Nun erhebt. Der Sonnengott erscheint, das Sonnenkind wird geboren, der erste Sonnenaufgang findet statt. Die Kräfte des Chaos bedrohen das Sonnenkind, aber Schutzgottheiten retten das Kind.[x] Der Ur-Hügel ist der Platz der Schöpfung. Der Schöpfergott Atum (der gewöhnlich mit der Doppelkrone des Königtums dargestellt wird) erscheint zur gleichen Zeit auf dem Hügel sitzend. Dieser Gott ist sowohl der Schöpfer des Universums als auch des politischen Systems des Alten Ägyptens.[xi]

• Lebewesen werden entweder aus Körpersäften geschaffen oder aus Gedanken oder Wörtern oder den Händen des Schöpfers. Die Menschen haben ihren Ursprung in Res Tränen. Der Luftgott trennt den Erdgott und den Himmelsgott. Ägypten wird als ein Element der göttlichen Ordnung geschaffen. Der Krieg zwischen Chaos (*Isfet*) und Ordnung (*Maat*) geht weiter.

• Der Schöpfersonnengott verliert entweder sein Auge oder seine Tochter (oder Verteidigerin), aber sie wird überredet, zurückzukehren. Der Sonnengott ist wütend über ungehorsame Menschen und Götter und entscheidet, den größten Teil der Menschheit zu töten und die Erde für den Himmel zu bewahren. Osiris, der mythische Herrscher Ägyptens, wird von seinem Bruder Seth getötet. Osiris' Schwestern, Isis und Nephthys, suchen seinen geschundenen Körper. Isis findet ihn und belebt Osiris wieder, um einen Sohn, Horus, zu empfangen. Osiris' Körper wird mumifiziert und vor Seths Angriffen geschützt. Isis, die göttliche Mutter, gebiert Horus in den Sümpfen. Die Kreaturen des Chaos vergiften den kleinen Horus, aber er wird geheilt. Horus und Seth kämpfen miteinander um das Recht zu herrschen. Seth endet mit verwundeten Hoden. Horus verliert ein oder beide Augen, aber ein anderer Gott (gewöhnlich Thoth) stellt das verletzte Auge oder die verletzten Augen wieder her. Horus rächt den Tod von Osiris. Seth wird überwältigt. Infolgedessen wird Horus zum König der Lebenden. Osiris wird Herrscher der Unterwelt und Richter der Toten.

• Der Sonnengott begibt sich jede Nacht in die Unterwelt. Das Chaosmonster Apophis bedroht ihn, aber verschiedene Gottheiten und Geister verteidigen den Sonnengott. Der Sonnengott schließt sich Osiris an und gemeinsam lassen sie die Toten auferstehen. Der Sonnengott steigt am Morgen wieder herauf, um die Schöpfung zu erneuern.

- Der Schöpfer ist müde und kehrt in die Ur-Flut zurück. Die Welt fällt zurück ins Chaos.

Es ist wichtig, die Verbindung zwischen den mythologischen Erzählungen, religiöser Doktrin und Politik hervorzuheben. Die frühesten Schöpfungsmythen und mit ihnen alle folgenden unterstützen die Vorstellung der göttlichen Natur der ägyptischen Herrscher. Darüber hinaus unterstreicht die erste Chronologie der ägyptischen Herrscher – in der Manetho als Erster die Pharaonen in Dynastien unterteilte – eine einzige, ungebrochene Folge von Königen, die sie mit dem Schöpfungsmoment und der Zeit der Götter verbindet. Der Schöpfergott hatte die Vorlage für das Königtum festgesetzt und jeder nachfolgende Pharao war ein legitimer Erbe des Throns. Die Realität war, wie wir schon wissen, eine andere. In Zeiten nationaler Uneinigkeit war eine Reihe von Herrschern in verschiedenen Landesteilen in der Lage, den Titel Pharao zu beanspruchen und gleichzeitig innerhalb sich überlappender Dynastien zu herrschen.

## An der Spitze des Pantheons

Die drei Hauptgötter der alten ägyptischen Religion sind Osiris, Horus und Seth. Osiris herrscht in der Unterwelt. Nach altem Glauben wurde ein verstorbener König zu Osiris und regierte im Jenseits weiter. In der antiken Kunst wird er als eine Mumie mit einem Haken und einem Flegel dargestellt, was auf seine dauerhafte Rolle als König hinweist. Horus, der Gott der Ordnung, ist Osiris' und Isis' Sohn. Der König von Ägypten hielt die Attribute dieser Gottheit. Die Ägypter glaubten, dass der Pharao eine Inkarnation von Horus auf der Erde ist. Dieser Gott wird gewöhnlich als ein Mann mit einem Falkenkopf dargestellt. Seth war der Gott des Chaos und Bruder von Osiris. Er wurde als ein unangenehm aussehender Mensch mit einer gekrümmten Nase und langen Ohren dargestellt.

Entsprechend gibt es drei Hauptgöttinnen: Isis, Nephthys und Hathor. Isis, die göttliche Mutter, ist sowohl die Schwester als auch die Gattin von Osiris und die Mutter von Horus. Diese Göttin wird als schöne Frau mit einem Thronzeichen auf dem Kopf dargestellt oder als ein Schwarzmilan, da es ihre Funktion ist, den Toten den Kuss des Lebens zu geben. Nephthys, eine Göttin, die eng mit der Wiedergeburt verbunden ist, ist die Schwester von Isis und Osiris. Sie half ihrer Schwester, ihren Bruder wieder zum Leben zu erwecken. Nephthys wird ähnlich wie Isis dargestellt. Hathor ist eine weitere Muttergottheit, die Tochter des Sonnengottes Re und die Göttin der Liebe, Schönheit, Fruchtbarkeit, des Sex und des Todes (sie gibt den Toten zu essen). Hathor wird auf verschiedene Weisen dargestellt, die alle aus einer Kombination von Körperteilen einer Frau und einer Kuh bestehen.

Maat war eine weitere Gottheit, die in allen Bereichen des ägyptischen Lebens existierte. Sie symbolisierte das kosmische Gleichgewicht, Gerechtigkeit und Wahrheit. Diese Göttin wurde als Mensch mit einer Feder auf dem Kopf dargestellt oder nur als Feder, da die Feder das hieroglyphische Zeichen für Wahrheit war. Richter im Alten Ägypten waren die Priester der Maat.

## Hausgötter

Es mag seltsam klingen, aber die breite Masse der Bevölkerung betete den mythischen Horus – für sie war der Pharao Horus selbst – und die Götter des Schöpfungsmythos in keiner besonderen Weise an. Sie hatten ihre eigenen Götter, die ihnen viel näher waren, und sie beteten sie zu Hause an. Die Art und Weise der Anbetung ähnelte den Ritualen in den Tempeln. Die Menschen hatten Statuen von Göttern in ihren häuslichen Schreinen und gaben ihnen täglich zu essen, wuschen und salbten sie.

Hathor war eine Göttin von großer Bedeutung für jeden Haushalt, denn sie war verantwortlich für die Ehe, sexuelle Liebe, Fruchtbarkeit, Empfängnis und Geburt. Es gab mehr als eine Göttin für

Fruchtbarkeit und Geburt. Bes, dargestellt als Zwerg mit gekrümmten Beinen, wurde regelmäßig während der Geburt angerufen, um eine sichere Geburt zu gewährleisten und Mutter und Kind zu schützen. Taweret, die Göttin, die als schwangeres Flusspferd dargestellt wurde, erfüllte ebenfalls eine schützende Rolle für Frauen bei der Geburt.

Die Handwerker, die das Tal der Könige bauten, beteten den Schöpfergott Ptah als Schutzgottheit an. Sie verließen sich darauf, dass dieser Gott ihnen half, arbeitsbedingte Probleme wie Erblindung zu vermeiden, die unter ihnen recht verbreitet waren. Sie beteten auch Meretseger an, dargestellt als Kobra oder eine Frau mit dem Kopf einer Kobra, die im Begriff ist, zuzustoßen. Meretseger schützte die Menschen vor Bissen von Kobras, Spinnen und Skorpionen.

## Tägliche Rituale

Die Rituale waren in allen Tempeln und Häusern Ägyptens identisch, unabhängig von der Natur und Funktion verschiedener Gottheiten. Die Menschen zu Hause taten das gleiche wie die Priester in den Tempeln. Sie betraten zweimal am Tag den Kultraum und führten die Rituale durch. Im Moment des Sonnenaufgangs nahm der Priester die Statue aus dem Schrein, wusch sie und rieb sie dann mit Salben und Parfümen ein. Schließlich hüllte er sie in einen sauberen Leinenschal und gab ihr Nahrung und Getränke. Nahrung und Getränke wurden zu Füßen der Gottheit gestellt, damit sie spirituelle Nahrung aufnehmen konnte. Danach wurde die Statue entweder unter den Priestern des Tempels oder unter den Familienmitgliedern zu Hause weitergegeben. Am Abend fand das gleiche Ritual statt. Nachdem der Statue Nahrung gereicht worden war, wurde sie im Schrein zur Ruhe gebettet.

## Die wichtigsten Kultzentren

Die Hauptgottheiten hatten ihre eigenen Kultzentren mit spezifischen Praktiken, Symbolen und Gebeten. Re wurde in Heliopolis angebetet. Es scheint, als sei dieser Tempel größer als der in Karnak gewesen, aber leider ist die Ausgrabungsstätte zurzeit nicht für die Öffentlichkeit zugänglich. Die Kultzentren für Seth in Auaris und Qantir sind ebenfalls für Besucher geschlossen. Amun wurde im ganzen Land angebetet, aber sein Hauptkultzentrum war der befestigte Tempelkomplex in Karnak. Glücklicherweise können wir diese Stätte ebenso besuchen wie den Osiristempel in Abydos, den Isistempel in Philae und den Hathortempel in Dendera. Die drei Haupttempel des Horus waren in Edfu, Kom Ombo und Heliopolis. Die beiden ersteren sind für Besucher geöffnet.

## Heilige Feste

Eine Reihe von Festen fand von Monat zu Monat statt. Die größten und wichtigsten Feste waren: das Talfest in Theben, bei dem Familien die Gelegenheit hatten, mit ihren toten Verwandten zu feiern; das Sokar-Fest, das als Toten- oder Mondfest in der Nacht gefeiert wurde, wobei die Menschen dem Gott und den Toten Opfergaben brachten; das Opet-Fest in Theben, das eine Prozession vom Tempel in Karnak entlang der Sphingenallee zum Tempel in Luxor einschloss, wobei die Statue Amuns getragen wurde; das Fest der Trunkenheit, das in Deir el-Medina gefeiert wurde und fünf Tage dauerte, an denen zu Ehren Hathors getrunken wurde.

## Amulette

Man glaubte, dass Amulette die Macht hatten, ihre Träger zu beschützen und ihre Kraft zu steigern. Amulette waren Figuren aus verschiedenen Materialien, die an einer Kette, einem Armband oder einem Ring getragen wurden. Es gab viele unterschiedliche Arten von Amuletten, jedes bot den Schutz einer individuellen Gottheit vor einer besonderen Bedrohung. Nicht alle Amulette zeigten Abbildungen von Gottheiten, viele waren mit symbolischen Hieroglyphen verziert und bezogen sich auf bestimmte Aspekte der Mythologie. Das Anch repräsentierte das ewige Leben. Skarabäen wurden mit Sonne, neuem Leben und Wiedergeburt in Verbindung gebracht. Vom Auge des Horus glaubte man, dass es vor allen bösen Mächten schützte, spiritueller und physischer Art gleichermaßen. Igel förderten die Fruchtbarkeit und die Wiedergeburt. Ein Bein stand für Gesundheit, weil das Bein im hieroglyphischen Schriftsystem das Zeichen für Gesundheit war. Zwei Finger beschützten die mumifizierten Toten. Flegel halfen gegen Insekten. Frösche gewährleisteten die weibliche Fruchtbarkeit. Das Zeichendreieck und Schnurlot des Zimmermanns garantierte ewige Tugend und Stabilität.

Amulette dienten auch als Statussymbole. Eine Reihe von Individuen trugen Amulette aus teuren Materialien wie Fayence oder aus Halbedelsteinen wie Amethyst, Onyx und Karneol.

## Figuren für Verwünschungen und Flüche

Die Macht der Figuren war nicht allein auf den Schutz beschränkt. Sie dienten auch als Mittel der Zerstörung. Der Pharao benutzte Verwünschungsfiguren, um politische Feinde des Landes zu vernichten. Die Figuren zeigten gefesselte Gefangene und jede trug eine Liste mit Ägyptens traditionellen Feinden (Asiaten, Nubier, Syrer, Libyer) auf ihrem Torso. Der König zerbrach und begrub die Figuren in einem Ritual, um den Fall der Feinde zu gewährleisten. Privatpersonen stellten Figuren mit Flüchen her, um andere zu verletzen oder zu lähmen.

## Kommunikation mit den Gottheiten

Die Menschen verfügten über die Möglichkeit, Orakel zu befragen, die Antworten auf Streitigkeiten und viele persönliche und rechtliche Probleme gaben. Die Ägypter konnten mit Orakeln in Tempeln oder sogar auf der Straße sprechen, solange eine Prozession mit der Statue des Gottes in der Nähe war. Im Tempel legte man eine geschriebene Nachricht vor die göttliche Figur, in der Prozession fragte man die Statue, die durch den Priester, der sie trug, antwortete. Die Antworten waren immer mehrdeutig und nicht definitiv. Die Menschen konnten so vielen Orakeln, wie sie wollten, die gleiche Frage stellen.

Die Menschen träumten von individuellen Göttern, aber sie brauchten die Hilfe der Priester, um die Bedeutung ihrer Träume zu interpretieren. Die Priester antworteten auf ihr Anliegen, sagten ihnen, was sie tun sollten und die Menschen machten ihrerseits den Tempeln Zuwendungen.

## Der Kult um die Ahnen und vergöttlichte Menschen

In den ägyptischen Dörfern ehrten die Menschen ihre verstorbenen Familienmitglieder und riefen sie um Hilfe für alltägliche Probleme an. Sie glaubten, dass ihre Vorfahren die Macht hatten, das Leben der Lebenden zu beeinflussen und Nachrichten zu den Göttern im Jenseits zu übermitteln. Deswegen behielten die Ägypter ihre Toten in der Nähe und schlossen sie in alltägliche Aktivitäten und Mahlzeiten ein. Die meisten Wohnzimmer verfügten über falsche Türen, damit der Geist des Verstorbenen das Haus betreten konnte. Darüber hinaus wurden Figuren, sogenannte Ahnenbüsten, die die verstorbenen Vorfahren repräsentierten, in Schreine gestellt und zu religiösen Festen und Prozessionen mitgenommen.

Einige angesehene Individuen wurden weithin angebetet und bei Problemen mit der Fruchtbarkeit, Geburt und moralischer Führung angesprochen. Berühmte vergöttlichte Menschen waren Imhotep, der eigentlich Architekt war (er erbaute die Stufenpyramide in Sakkara), aber als Gott der Medizin vergöttlicht wurde; Sesostris III., der die Stadt al-Lahun für die Arbeiter gründete, die an dieser Pyramide arbeiteten; Amenophis, der in Deir el-Medina angebetet wurde, weil er das Dorf gegründet hatte; ein anderer Amenophis, der Wesir während der Regentschaft des Pharao Amenophis III. war und auf Grund seiner Weisheit verehrt und angebetet wurde. Haremhab wurde von Ramses II. aus Dankbarkeit vergöttlicht, weil er den Thron seinem Großvater gegeben hatte, obwohl sie nicht aus einer Familie stammten.

# Kapitel 8 – Bestattungsglauben und Ritual: Mumifizierung und das Leben nach dem Tod

Die alten Ägypter liebten wie Menschen zu jeder Zeit das Leben. Sie wollten ewig leben und waren überzeugt, sie könnten das ewige Leben erreichen. Nach ihrem Glauben konnten Menschen ihr Leben nach dem Tod besser und reicher gestalten als vor ihrem Tod, solange sie darauf vorbereitet waren. Für sie war das Jenseits das sogenannte Schilffeld, das genau wie das irdische Ägypten aussah. Der Sonnenzyklus war auch im Jenseits von Bedeutung, denn die Toten würden alle in der Ur-Dunkelheit liegen, wenn der Sonnengott sie nicht jede Nacht besuchte.

## Der Fluch des Pharao

Hollywoodfilme tragen die Schuld an dem negativen Image der Mumien, aber nicht Hollywood allein. Als Howard Carter und sein Team 1932 mit der Ausgrabung des Grabs Tutanchamuns begannen, machten sie sich den Aberglauben der örtlichen Bevölkerung und den verbreiteten Glauben, dass das Betreten des Grabmals einen alten Fluch aktivieren würde, zunutze. Sie wussten, dass niemand das

Grab bei Nacht betreten würde, wenn er an die Existenz des Fluchs glaubte. Also verbreitete eines Tages eine englische Tageszeitung die Nachricht von dem Fluch und von jenem Tag an schrieb es die Öffentlichkeit dem Fluch zu, wenn ein Mitglied des Ausgrabungsteams starb – sogar noch nach zwanzig Jahren. Der einzige Todesfall, der etwas heikel war, war Lord Carnarvons Tod, der an einem Insektenstich starb. Die Ausgrabung war zu jenem Zeitpunkt noch nicht völlig abgeschlossen und er finanzierte die Grabung. Als er starb, gab es in Kairo einen Stromausfall (was ziemlich häufig vorkam) und viele sahen das als ein sicheres Anzeichen für die Existenz des Fluchs an.

Dessen ungeachtet gibt es keinen Fluch in Verbindung mit dem Grab Tutanchamuns. Tausende von Gräbern sind in Ägypter ausgegraben worden und nur zwei (Harchuf aus der sechsten Dynastie und Ursa aus dem frühen Neuen Reich) enthalten Flüche in ihren Inschriften, um sie vor Grabräubern zu schützen. Ägyptologen und Historiker scheinen also sicher zu sein, wenn sie die Nachricht vom Ruhm der Pharaonen verbreiten. Nach der religiösen Vorstellung der alten Ägypter gewährleistet die Wiederholung eines Namens ein verlängertes Leben im Jenseits.

## Die Bestandteile eines menschlichen Wesens

Nach den Vorstellungen der alten Ägypter bestand ein Mensch aus sechs Bestandteilen, die im Augenblick des Todes voneinander getrennt wurden. Um eine erfolgreiche Auferstehung zu gewährleisten, mussten diese Teile wiedervereinigt werden. Das geschah durch die Begräbnisriten. Die sechs Bestandteile des menschlichen Körpers waren: das Ka (die Lebenskraft), das Ba (die Persönlichkeit), das Ach (der Geist – die erfolgreiche Vereinigung von Ka und Ba), der Name (die Identität), der Schatten (verbunden mit dem Sonnenkult – keine Sonne, kein Schatten) und der Körper (der alle Elemente enthielt und durch den Prozess der Mumifizierung erhalten bleiben musste).

## Die Mumifizierung in der Praxis

In der vordynastischen Zeit wurden die Toten nach ägyptischer Tradition in flachen Sandgruben am Rand der Wüste bestattet. Die Begräbnisstätten folgten keiner besonderen Anordnung. Die Leichen wurden aus dem Leichentuch ausgewickelt und in einer Fötusposition direkt in den Sand gelegt. Die einzigen Grabbeigaben dieser Zeit waren Töpfe, die Speisen und Getränke enthielten. Manchmal gruben Tiere die Leichen, die durch den Sand auf natürliche Weise konserviert wurden, wieder aus, was die Ägypter auf die Idee brachte, die Konservierung ihrer Toten zu sichern. In den nächsten tausend Jahren experimentierten die Ägypter mit verschiedenen Mumifizierungsmethoden. Leichen wurden in großen Lehmtöpfen begraben, auf flachen Kästen aus Schilf oder in Tierhäute gehüllt. Diese Methoden funktionierten nicht. Da die Leichen vom Sand, der sie auf natürliche Weise konservierte, getrennt waren, zerfielen die weichen Bestandteile. Die Ägypter lernten, dass sie die Leichen vor der Beerdigung konservieren mussten. Die erste richtig mumifizierte Leiche war die des Pharao Djer aus der ersten Dynastie. Man muss nicht betonen, dass die Mumifizierung nur für die Elite eine Möglichkeit darstellte, während alle anderen nach wie vor im Sand begraben wurden.

Herodot überliefert uns einen detaillierten Bericht über den Mumifizierungsprozess und einen neu entstandenen Fachmann, den Einbalsamierer. Einbalsamierer hatten ihre Werkstätten an den örtlichen Friedhöfen. Die obersten Einbalsamierer waren hochgeachtete Priester. Der Oberste trug eine Schakalmaske, die den Gott der Einbalsamierung, Anubis, darstellte. Nach Herodot wurden jedoch die Leichen der reichen und mächtigen Frauen, insbesondere der Königinnen, erst ein paar Tage in ihren Palästen belassen, um Schändungen zu verhindern, bevor man sie in die Werkstatt brachte.

Die Pharaonen und seit dem Mittleren Reich auch die Adligen wollten nach ihrem Tod wie Osiris aussehen. Diese Bitte beinhaltete das komplizierteste und teuerste Einbalsamierungsverfahren, bei dem das Gehirn entfernt wurde. Die Ägypter glaubten, dass es unnötig war, das Gehirn zu konservieren, da sich Gedanken und Gefühle im Herzen abspielten. Die Operation wurde auf verschiedene, sehr einfallsreiche Weisen durchgeführt. Der Inhalt des Bauchraums wurde - mit Ausnahme des Herzens - ebenfalls entfernt. Diese Arbeit war nicht nur widerlich, sondern auch gefährlich, denn der Einbalsamierer, der diesen Teil der Arbeit leistete, wurde als Teil der Zeremonie aus der Werkstatt gejagt, während die Leute Steine und Stöcke nach ihm warfen. Der königliche Bauchraum wurde dann mit Wein und Gewürzen gesäubert, mit aromatischen Substanzen und Leinen gefüllt und schließlich zugenäht. Die Eingeweide wurden ebenfalls konserviert und in Kanopenkrügen aufbewahrt. 35 bis 40 Tage nach der Konservierung wurden die Leichen mit Leinentüchern umhüllt. Dafür wurden große Mengen an Leinen benutzt. Manche Mumien wurden mit über vierzig Lagen des teuersten Leinens bedeckt. Die Art und Weise der Wicklung veränderte sich im Verlauf der Zeit. Im Alten Reich wurden die Gliedmaßen einzeln eingewickelt, im Mittleren Reich umwickelte man alle Gliedmaßen zusammen und versah die Leiche mit einer Mumienmaske und in römischer Zeit wurden Portraits zwischen die Wicklungen gelegt.

Das reichte natürlich noch nicht aus, um die Leichen zu konservieren. Zusätzliche Sicherheitseinrichtungen wurden in den Gräbern angebracht, um sicherzustellen, dass nichts die Reise der Verstorbenen zur Wiedergeburt und dem Leben nach dem Tode behinderte. Handbücher enthielten Anweisungen, die dem Verstorbenen die nötigen Informationen mitteilten, und wurden auf Papyri, Särge, Bandagen und Wände geschrieben. Die frühesten Begräbnistexte sind die Texte in den Pyramiden. Sie waren in der Grabkammer und der Vorkammer der Pyramide angebracht und hatten keine Bilder. Die grüne Farbe der Hieroglyphen repräsentierte die Wiedergeburt. Im Mittleren Reich entstanden die Texte auf den Särgen und das Neue Reich brachte das „Buch der Toten" und die „Führer zum Jenseits" hervor, von denen jedes detaillierte Anweisungen sowie zahlreiche Zaubersprüche enthielt, die den

Verstorbenen halfen, auf die andere Seite zu gelangen und ihr neues Leben so gut wie möglich zu gestalten.

# Kapitel 9 – Die Architektur des Alten Ägyptens: Tempel und Pyramiden

## Tempel

Die Tempel waren die auffallendsten Bauten in der ägyptischen Landschaft. Gleichwohl hatte die Öffentlichkeit keinen Zugang, nur die Priester und die königliche Familie konnten diese großartigen Orte betreten. Es gab zwei Arten von Tempeln. Kultische Tempel oder Häuser Gottes lagen gewöhnlich am Ostufer des Nils und die meisten waren einer spezifischen Gottheit gewidmet. Begräbnistempel andererseits dienten den Anbetern des Königs dazu, seinen Geist für das Leben im Jenseits zu nähren. Sie wurden auch Haus der Millionen (oder Millionenjahrhaus) genannt und lagen am Westufer des Nils.

Die Ägypter glaubten, dass das Aussehen der Tempel genau wie alles andere in der fernen Vergangenheit von den Göttern bestimmt worden war. Daher veränderten sie niemals das Aussehen der Tempel, sondern bauten lediglich immer größere Versionen des gleichen Designs.

Der erste ägyptische Tempel wurde um 3200 v. Chr. in Hierakonpolis in der Nähe von Luxor erbaut. Die dort verehrte Gottheit war wahrscheinlich Horus, obwohl keine Beweise dafür gefunden wurden. Der Tempel wurde auf einem erhöhten Sandhügel gebaut, der aller Wahrscheinlichkeit nach ein symbolisches Abbild des Ur-Hügels war. In Medamud (al-Madamud) in der Nähe von Theben gab es einen weiteren alten Kulttempel, aber es ist unklar, welcher Gott dort angebetet wurde.

Im Mittleren Reich waren die Tempel einfach und symmetrisch. Leider sind die meisten von ihnen schon in der Antike zerstört und im Neuen Reich durch neue Tempel ersetzt worden. Der Tempel von Karnak ist in dieser Hinsicht außergewöhnlich, denn sein Design datiert aus dem Mittleren Reich, zeigt aber auch Einflüsse des Neuen Reichs. Diese Tempelanlage – das größte religiöse Zentrum der Welt – wurde über eine Zeit von 2000 Jahren gebaut. Es sollte betont werden, dass das Ideal der Tempelanlagen im Mittleren Reich entstand. Das Neue Reich brachte neue Konventionen mit sich und die Tempel, die während dieser Zeit gebaut wurden, waren stärker stilisiert als die früheren.

*Ein Panorama der großen Säulenhalle in Karnak*

Viele Tempel wurden verschönert, indem zusätzlich Prozessions- oder Sphingenalleen hinzugefügt wurden. Sie wurden von Statuen verschiedener Sphingen gesäumt: Löwen mit Widderköpfen, die den Gott Amun darstellten; Löwen mit Falkenköpfen, die Horus repräsentierten; Löwen mit menschlichen Köpfen, die den Pharao darstellten, der sie erbauen ließ; Sphingen mit Krokodilsköpfen (die für den Gott Sobek standen), Schakalsköpfen (für Anubis) oder

Schlangenköpfen (für die Schlagengöttin Wadjet). Die drei Letztgenannten wurden nur in einem Tempel gefunden: dem Begräbnistempel von Amenophis III. in Luxor. Die bekannteste Prozessionsallee ist die zwischen den Tempeln von Luxor und Karnak. Viele andere Tempel wie z.B. Abu Simbel in Nubien verfügten ebenfalls über Prozessionsalleen, aber sie sind leider nicht erhalten geblieben.

Bei religiösen Festen schritten die Priester durch die Alleen und trugen die heilige Barke auf ihren Schultern, ohne dass das Publikum sie sehen konnte. Hinter den zwei Reihen von Sphingen stand eine Mauer. Es war schwierig, in den Tempel hineinzugelangen. Der Eingang befand sich immer am tiefsten Punkt des Tempels und die Priester mussten einem recht komplizierten System von Treppen und Rampen folgen, um ins Heiligtum zu gelangen, das sich immer an der rückwärtigen Seite befand.

*Der Tempel von Philae[xii]*

Da die Tempel für die Öffentlichkeit unzugänglich waren, war es nicht leicht hineinzugelangen. Das Äußere des Tempels sah nicht besonders einladend aus und alle Tempel wurden von hohen Mauern aus Lehmziegeln umschlossen, die teilweise über zehn Meter breit waren. Diese Barrieren waren ein guter Schutz vor der Öffentlichkeit, aber sie boten auch Schutz für die königliche Familie und die Priester in Zeiten von Kriegen oder Konflikten.

Der wichtigste Teil des Tempels war das Heiligtum, das innere Sanktum oder das Allerheiligste, das am höchsten Punkt des Tempels lag. Die einzigen Menschen, denen es erlaubt war, das Allerheiligste zu betreten, waren der König und der Hohepriester. Im Innern des Heiligtums befand sich ein Altar mit einem kleinen Schrein mit goldenen oder bronzenen Türen, der die Kultstatue beschützte. Für die Ägypter war diese Statue nicht einfach eine Abbildung des Gottes, sie beheimatete den Geist des Gottes. Aus diesem Grund war der Zugang für die Bevölkerung strikt untersagt.

Jeder Tempel repräsentierte das Universum. Jedes Heiligtum symbolisierte den Ur-Hügel. Darüber hinaus stellte ein kleiner See innerhalb jedes Tempels die Ur-Flut dar. Das Wasser wurde für die Reinigung der Priester und des Tempels, aber auch für Opfergaben genutzt.

Es ist für heutige Besucher nicht leicht, sich vorzustellen, wie die Tempel ursprünglich einmal aussahen. Die noch existierenden Ruinen erscheinen als offene, helle Orte. Dieser Eindruck täuscht aber über das Aussehen der Tempel in der Antike hinweg. Alle Tempelbereiche – mit Ausnahme des heiligen Sees und der ersten Säulenhalle – waren mit schweren Steindächern bedeckt. Die Türen waren groß und schwer und es war extrem schwierig, durch sie einzudringen. Es gab keine Fenster. Das Licht fiel entweder durch kleine Löcher in den Blöcken, die das Dach bildeten, oder durch Steingitter an den Wänden. Zu besonderen Gelegenheiten benutzten die Priester Öllampen. Das Innere eines Tempels war ohne Zweifel ein dunkler und düsterer Ort.

Ein Tempelkomplex verfügte über viele Außengebäude, die für die Funktion des Tempels wichtig waren. Diese Gebäude schlossen die Lagerräume, Küchen, Häuser für die Priester, Ställe und seit der ptolemäischen Zeit auch das *Mammisi*, das Geburtshaus, und das Sanatorium ein.

Die Statue im Schrein war nicht das einzige heilige Objekt, das Andacht zeigte. Die Pharaonen nutzten auch Dekorationen, gemalt oder geschnitzt, viele Statuen und Obelisken. Obelisken waren große

Spitzsäulen, die aus einem einzigen Steinblock gehauen wurden. Jeder Tempel hatte mindestens zwei davon.

Alle rituellen Aktivitäten im Innern des Tempels waren auf die geheime Statue im Allerheiligsten ausgerichtet. Der Pharao war formell der Hohepriester aller Kulte in jedem ägyptischen Tempel. Seine Pflicht war es, alle wesentlichen Rituale durchzuführen, die nötig waren, um die kosmische Ordnung (*Maat*) aufrechtzuerhalten. Wenn der König seine Pflichten gegenüber den Göttern vernachlässigte, würde das Land ins Chaos stürzen, einschließlich Überflutungen, Hungersnöte oder Invasionen. Der Pharao delegierte diese Pflicht jedoch. Jeder Tempel hatte seinen eigenen Hohepriester, aber sie handelten im Namen des Königs, nicht in ihrem eigenen.

## Gräber

Ägypten ist berühmt für seine Grabanlagen im Tal der Könige (Pyramiden und Gräber), die als Häuser der Ewigkeit bezeichnet werden. Die Entwicklung der Gräber im Tal ist das Ergebnis von Veränderungen, die durch sich verändernde religiöse Prioritäten und wachsende Sicherheitsrisiken hervorgebracht wurden. Alle Gräber waren für die Ewigkeit gedacht, als ein Heim für die Verstorbenen im Jenseits. Keins von ihnen ist wirklich vollständig, da kein Grab im Tal der Könige oder in Ägypten überhaupt jemals fertiggestellt wurde. Einige von ihnen wurden vollkommen aus dem Fels geschlagen und niemals mit Dekorationen versehen. Bei anderen wurden die Dekorationen gezeichnet, ohne dass die Steinmetzarbeiten je begonnen hätten. Viele Gräber vermitteln den Eindruck, als seien sie fertig, aber die Inschriften und Bilder fehlen. Die Arbeit wurde wohl plötzlich durch den Tod des Auftraggebers unterbrochen. Darüber hinaus hätte ein fertiggestelltes Grab danach ausgesehen, als wolle man Perfektion beanspruchen, und es sieht so aus, als wären die Architekten im Alten Ägypten auf diesen Anspruch nicht so erpicht gewesen.

Auf Grundlage des Stils sind Ägyptologen manchmal in der Lage, die Epoche, in der ein Grab gebaut wurde, zu bestimmen. Allerdings wurden alle Gräber bereits in der Antike ausgeraubt. Manchmal musste der Priester die Leichen in andere Gebäude schaffen, um weitere Entweihungen zu verhindern. Eine Reihe von Gräbern enthält daher keine Leichen oder Grabbeigaben.

## Pyramiden

Pyramiden sind schon vor langer Zeit zum Synonym für das Alte Ägypten geworden. Diese Bauten wurden in zahlreichen Büchern und Filmen gezeigt, jedoch häufig nicht so, wie sie es verdienen.

Die Pyramiden hatten immer eine Begräbnisfunktion, aber die Details haben sich mit der Zeit geändert. Im Alten und Mittleren Reich dienten die Pyramiden als Gräber und zeigten den Reichtum und Status der Verstorbenen. Im Neuen Reich waren die Pyramiden kleiner und wurden über einem Grab errichtet. Sie fungierten nicht als Begräbnisorte.

Die Form der Pyramide ist an sich bedeutsam. Es handelt sich um eine Stilisierung des Ur-Hügels, Benben genannt, der eng mit dem Sonnengott verbunden war. Die Pyramidenform sollte den Sonnenstrahlen ähneln. Darüber hinaus beziehen sich die Pyramidentexte auf die Pyramide als Rampe, die zum Himmel führt und es dem verstorbenen Pharao erlaubt, sich mit seinen Vorfahren zu vereinen.

Die erste Pyramide wurde vom ersten Pharao der vierten Dynastie, Snofru, in Meidum in der Nähe des heutigen Kairo gebaut. Die Grabkammer der Pyramide wurde nie fertiggestellt und Snofru wurde wahrscheinlich in einer der beiden anderen Pyramiden, die er erbauen ließ, beerdigt. Diese Pyramiden befinden sich in Dahschur und sind als die Knickpyramide (auf Grund eines Fehlers bei der Änderung der Form) und die Rote oder Nordpyramide bekannt. Letztere war die erste erfolgreich erbaute Pyramide. Sie existiert heute noch in Dahschur und ist sehr groß, nur die Große Pyramide von Cheops in Gizeh ist noch größer.

Cheops, der Sohn Snofrus, stellte das Projekt seines Vaters mit seiner Großen Pyramide in Gizeh noch in den Schatten. Sie gilt als eins der Sieben Weltwunder der Antiken Welt. Die Leichen seiner drei Königinnen wurden in drei Satellitenpyramiden in unmittelbarer Nähe östlich der Hauptpyramide begraben. Der Pyramidenkomplex zieht immer noch eine Vielzahl von Touristen aus der ganzen Welt an. Chefren, der Sohn Cheops', wusste, dass er mit der Monumentalität der Pyramide seines Vaters nicht mithalten konnte, und verfiel auf einen anderen Gedanken. Er platzierte seinen Bau auf höherem Grund, was seine Pyramide größer aussehen lässt, obwohl sie es nicht ist. Der nächste Pharao, der auf dem Plateau von Gizeh begraben liegt, ist Menkaure. Seine Pyramide ist nicht so groß wie die beiden vorherigen, aber sie wurde aus Granit und Kalkstein erbaut und war daher sehr wertvoll. Demgegenüber waren Menkaures Tempel größer als die seiner Vorfahren. Ein weiteres monumentales Objekt auf dem Gizeh-Plateau ist die riesige Sphinx mit einem Löwenkörper und einem menschlichen Kopf, die offensichtlich die Funktion eines Wächters hat.

Die Pharaonen der fünften Dynastie, Unas und Djoser, bauten ihre Pyramiden in Sakkara. Während Unas' Pyramidenkomplex ein perfektes Beispiel der vollentwickelten Form darstellt, ist Djosers Pyramide besser erhalten.

Im Mittleren Reich hatten viele Könige Baukomplexe an Orten wie Dahschur, el-Lischt, al-Lahun und Hawara errichtet. Im Neuen Reich wurden Pharaonen jedoch nicht länger in Pyramiden beigesetzt. Sie nutzten geheime, aus dem Felsen geschlagene Gräber. Die letzte Entwicklungsstufe des Pyramidenbaus wurde in Abydos und Theben während der Regentschaft der Pharaonen der 26. Dynastie erreicht. Bemerkenswerte neue Pyramiden wurden nicht mehr gebaut, aber viele der älteren überdauern noch, um die Menschheit an ihre Vergänglichkeit zu erinnern.

# Schluss – Aufregende Ausgrabungen und weltweite Ägyptomanie: Warum sind wir so besessen vom Alten Ägypten?

Ägypten hat seit den Zeiten der alten Griechen und Römer einen eigenen Reiz. Sie sprachen über Ägypten als eine weit ältere Zivilisation voller wunderbarer und mysteriöser Monumente und Inschriften. Sie schienen zu glauben, dass die ägyptische Kultur schon in Vollendung entstanden und genauso abrupt wieder verschwunden ist.[xiii] Ihre dreitausendjährige Geschichte wirft jedoch einen längeren Schatten auf die nachfolgenden Jahrhunderte und wir können sie heute noch spüren. Die Faszination für das Alte Ägypten ging in der Renaissance weiter und blühte in der napoleonischen Zeit auf, als der berühmte Stein von Rosetta entdeckt wurde. 1822 identifizierte und entzifferte Champollion die Inschriften auf dem Stein und erschloss die Geheimnisse zur Geschichte des Alten Ägyptens. Im 19. Jahrhundert reiste praktisch jede bedeutende Person zum Nil, darunter Gustave Flaubert und Ulysses S. Grant. Das Interesse war durch die Übersetzung des Rosettasteins befeuert worden, der schließlich das meiste, was wir über die Geschichte des Alten

Ägyptens wissen, enthüllte. Das meiste, aber nicht alles. Die wirkliche Besessenheit hatte 1922 - hundert Jahre später - begonnen, als großartige Artefakte aus Tutanchamuns Grab geborgen wurden.

Gegen Ende November 1922 entdeckte der englische Ägyptologe Howard Carter in Begleitung seines Finanziers George Herbert, dem fünften Earl von Carnarvon, seiner Tochter, Lady Evelyn, und Carters Freund, dem Ingenieur Arthur Callender, ein intaktes Grab aus der Zeit des Neuen Reichs, einer Zeit mächtiger Pharaonen und schöner Königinnen. Es war das letzte versteckte Grab im Tal der Könige und das reizvollste. Seine Siegel waren seit der Antike intakt geblieben und es enthielt Schätze von unvorstellbarem Luxus. Die Hieroglyphen auf vielen der Objekte nannten deutlich den Namen des Grabbesitzers: Tutanchamun. Das Königsgrab war 23 Jahrhunderte lang ungestört geblieben.

*Replika der goldenen Maske des Tutanchamun im Ägyptischen Museum[iv]*

Die größte Entdeckung in der Geschichte der Ägyptologie war gemacht worden und es war die erste große archäologische

Entdeckung, die von der Weltpresse begleitet wurde. Zeitungsschlagzeilen nahmen die Vorstellungskraft des Publikums gefangen und erzeugten eine Welle des Interesses an den Schätzen des Pharaos. Aber das war nur der Anfang. Es dauerte ein Jahr, bevor es möglich war, den eineinviertel Tonnen wiegenden Deckel vom riesigen Steinsarkophag des Pharaos zu heben. Im Innern des Sarkophags wurde der Leichnam des Königs von drei ineinander verschachtelten Särgen und vier vergoldeten Schreinen beschützt. Alle Särge waren mit wertvollen Amuletten und rituellen Objekten gefüllt und der innerste Sarg war aus purem Gold. Die mumifizierten Überreste des jungen Königs und seine erstaunliche Begräbnismaske, die wahrscheinlich das großartigste Artefakt darstellt, das je aus der antiken Zivilisation geborgen worden ist[xv], wurden drei Jahre nach der ursprünglichen Entdeckung enthüllt. Mittlerweile war der Earl von Carnarvon an Blutvergiftung gestorben und die Keimzelle der Geschichten, die sich um den Fluch des Pharaos ranken, war gelegt.

Die weltweite Faszination für die altägyptische Zivilisation dauert bis heute an. Laut dem Autor von „Egyptomania" basiert die Besessenheit auf dem Umstand, dass sie gleichzeitig anheimelnd vertraut und faszinierend exotisch ist.[xvi]

# Teil 2: Das antike Griechenland

*Ein fesselnder Führer zur griechischen Geschichte vom Dunklen Zeitalter bis zum Ende der Antike*

# Einführung

Die Zeit, die wir gewöhnlich als das antike Griechenland bezeichnen, umfasst den langen Zeitraum vom Dunklen Zeitalter (oder auch den Dunklen Jahrhunderten) um etwa 1100 v. Chr. bis zum Ende der Antike um etwa 600 n. Chr. So wechselhaft wie diese Zeitspanne war auch die Geographie Griechenlands. Während dieser Zeit erstreckten sich die Grenzen Griechenlands zeitweise über seine heutigen Grenzen hinaus, zu anderen Zeiten schrumpften die Grenzen und die Region stand unter der Herrschaft des Römischen Reichs. Dennoch war der Einflussbereich Griechenlands groß, benachbarte Gebiete wurden nachhaltig von der griechischen Kultur und Geschichte beeinflusst.

Die griechische Kultur und ihre Geschichte war so einflussreich, dass sie bis heute eine spürbare Wirkung auf uns moderne Menschen in der ganzen Welt hat. Die alten Griechen hoben die Demokratie aus der Taufe, ein politisches System, das weit verbreitet ist und von manchen für die beste Form der Regierung gehalten wird. Große Geister aus Griechenland machten unglaubliche und entscheidende Entdeckungen wie z.B. die Wassermühle, die Grundlagen der Geometrie und die Anwendung der Medizin, um Krankheiten zu heilen. Die antiken griechischen Philosophen legten das Fundament für ein neues Denken und Forschen. Das antike Griechenland rief auch die Olympischen Spiele ins Leben, die noch heute regelmäßig ausgetragen werden. Besonders berühmte Persönlichkeiten wie Alexander der Große und Kleopatra spielten in der griechischen Geschichte ein Rolle oder waren zumindest durch Kriege und die Erweiterung von Reichen mit ihr verbunden.

Aufgrund des Einflusses des antiken Griechenlands werden Sie in diesem Buch nicht nur etwas über das antike Griechenland lernen, sondern auch etwas über Ihre eigene Geschichte erfahren und über die Ursprünge der Menschen, Orte und Institutionen, über die Sie schon in der Schule etwas gehört haben. Es ist eine fesselnde Reise vom Beginn des Dunklen Zeitalters durch die Dunkelheit, die Demokratie und Entdeckungen, bis hin zur Entwicklung der westlichen Zivilisation.

# Kapitel 1 – Die Dämmerung des Dunklen Zeitalters

Für ungefähr fünfhundert Jahre herrschte in der geographischen Region, die wir heute als Griechenland kennen, die mykenische Kultur vor. Etwa um 1200 v. Chr. begann die mykenische Zivilisation zusammenzubrechen. Archäologische Zeugnisse deuten darauf hin, dass um etwa 1100 v. Chr. die Städte, die entlegenen Siedlungen und die gesamte Organisation der Kultur der Mykener verlassen oder zerstört wurden. Um 1050 v. Chr. waren die erkennbaren Spuren der mykenischen Kultur schon beinahe völlig verschwunden und die Bevölkerungszahl hatte deutlich abgenommen. Viele Historiker haben Erklärungen für diesen Abschwung gesucht. Manche schreiben den Zerfall der mykenischen Kultur, der mit dem Ende der Bronzezeit einherging, klimatischen oder Umweltkatastrophen zu. Andere machen die Invasion der Dorer oder „Seevölker" dafür verantwortlich. Es gibt keine einheitliche Erklärung, die allen archäologischen Erkenntnissen gerecht wird.

Die Invasion einer als „Seevölker" bekannten Gruppe mag zum Zusammenbruch der mykenischen Zivilisation beigetragen haben. Ihre genauen Ursprünge sind geheimnisvoll. Die „Seevölker" sind möglicherweise von weither gekommen, nämlich vom Nordufer des

Schwarzen Meeres, oder ganz aus der Nähe, nämlich der Ägäis oder der Mittelmeerküste von Kleinasien (Asia Minor). Die Ägypter erwähnten diese Völker in Inschriften und Bildhauereien in Karnak und Luxor. Sie erzielten einige militärische Erfolge gegen diese fremden Kämpfer, aber auch Ägypten konnte den Auswirkungen ihrer Angriffe nicht entgehen, die im gesamten östlichen Mittelmeerraum stattfanden, einschließlich des Gebietes des heutigen Griechenlands, und den Beginn des Dunklen Zeitalters einleiteten.

Der Zusammenbruch der mykenischen Zivilisation verursachte erhebliche Störungen in der Lebensweise der Menschen dieser Region. Es kam zu wirtschaftlichen Nöten, Hunger und politischer Instabilität. Große Revolten ereigneten sich und mächtige Königreiche wurden zu Fall gebracht. Wichtige Handelsverbindungen gingen verloren. Städte und Dörfer wurden verlassen oder niedergebrannt. Die Bevölkerungszahl Griechenlands sank möglicherweise auf die Hälfte und ganze Organisationssysteme hörten auf zu existieren: staatliche Armeen, Könige, Verwalter und Handelsbeziehungen verschwanden.

Aufgrund des Zusammenbruchs großer Städte konnten Bauprojekte und Wandmalereien nicht fertiggestellt werden. Der Gebrauch der Linearschrift B hörte auf. Das verringerte das Vermögen, über etwas Buch zu führen, und so stammt unsere Kenntnis dieser Epoche der griechischen Geschichte nur aus Überresten und Artefakten, die in Gräbern gefunden wurden.

Die fragmentierten Gesellschaften, die übrig blieben, waren größtenteils voneinander getrennt und entwickelten ihre eigene Kultur, ihren Töpferstil, ihre Begräbnisriten und andere Siedlungscharakteristiken. Aufzeichnungen gab es - wie gesagt - kaum, aber Töpferware wurde in archäologischen Grabungsstätten gefunden. Der Töpferstil, der als protogeometrisch bekannt ist, war bedeutend weniger komplex als Formen, die vor dem Zusammenbruch existierten. Das ist ein Zeichen dafür, dass es keinen

Fortschritt in der Entwicklung gab und in einigen Fällen sogar einen Rückschritt.

Es ist wahrscheinlich, dass die Aufteilung der Region auf Grundlage von Verwandtschaftsbeziehungen und den Oikoi (oder Haus- und Wirtschaftsgemeinschaften) organisiert war. Das bildete den Ursprung der späteren Polis (der politischen Beschaffenheit Griechenlands). Aufgrund der disparaten Gemeinschaften lassen sich keine Verallgemeinerungen über eine größere Gesellschaft treffen. Die verschiedenen Bewohner der Region, die den Zusammenbruch überlebten, lassen sich nicht zu sinnvollen Gruppen zusammenfassen, weil sie zu viel Zeit ohne Verbindung zu anderen Gruppen verbrachten. Einige Gebiete in Griechenland wie Attika, Euböa und Zentralkreta gewannen ihre Wirtschaftskraft früher als andere zurück.

Glücklicherweise war nicht alles für die Zukunft der Region verloren. Es gab immer noch einige Fortschritte während dieser Zeit. Sie waren nur begrenzter und langsamer, als sie es unter anderen Umständen gewesen wären. Es gab immer noch Landwirtschaft, Weberei, Metallverarbeitung und Töpferei, aber mit geringeren Produktionszahlen und nur für den lokalen Gebrauch bestimmt. Es gab einen begrenzten technischen Fortschritt, wie z.B. eine schnellere Töpferscheibe und die Entwicklung des Zirkels (um geometrische Muster zu zeichnen). Länger haltbare Glasuren wurden mithilfe von höheren Brenntemperaturen entwickelt.

Für die historische Entwicklung der Region waren vielleicht neue, aus Zypern und der Levante stammende Verfahren der Eisenschmelze, mit denen die örtlichen Eisenerzvorkommen genutzt wurden, am wichtigsten und einflussreichsten. Waffen aus Eisen waren nicht mehr nur für Elitekämpfer verfügbar und die allgemeine Verwendung von Eisen war ein entscheidendes Charakteristikum der meisten Siedlungen des Dunklen Zeitalters. Ab 1050 v. Chr. entstanden mehrere lokale Eisenindustrien und um 900 enthielten fast alle Gräber wenigstens einige eiserne Gerätschaften.

Mit der Zeit und zunehmenden Erwerbsmöglichkeiten waren einige Gemeinschaften in der Lage, sich von ihren Rückschlägen zu erholen. Archäologen untersuchen diese Gemeinschaften, um ihre Strukturen und den Verlauf der Ereignisse besser zu verstehen. So haben zum Beispiel Ausgrabungen von Gemeinschaften aus dem Dunklen Zeitalter in Nicosia auf der Peloponnes gezeigt, wie eine Stadt des Bronzezeitalters 1150 v. Chr. verlassen wurde und dann als eine kleine Anhäufung von Dörfern um 1075 neu entstand.

Zu dieser Zeit lebten dort nur etwa vierzig Familien, die über viel landwirtschaftlich nutzbare Fläche und Weiden für ihr Vieh verfügten. Die Überreste eines Gebäudes aus dem zehnten vorchristlichen Jahrhundert mit einem Megaron (einer großen, für griechische Paläste typischen Halle), das auf einem Gebirgskamm stand, haben zu der Vermutung geführt, dass dies das Haus eines Anführers oder ein Ort von religiöser Bedeutung war. Es handelte sich dabei um einen größeren Bau als die übrigen, der aber aus den gleichen Materialien (Lehmziegel und Strohdach) bestand.

Auch im Dunklen Zeitalter gab es Menschen, die einen höheren Stand innehatten, aber ihr Lebensstandard lag nicht bedeutend höher als der anderer Dorfbewohner. Die meisten Griechen lebten nicht auf isolierten Gehöften, weil das die Gefahr und das Risiko vergrößerte, von Feinden angegriffen zu werden. Stattdessen lebten sie in kleinen Siedlungen. In den nächsten zwei- bis dreihundert Jahren bestand ihre hauptsächliche Erwerbsquelle wahrscheinlich im Ackerbau auf dem Grund und Boden ihrer Vorfahren.

Archäologische Berichte zeigen, dass mehrere Orte in Griechenland zu Beginn des achten Jahrhunderts einen kräftigen wirtschaftlichen Aufschwung nahmen. Der Fernhandel wurde wieder aufgenommen, indem Verbindungen zwischen dem Nahen Osten, Griechenland, Ägypten und Italien geschaffen wurden. Archäologische Funde zeigen griechische Töpferwaren in Nordsyrien und in der Villanovakultur in Italien, was Beweise für diese Handelsrouten sind.

Mit der Zeit wurden die Formen, Stile und Verzierungen der Töpferwaren komplexer und beinhalteten figurative Szenen, die aus den homerischen Epen *Ilias* und *Odyssee* zu stammen scheinen. Das zeigt, dass den Künsten wieder mehr Aufmerksamkeit geschenkt wurde. Werkzeuge und Waffen aus Eisen wurden weiterentwickelt und gewannen an Qualität.

Der Handel im Mittelmeerraum förderte neuen Nachschub an Kupfer und Zinn aus fernen Orten nach Griechenland. Das ermöglichte es Handwerkern, eine breite Palette an kunstvollen Bronzewerkzeugen und Gegenständen zu fertigen. Auch andere Küstenregionen Griechenlands nahmen wieder am wirtschaftlichen und kulturellen Austausch des zentralen und östlichen Mittelmeerraums teil. Gleichzeitig wurden auch die örtlichen Herrschaftsformen komplexer und wandelten sich von Autokratien einzelner Herrscher zu Oligarchien und anderen Formen aristokratischer Herrschaft.

Obwohl die Region Griechenland ihr Dunkles Zeitalter erlebte, das ihrem Leben Rückschläge versetzte, bauten die Menschen alles, was verloren war, wieder auf. Als sich Methoden der Herrschaft weiterentwickelten, bewegte sich die Region aus dem Dunklen Zeitalter hinaus in die Aufklärung der Demokratie.

# Kapitel 2 – Von der Dunkelheit zur Demokratie

Als sich die griechische Region von der Subsistenzwirtschaft, die das Dunkle Zeitalter mit sich gebracht hatte, weiterentwickelte, konnten die Menschen wieder über mehr Wohlstand nachdenken. Die herrschende Organisation des Staates, die Regierung und die politische Führung bestanden aus vielen verschiedenen, aber gleichgestellten Gruppen. Glücklicherweise entdeckten die Griechen einen besseren Weg, als unter sich um die Macht zu kämpfen. Ihnen schwebte eine Regierungsform vor, die es allen Menschen erlaubte, die gleichen Rechte zu haben. Es war ein revolutionärer Ansatz und einer, den viele Länder heute verwirklichen – die Demokratie.

Die Entwicklung der Demokratie in den griechischen Stadtstaaten vollzog sich langsam, aber stetig. Die Demokratie in Athen entwickelte sich in Schüben, aber schließlich gelangte sie zu voller Blüte. Ihre bescheidenen Anfänge begannen mit dem Politiker Solon.

In der Zeit vor Solons Führung hatten die meisten Stadtstaaten tyrannische Regierungen (Herrschaft durch eine einzelne Person), aristokratische oder oligarchische Regierungen. Dann unternahm ein Adliger namens Kylon im Jahre 632 v. Chr. infolge eines missgedeuteten Orakelspruchs den Versuch, die Herrschaft an sich zu reißen. Der Staatsstreich schlug fehl und Kylon, sein Bruder und andere Anhänger suchten Schutz im Tempel von Athen. Kylon und seinem Bruder gelang es schließlich zu entkommen. Der versuchte Staatsstreich zog eine Zeit wechselnder Allianzen und ökonomischen Stillstands in Athen nach sich.

Um etwa 593 v. Chr. erhielt Solon infolge des politischen Klimas der Zeit fast die uneingeschränkte Macht, als er ins Amt des Archon gewählt wurde. Solon entschied sich, Weisungen zu verfassen, die die politischen Probleme, die die Stadt plagten, lösen sollten. Solons Weisungen wurden auf Holztafeln geschrieben und aufgehängt, so dass alle Bürger sie lesen konnten. Solon widerrief alle Gesetze mit Ausnahme derer, die Morde betrafen.

Vor Solons Reformen wurde Athen von neun Archonten verwaltet, die gewählt oder ernannt wurden. Es gab ebenfalls eine Versammlung des Volkes (die *Ekklesia*). Allerdings gab es keine Versammlung für die unterste Schicht der Bürger (die Theten). Solon änderte die Regeln für die *Ekklesia* und ließ alle männlichen Bürger zu. Aus ihnen wurden auch die Richter und die Geschworenen bestimmt. Das kann als eine frühe Form einer republikanischen Regierungsform angesehen werden, in der die Bürger die Gesetzgebung mitbestimmten und gewählte Führer zur Verantwortung ziehen konnten.

Um eine solch große Versammlung anzuleiten, schuf Solon den Rat der Vierhundert. Für diesen Rat stellte jede der vier athenischen Sippen einhundert Mitglieder aus ihren Reihen. Solon führte auch Veränderungen in der Organisation des athenischen Militärs durch, indem er die Ränge voneinander abgrenzte und beschrieb, wer in ihnen aufgrund des Reichtums oder Grundbesitzes seiner Familie dienen konnte.

Auch die Wirtschaftsgesetze und die Kultur Athens reformierte Solon. Väter wurden ermutigt, Gewerbe oder passende ökonomische Stellungen für ihre Söhne zu finden, ohne die sie ihre Väter im Alter nicht unterstützen konnten. Ausländische Handwerker und Händler wurden ermuntert, mit ihren Familien nach Athen zu ziehen, wo sie dann das Bürgerrecht erhielten. Der Anbau von Oliven und die Produktion von Olivenprodukten wurden gefördert, während der Export aller übrigen Produkte verboten wurde. Solon verbreitete Gesetze bezüglich bestimmter Formen der Sklaverei: Er annullierte alle auf persönlicher Dienerschaft basierenden Verträge, hob die Schuldensklaverei auf und entließ alle Athener Bürger aus jeder Form von Sklaverei. Darüber hinaus erließ Solon mehrere Sozialgesetze, die das Leben in Athen verbesserten.

Als seine Gesetze erst einmal Verbreitung gefunden hatten und er sah, dass sie wirkten, verließ Solon Athen für zehn Jahre und bereiste verschiedene Territorien des östlichen Mittelmeerraums. Die Reformen waren jedoch nicht von langer Dauer, es war eine zu große Herausforderung das Althergebrachte aufzugeben. Innerhalb von vier Jahren weigerten sich einige gewählte Beamte, ihre Ämter niederzulegen, als ihre Amtszeit vorbei war, während andere wichtige Ämter zeitweise unbesetzt blieben. Schließlich übernahm ein Verwandter Solons, Peisistratos, die Macht als Tyrann in Athen. Nachdem er nach zehn Jahren wieder nach Athen zurückkehrte, hielt Solon die Athener für Narren, weil sie diese Entwicklung zugelassen hatten.

Nachdem Peisistratos 527 v. Chr. gestorben war, wurde sein Sohn Hippias der nächste Tyrann. Hippias war grausam zu den Bürgern Athens. Er erlegte den Armen harte Steuern auf und ließ viele Menschen hinrichten. Viele lehnten seine Herrschaft ab und er begann, sich außerhalb von Athen nach Bundesgenossen umzusehen, zunächst in Persien, dann in Lampsakos. Andere Athener Familien, die über jegliche Form der Beziehung mit Persien besorgt waren, versuchten, Hippias zu stürzen. Schließlich wurde er durch einen Feldzug der Spartaner im Jahr 510 v. Chr. vertrieben und gemeinsam mit seiner Familie aus Athen verbannt. Hippias und seine Familie gingen ins Achämenidenreich (das altpersische Reich).

Nach der Vertreibung Hippias' wurde die Demokratie durch die Reformen des Kleisthenes im Jahr 508 v. Chr. wiederhergestellt. Seine erste Maßnahme veränderte die politischen Grenzen Athens und erweiterte sie auf die gesamte Region Attika. Alle dort lebenden, freien Menschen wurden zu Bürgern Athens. Weitere Veränderungen wurden 462 v. Chr. von Ephialtes durchgeführt, der die Macht des obersten Rates beschnitt und ihn auf die Rolle eines Gerichtshofes zur Verhandlung von Morden reduzierte. Im vierten Jahrhundert v. Chr. wurde der Rat erneut modifiziert und erhielt die Verantwortung für die Untersuchung von Beamtenbestechlichkeit.

Im vierten Jahrhundert vor Christus hatte die athenische Demokratie ihre Reife erreicht. Wie heute waren einige Athener politisch aktiver und ehrgeiziger als andere. Die politischen Gremien der Stadt waren komplex, vielgestaltig und kontrollierten sich gegenseitig, um die Stabilität zu gewährleisten. Um wählen zu können, musste man ein erwachsener, männlicher Bürger sein. Abgesehen von der Teilnahme an der Politik, hatten Männer im antiken Griechenland viel mehr Rechte und Befähigungen. Etwas, was sie bei den Olympischen Spielen unter Beweis stellen konnten.

# Kapitel 3 – Die olympischen Anfänge

Zusätzlich zu den Segen der griechischen Demokratie, hat das antike Griechenland zukünftigen Generationen die Olympischen Spiele geschenkt.

Einige Historiker glauben, dass die Olympischen Spiele bis ins zehnte oder neunte vorchristliche Jahrhundert zurückreichen. Es ist jedoch am wahrscheinlichsten, dass die ersten Olympischen Spiele im Jahr 776 v. Chr. in Olympia stattfanden. Der Name stammt vom Berg Olympus, der Heimat der griechischen Götter und Göttinnen. Es ist unklar, wer die Spiele erfand. Die Mythologie sagt, Zeus, der Vater der anderen griechischen Göttinnen und Götter, rief sie als Erinnerung an seinen Kampf mit Kronos ins Leben. Einige schreiben die Gründung dem Halbgott Herakles (lateinisch Herkules) zu.

Zu dieser Zeit waren die Olympischen Spiele Teil eines religiösen Fests, das zu Ehren von Zeus gefeiert wurde. Sie waren eine Zeit des Waffenstillstands und guter Beziehungen zwischen den griechischen Städten. Männer aus ganz Griechenland (sowie Spanien und der Türkei, die zu dieser Zeit zu Griechenland gezählt wurden) erschienen am Zeus-Heiligtum in Olympia, um ihre Stadtstaaten zu repräsentieren, indem sie ihre körperlichen Fähigkeiten und ihr

Können unter Beweis stellten. Sie traten durch den Portikus der Echo ein und kämpften in einem antiken Stadion um den Sieg.

Bei den ersten Olympischen Spielen gab es möglicherweise nur einen einzigen bedeutenden Wettkampf: ein Rennen auf der 192 Meter langen Laufbahn im Stadion. Diesen Wettbewerb gewann ein Koch namens Koroibos aus Elis. Quellen deuten an, dass die ersten 13 Olympischen Spiele nur aus diesem einen Wettbewerb bestanden, also bis ins Jahr 724 v. Chr., denn die Olympischen Spiele fanden nur alle vier Jahre statt. Im Gegensatz zu den heutigen Medaillen wurden die Sieger bei den antiken Olympischen Spielen mit Kränzen aus Olivenzweigen ausgezeichnet.

Ab 720 v. Chr. traten weitere Wettbewerbe hinzu und die Spiele wurden größer. Manche nehmen an, dass es von diesem Jahr an üblich wurde, dass die Wettbewerbe unbekleidet durchgeführt wurden. Es ist allerdings nicht ganz klar, wann diese Tradition begann, wer sie einführte oder aus welchem Grund es geschah. Es ist sehr wahrscheinlich, dass diese Praxis seit dem späten achten Jahrhundert v. Chr. regelmäßig angewendet wurde. In der Frühzeit wurden alle olympischen Wettbewerbe an einem einzigen Tag abgehalten, aber mit zunehmender Zahl an Wettbewerben wurden die Olympischen Spiele auf fünf Tage ausgedehnt.

Als mehr Wettbewerbe dazukamen, wurden die Läufe in drei Wettbewerbe aufgeteilt: das Stadion (ein Schnelligkeitstest über eine Stadionlänge), der Diaulos (zwei Stadionlängen) und der Dolichos (zwanzig Stadionlängen). Das Ringen diente der Repräsentation des militärischen Kampfes ohne Waffen. Die Hände der Boxer waren mit Leder geschützt. Manche Kämpfer trugen Metall an den Handgelenken, um die Schläge schmerzhafter zu machen. Pankration war eine antike Form der Kampfkunst, die Elemente aus Ringen und Boxen vereinte. Die Reitwettbewerbe wurden im Hippodrom ausgetragen und der Sieger war der Besitzer des Pferdes, nicht der Reiter. Der Fünfkampf bestand aus fünf Sportarten: Ringen,

Speerwurf, Weitsprung, Laufen und Diskuswurf. Es gab auch Wettbewerbe für Jungen, einschließlich Boxen, Ringen und Laufen.

Einige der erfolgreichsten Gewinner der Olympiaden wurden in historischen Berichten gepriesen. Oft wurden Statuen von ihnen angefertigt und in ihren Heimatstädten aufgestellt. So gab es z.B. Astylos von Kroton, der sechs Siegerkränze bei verschiedenen Olympischen Spielen gewann. Seine Siege waren nicht ohne Probleme. Bei seinen ersten Spielen trat er für Kroton an. Später vertrat er Syrakus und die Einwohner Krotons bestraften ihn, indem sie seine Statue zerstörten.

Milon, ebenfalls aus Kroton, hatte Muskeln und Hirn. Er studierte bei Pythagoras (ein antiker griechischer Geometriker) und gewann sechsmal im Ringen bei den Olympischen Spielen. Er siegte zudem siebenmal bei den Pythischen Spielen, zehnmal bei den Isthmischen Spielen und neunmal bei den Nemeischen Spielen. Er war sicherlich einer der gefeiertsten Athleten Griechenlands.

Leonidas von Rhodos errang ebenfalls zahlreiche Siege. Er siegte sogar in drei verschiedenen Wettbewerben bei vier aufeinanderfolgenden Olympiaden. Melankomas von Karia wurde wegen seines Boxtalents gefeiert. Er war leicht und schnell und besiegte seinen Gegner in der Regel, ohne dass er getroffen wurde oder selbst Treffer landete. Er kämpfte, indem er seine Arme ausstreckte und ihre Schläge abwehrte, bis sie zu erschöpft waren, um weiterzukämpfen.

Obwohl Frauen nicht an den Olympischen Spielen teilnehmen durften, gelang es Kyniska von Sparta (der Tochter von König Archidamos) dennoch, einen Weg zu finden, um zu gewinnen. Sie war die erste Frau auf der Siegerliste der Olympischen Spiele, als ihr Streitwagen die Wagenrennen bei den 96. und 97. Spielen gewann. Zu der Zeit wurden die Siege den Besitzern der Wagen und Pferde angerechnet, nicht den Wagenlenkern. Leider brachte ihr heimlicher Sieg den Wagenlenker um die Anerkennung.

Obwohl viele den Marathonlauf mit den antiken Olympischen Spielen in Verbindung bringen, wurde der erste Marathon nicht in antiker Zeit gelaufen. Dieser wurde erst in das Programm der modernen Olympischen Spiele aufgenommen, und zwar um an den Lauf des Pheidippides zu erinnern, der im Jahr 490 v. Chr. Neuigkeiten von Marathon nach Athen brachte (eine Strecke von etwa 42 Kilometern). Dieses Ereignis hat mit den antiken Olympischen Spielen nichts zu tun.

Noch später, nachdem sie Griechenland erobert hatten, nahmen auch die Römer an den Olympischen Spielen teil. Die Olympischen Spiele der Antike fanden bis 393 n. Chr. statt. Man nimmt an, dass Kaiser Theodosius I. entschied, dass die Spiele heidnische Kulte repräsentierten, und sie verbieten ließ. Olympia wurde dann dem Vandalismus überlassen. Erdbeben und Überflutungen fügten ebenso Schaden zu. Das Terrain verschwand schließlich. Es wurde im Jahr 1766 vom Engländer Richard Chandler wiederentdeckt. Allerdings wurden die olympischen Ruinen erst bei Grabungen im Jahr 1875 entdeckt.

Die Spiele kehrten 1896 wieder, 1503 Jahre nach den letzten Olympischen Spielen der Antike. Der Franzose Baron Pierre de Coubertin brachte die Idee auf, moderne Olympische Spiele abzuhalten. Obwohl die Spiele zunächst in Paris stattfinden sollten, wurde nach einer Planungs- und Organisationsphase entschieden, dass die ersten modernen Olympischen Spiele in Athen abgehalten werden sollten. Die Olympischen Spiele finden jetzt im Zweijahresrhythmus in verschiedenen Städten der Welt statt, wobei sich Sommer- und Winterspiele abwechseln.

Eine zentrale Tradition der Olympischen Spiele der Neuzeit ist der olympische Fackellauf und die Entzündung der olympischen Flamme. Die Idee der olympischen Flamme wurde erstmals bei den Spielen 1928 in Amsterdam umgesetzt. Der erste Staffellauf der Fackel fand bei den Spielen in Berlin 1936 statt. Fackelläufe waren kein Bestandteil der antiken Olympischen Spiele, aber sie wurden oft bei griechischen Sportwettkämpfen, u.a. auch in Athen, durchgeführt.

Obwohl die Olympischen Spiele der Antike eine Zeit des Waffenstillstands waren und die Menschen zusammenkamen, um ihr athletisches Können zu zeigen, gab es Spannungen unter den Menschen, da Städte und Staaten die Gelegenheit nutzten, um die Überlegenheit ihrer Region unter Beweis zu stellen. Darüber hinaus war der Waffenstillstand lediglich auf die Zeitdauer einer Olympiade begrenzt und es gab viele Kriege, die sich in der Zeit zwischen den Spielen ereigneten, Griechenland neu formten und die Geschichte weiterschrieben.

# Kapitel 4 – Griechenland wächst mit jedem Krieg

Da die Olympischen Spiele nur alle vier Jahre stattfanden, köchelten die Konflikte unter den Griechen in der Zwischenzeit weiter. Der Hauptkonflikt waren die Messenischen Kriege, von denen es drei gab. Es ist nicht ganz klar, wann der Erste stattfand, denn drei Historiker geben uns verschiedene und voneinander abweichende Beschreibungen. Jeder von ihnen benutzt ein anderes Maß oder Kalendersystem. Die meisten modernen Historiker nehmen an, dass der Erste Messenische Krieg wahrscheinlich 757 v. Chr. begann.

Dabei fanden die Ereignisse, die den Ersten Messenischen Krieg auslösten, vermutlich 400 Jahre zuvor statt. Irgendwann um das Jahr 1100 v. Chr. herum kehrten die Herakleiden auf die Peloponnes zurück, um ihr Geburtsrecht einzufordern. Die Herakleiden sollen die direkten Nachfahren von Herakles (Herkules) gewesen sein und waren ethnisch und sprachlich gesehen dorische Griechen. Diese Völker eroberten oder ersetzten die Führung verschiedener Städte und Regionen auf der Peloponnes. Das führte zu Veränderungen in der ethnischen Zusammensetzung des gesamten griechischen Festlands.

Dorische Gruppen verteilten sich über die südlichen zwei Drittel der Peloponnes und die Städte von Epirus. Achaier (dt. auch Achäer) besetzten die nördlichen Teile der Peloponnes, Ionier besetzten Attika, das südliche Thrakien und Makedonien, verschiedene ägäische Inseln und die Landstriche, die schließlich Ionien in Kleinasien werden sollten. Die Äolier besetzten Theben und die Städte Thessaliens. Gelegentlich kam es zu Konflikten zwischen den Herrschern dieser Städte und Regionen, insbesondere weil viele Bürger nicht der gleichen ethnischen Gruppe angehörten wie die Herrscher. Diese Trennungen - sowohl innerlich als auch äußerlich - wirkten sich bis zum Peloponnesischen Krieg auf Griechenland aus.

Ein weiterer Grund des Ersten Messenischen Krieges war die Abstammung und die Kultur der Könige von Messenien. Die Messener, die meistens Achäer waren, akzeptierten ursprünglich ihren neuen dorischen Herrscher, Kresphontes, nachdem er Merope geheiratet hatte, die Tochter von König Kypselos von Arkadien, der Achäer war. Irgendwann traten Kresphontes und Merope Land an eine Gruppe Dorer ab, die eine dorische Enklave in Messenien gründeten.

Die Untertanen Messeniens revoltierten, töteten Kresphontes und alle seine Kinder bis auf eins, Aipytos, der zu dieser Zeit gerade in Arkadien zur Erziehung weilte. Als Aipytos erwachsen war, wurde er von verschiedenen anderen dorischen Monarchen auf der Peloponnes als König von Messenien eingesetzt. Dies sollte sich später als Fehlschlag erweisen, da Aipytos begann, die dorische Kultur in Messenien systematisch auszulöschen und durch die von ihm übernommene achäische Kultur zu ersetzen. Das versetzte die dorischen Untertanen in Messenien und die Könige, die ihn auf den Thron gebracht hatten, in Wut.

Der Auslöser für den Ersten Messenischen Krieg war ein Viehdiebstahl. Polychares von Messenien, ein olympischer Athlet, mietete Weideland von Euaiphnos von Sparta. Euaiphnos stahl das Vieh und verkaufte es. Er behauptete, Räuber hätten das Land überfallen und das Vieh mitgenommen. Polychares glaubte dieser Erklärung zunächst, bis einer seiner Hirten zurückkam und erklärte, was Euaiphnos getan hatte.

Polychares war bereit, auf das Vieh zu verzichten, und Euaiphnos bot an, Polychares' Sohn mitzunehmen, um das Geld von den Händlern zurückzuholen. Als er erst einmal außerhalb von Messenien war, tötete Euaiphnos Polychares' Sohn. Polychares forderte Gerechtigkeit von den spartanischen Magistraten. Die Rechtsprechung verzögerte sich und so entschied Polychares, dass er jeden Spartaner töten würde, dessen er habhaft werden konnte. Nach mehreren Morden forderten die Spartaner die Auslieferung des Polychares nach Sparta, um ihn dort vor Gericht zu stellen. Die messenischen Herrscher waren dazu bereit, verlangten aber im Gegenzug Euaiphnos' Auslieferung.

Mittlerweile hatten also ein einfacher Viehdiebstahl und der Verkauf des Viehs die Könige von Sparta und Messenien auf den Plan gerufen. Sparta sandte eine Gruppe von Magistraten nach Messene, um die Ausweisung des Polychares einzufordern. Zu dieser Zeit herrschten zwei Männer in Messenien: Antiochos und Androkles (beide direkte Nachfahren von Aipytos). Androkles war für die Auslieferung, Antiochos dagegen.

Irgendwann kochte die Debatte zwischen den Herrschern und der spartanischen Delegation über und beide Seiten zogen die Waffen. Am Ende des Kampfes war Androkles tot, Antiochos gelang es, die Situation zu beruhigen und er schlug vor, die Frage an eine neutrale Schiedsgerichtbarkeit der Gerichtshöfe in Argos und Athen zu überstellen. Aber nichts davon passierte, da Antiochos drei Monate später starb und sein Sohn Euphaes ihm als König von Messenien nachfolgte. Kurz nach seiner Thronbesteigung fiel Sparta in Messenien ein.

In den ersten vier Jahren des Krieges gelang es keiner der beiden Seiten, Fortschritte zu erzielen. Im fünften Jahr kam es zu einer enormen Schlacht nahe Ampheia. Der Schlachtausgang war unentschieden, aber beide Seiten verzeichneten große Verluste. Die Messener waren nicht mehr bereit, in Zukunft weitere große Verluste hinzunehmen, und zogen sich in die Bergfestung am Berg Ithomi zurück. Um diese Zeit wurde Messenien von einer vernichtenden Pestepidemie heimgesucht, der Tausende von Menschen erlagen. Bekümmert über die Verluste auf dem Schlachtfeld und die Pestopfer daheim, sandte König Euphaes einen Boten zum Orakel nach Delphi, um Rat zu suchen, wie er sich der spartanischen Bedrohung stellen sollte. Das Orakel wies ihn an, eine königliche Jungfrau zu opfern, was auch geschah. Die Spartaner, die über den Orakelspruch und die Tat der Messener informiert waren, zogen sich für sechs Jahre zurück.

Der Krieg dauerte noch für Jahre an. Zu dieser Zeit wurden Kriege nur zu Zeiten geführt, die nicht für die landwirtschaftliche Feldarbeit benötigt wurden. Das beschränkte die Zeit, in der Krieg geführt werden konnte, erheblich. Daher dauerten Kriege Jahre oder Jahrzehnte, obwohl die Kampfhandlungen sonst innerhalb kürzerer Zeit hätten beendet werden können. Allerdings verfeinerten die Griechen während der Messenischen Kriege ihre Kriegstechniken mit den Hopliten (Berufssoldaten), die spätere Auseinandersetzungen effizienter machten.

Im 18. Jahr des Krieges traten verschiedene andere griechische Städte in den Konflikt ein. Korinth schloss sich Sparta an, während Arkadien und Sikyon Messenien unterstützten. Für kurze Zeit wandte sich das Kriegsglück den Messenern durch ihren Sieg über die mit Sparta verbündeten Lakoniern zu. Irgendwann hatte König Aristodemos von Messenien einen Traum, in dem ihm seine Tochter erschien (die, die auf Anweisung des Orakels von Delphi geopfert worden war) und ihm ihre Wunden zeigte. Er erwachte, ging zu ihrem Grab und beging Selbstmord. Im folgenden Chaos verließen die Messener die Bergfestung auf dem Ithomi und die Spartaner brannten sie bis auf die Grundmauern nieder. Nach diesem Sieg unterwarfen die Spartaner ganz Messenien, machten die gesamte

Bevölkerung zu Heloten (Versklavten) und damit war der Krieg vorbei.

Der Zweite und Dritte Messenische Krieg hatte seine Wurzeln jeweils in der Asche des Ersten: der Unzufriedenheit der Heloten. Bei beiden handelte es sich um ausgedehnte helotische Rebellionen, zuerst im Jahr 685 v. Chr. und dann wieder im Jahr 464 v. Chr. Die erste Rebellion konzentrierte sich auf Messenien, wo die ansässigen Heloten ihre Herrscher stürzten und mit der Unterstützung von Argos in Lakonien einfielen. Die ursprüngliche Invasion war erfolgreich und die Messener besiegten die Spartaner in der Schlacht von Deres. Der messenische Anführer der Schlacht, Aristomenes, wurde von seinen Soldaten zu einer königsgleichen Figur für Messenien erhoben. Dass er von Aipytos abstammte, stärkte seine Position nur.

Er fühlte sich wohl besonders mutig oder verwegen, so dass er sich nach Sparta hineinschlich und einen zerschmetterten spartanischen Schild im Tempel der Athena platzierte, um den Spartanern Angst einzujagen. Es funktionierte. Die Spartaner schickten sofort nach einer Weissagung des Orakels von Delphi, das ihnen etwas mitteilte, was sie nicht hören wollten: Sie würden einen Anführer aus Athen benötigen, um ihre Armeen zum Sieg zu führen. Nachdem sie jedoch weitere Niederlagen auf dem Schlachtfeld erlitten hatten, schluckten die Spartaner ihren kollektiven Stolz hinunter und wandten sich mit einer Bitte um Hilfe an Athen.

Athen schickte ihnen Tyrtaios, der lahm war (da ihm ein Bein fehlte), fast blind und ein Dichter, kein militärischer Kommandeur. Aber offensichtlich war seine Dichtung außergewöhnlich gut, denn nachdem er zur spartanischen Armee gestoßen war, drehte sich der Krieg zu Spartas Gunsten und sie lockten die Messener schließlich in einer Festung am Berg Ira in eine Falle. Während eines Angriffs auf eine spartanische Nachschublinie wurde Aristomenes gefangengenommen.

Mithilfe seiner Schnelligkeit und Arglist, die es ihm schon erlaubt hatte, sich nach Sparta zu schleichen, war Aristomenes in der Lage, seine Fesseln zu lösen und den Spartanern vor seiner Hinrichtung zu entkommen und zurück nach Ira zu gelangen. Die Messener wehrten die Spartaner fast ein Jahrzehnt lang ab, bevor sie sich schließlich ergaben. Die Spartaner erlaubten es Frauen, Kindern und sogar Aristomenes zu gehen und teilten denjenigen mit, die blieben, dass sie entweder sterben oder wieder Heloten sein würden. Viele von ihnen gingen nach Italien und besiedelten eine Stadt bei Messina. Das war das Ende des zweiten Krieges.

Beim Dritten Messenischen Krieg handelte es sich um einen breiter angelegten Konflikt, an dem verschiedene Völker beteiligt waren, die von den Spartanern als Heloten unterworfen worden waren. Der Krieg begann als Antwort auf ein vernichtendes Erdbeben, das Sparta im Jahr 464 v. Chr. ereilte. Heutige Untersuchungen der Gegend gehen von einem Erdbeben der Stärke 7,6 aus, was es zu einem der stärksten Erdbeben der Antike macht. Forscher gehen von zehn- bis zwanzigtausend Menschen aus, die unmittelbar den Tod fanden. Als Folge rebellierten die Lakonier, die Messener, die Thurianer und die Aithaier gegen Sparta. Die Revolte war so groß, dass die Herrscher Spartas andere griechische Stadtstaaten um Beistand baten.

Die meisten Städte, Athen eingeschlossen, schickten militärische Delegationen. Sparta, das besorgt war, dass die Athener weitergehende Motive hatten und sich schließlich zur Unterstützung der Heloten gegen Sparta wenden würden, schickte das Athener Kontingent weg. Das machte die Athener wütend. Sie brachen ihre Allianz mit Sparta und bauten ein eigenes Bündnissystem auf. Die Rebellionen wurden schließlich niedergeschlagen und die Überlebenden flohen nach Athen und siedelten dann in der Nähe von Korinth. Der Ort ist von Bedeutung, weil er nahe der einzigen Landbrücke liegt, die Attika mit der Peloponnes verbindet. Der Dritte Messenische Krieg endete 459 v. Chr. und doch sollten schon bald weitere Kriege ausgefochten werden. Kriege, die die gesamte griechische Lebensart bedrohten.

# Kapitel 5 – Der Kampf um die Demokratie

Obwohl Griechenland in vielerlei Hinsicht auch außerhalb der Politik reifte, sah es sich bald durch den Krieg mit den Persern in seinem politischen System und seiner Lebensweise bedroht. Die Kriege zwischen den griechischen Stadtstaaten und den Persern (korrekter dem Achämenidischen Reich) gehörten zu den entscheidenden Ereignissen der antiken Welt, denn daran sollte sich entscheiden, ob die Region Griechenland weiterhin unter der Demokratie existieren oder durch eine Autokratie übernommen werden würde. Hätte Persien Griechenland erobert oder unterworfen, wären seine Traditionen und seine demokratische Regierungsform wohl für immer verloren gewesen.

Gegen die Perser zu kämpfen war schwierig. Das Achämenidische Reich erstreckte sich vom Tal des Indus nach Norden bis zum Kaukasus und dem Nordufer des Schwarzen Meeres und nach Westen bis nach Libyen hinein. Auf ihrem Höhepunkt kontrollierten die Perser über fünf Millionen Quadratkilometer Land und hatten eine Bevölkerung von 15 bis 30 Millionen Menschen. Vor dem Konflikt mit den Griechen hatte das Achämenidische Reich das Neubabylonische Reich und das Ägyptische Reich erobert, beides keine leichte Aufgabe. Obwohl sie in der Unterzahl waren, fochten die Griechen einen Defensivkrieg, bei dem sie mit dem sie umgebenden Land und Meer bestens vertraut waren. Diese Vorteile in Verbindung mit dem Mut der Griechen sollten schließlich den Krieg zu ihren Gunsten entscheiden.

Die Kriege begannen nicht direkt in Griechenland, sondern in Kleinasien, entlang der anatolischen Küste, insbesondere in Ionien. Die dortigen Städte wurden von griechischen Siedlern der ionischen Stammesgruppen bevölkert, die viel mit den Menschen aus Athen gemein hatten. Zwölf Städte wurden gegründet: Milet, Myus, Priene, Ephesos, Kolophon, Lebedos, Teos, Klazomenai, Phokäa, Erythrai, die Insel Samos und die Insel Chios. Diese Städte waren kulturell und wirtschaftlich miteinander verbunden, blieben aber politisch unabhängig voneinander und vom griechischen Festland, bis etwa 560 v. Chr. In diesem Jahr wurden die Städte von den Lydern erobert. Etwa um 547 v. Chr. eroberte das Achämenidische Reich Lydien und damit diese griechischen Städte.

Im Gegensatz zu anderen Teilen des Reichs, wo die Perser mithilfe der lokalen Eliten die Region beherrschten, gab es kaum Hilfe in Ionien wegen des demokratischen und unabhängigen Erbes. Das Reich entschied, einzelne Tyrannen zu fördern, die jede dieser Städte regieren sollten, was allerdings nicht besonders gut funktionierte.

Im Jahr 499 v. Chr. schiffte sich der Tyrann Milets, Aristagoras, auf einem Eroberungszug zur Insel Naxos ein. Das erwies sich als katastrophaler Fehlschlag und führte dazu, dass die Perser begannen, Pläne für seine Absetzung zu schmieden. Aristagoras, der nicht abgesetzt werden wollte, brachte das gesamte griechische Anatolien dazu, gegen die Perser zu rebellieren. Das war die ionische Revolte, die bis 493 v. Chr. andauerte.

Die Rebellion war nicht auf das Küstengebiet beschränkt. Sie zog weitere Regionen Kleinasiens in den Konflikt hinein. Aristagoras, der als Ionier kulturelle und religiöse Verbindungen zu Athen hatte, sammelte militärische Unterstützung in Athen und dem nahegelegenen Eretria. Im Jahr 498 v. Chr. brannten die vereinten Truppen von Ionien, Athen und Eretria die persische Regionalhauptstadt Sardis bis auf die Grundmauern nieder. Der persische König, Dareios der Große, kochte vor Wut und schwor Athen, Eretria und Ionien Rache. Die Revolte dauerte bis 494 v. Chr. an, als es den Persern gelang, eine Streitmacht aufzustellen, die groß genug war, um Milet anzugreifen. In der Schlacht von Lade wurden die Ionier zerschmettert und die Rebellion war vorbei. Die letzten Überreste wurden innerhalb eines Jahres zerschlagen.

Um den westlichen Teil Kleinasiens vor weiteren Revolten und vor der Einmischung des griechischen Festlands zu schützen, verfiel König Dareios auf den Plan, Griechenland zu erobern, was zu weiteren Kämpfen zwischen Griechenland und Persien führte. Die erste persische Invasion Griechenlands begann 492 v. Chr., bei der der persische General Mardonius durch das nördliche Thrakien und Makedonien marschierte und diese Regionen eroberte. Er wurde aber durch einen Sturm aufgehalten, der seine Flotte nahe dem Berg Athos zerstörte und seine Nachschublinien lahmlegte. Mardonius wurde bei dem Angriff eines thrakischen Stamms verwundet und war gezwungen, sich nach Kleinasien zurückzuziehen.

Im Jahr 490 v. Chr. schickte König Dareios Emissäre in alle größeren Städte Griechenlands und verlangte deren Unterwerfung, ansonsten drohe ihnen die Zerstörung. Die meisten Städte gaben nach, außer Athen und Sparta, die die Emissäre bei ihrer Ankunft hinrichteten. Eine zweite, größere Armee wurde ausgesandt, die von zwei Kommandeuren befehligt wurde: Datis und Artaphernes. Diese Armee unterwarf die Kykladen (eine Inselgruppe im Zentrum der südlichen Ägäis). Als nächstes marschierte die Armee auf Eretria und belagerte es sechs Tage lang. Die Stadt wurde von zwei Mitgliedern der herrschenden Elite verraten, die den Persern die Stadttore öffneten. Die Armee brannte Eretria nieder und versklavte diejenigen, die nicht getötet wurden. Auf dem Marsch nach Athen wurde die persische Streitmacht entscheidend in der Schlacht von Marathon geschlagen, was Dareios' Ambitionen einen zeitweiligen Riegel vorschob.

Dareios' Wut war größer als je zuvor und er begann, die vollständige Eroberung Griechenlands zu planen. Bevor er seinen Plan ausführen konnte, starb er jedoch 486 v. Chr. Unglücklicherweise starben seine Rachegelüste nicht mit ihm. Sein Sohn Xerxes machte sich persönlich an die Eroberung Griechenlands. 480 v. Chr. führte Xerxes die zweite Invasion Griechenlands mit einer der größten Armeen der antiken Geschichte an. Der Historiker Herodot gab die Größe der persischen Armee mit 2,5 Millionen Soldaten an. Zum Vergleich: Als die Nationalsozialisten die Sowjetunion im Unternehmen Barbarossa überfielen, verfügten sie über etwa 3,8 Millionen Soldaten. Die meisten modernen Historiker halten Herodots Angaben für eine erhebliche Übertreibung und schätzen die Armeestärke auf etwa 250.000 Männer. Wir können persische Berichte über die Invasion nicht zu Rate ziehen, da es keine gibt. Persische Berichte über die Angriffe auf Griechenland existieren nicht.

In der Schlacht bei den Thermopylen kämpften wenige tausend Griechen gegen die persische Armee (darunter die berühmten Unsterblichen – eine bekannte persische Einheit mit ausgezeichnetem Ruf). Die Griechen wurden durch einen Ortskundigen verraten, der den Persern einen Bergpass zeigte, durch den sie die griechische Armee umgehen konnten. Leonidas von Sparta schickte den größten Teil der griechischen Armee weg, blieb aber mit 2.000 Soldaten zurück, um den persischen Vormarsch zu verlangsamen. Der schlussendliche Sieg erlaubte es den Persern, auf Athen zu marschieren, es in Brand zu setzen und den größten Teil von Attika zu überrennen. Die Perser wurden jedoch in der Seeschlacht von Salamis erneut geschlagen, was ihre Nachschublinien lahmlegte. Im nächsten Jahr ging ein vereintes Griechenland in die Offensive, besiegte die Perser endgültig in der Schlacht von Plataiai und beendete die persische Invasion.

Nach dem Erfolg in Plataiai wurden die verbleibenden Teile der persischen Flotte in der Schlacht von Mykale zerstört. Im Norden wurden die persischen Besatzungen der Garnisonen Sestos und Byzantium vertrieben und die Perser über den Bosporus (ein Wasserweg in der heutigen Türkei) zurückgetrieben. Durch die Handlungen des spartanischen Generals Pausanias in Byzantium (er ließ u.a. persische Gefangene, die seine Freunde oder Verwandte von König Xerxes waren, frei) formierte sich die anti-persische Allianz neu unter athenischer Führung.

Diese Gruppe wurde als der Attische Seebund (auch Delisch-Attischer Seebund) bekannt. Er führte den Feldzug gegen Persien für weitere dreißig Jahre fort. In der Schlacht des Eurymedon, in Kleinasien, erreichte der Seebund einen entscheidenden Sieg, der die Freiheit für die ionischen Städte sicherte. Der Seebund, der nicht damit zufrieden war, die Perser direkt zu bekämpfen, half dabei, eine Revolte in Ägypten anzustiften, die für die Ägypter und den Attischen Seebund in einer Katastrophe endete. Als Folge dieses Irrtums wurde der weitere Kampf gegen Persien eingestellt. Die letzten Kämpfe fanden statt, als die Griechen 451 v. Chr. mit geringem Erfolg eine Flotte nach Zypern entsandten.

Diese Serie von Schlachten wurde als die Perserkriege bekannt. Sie dauerten lange und kosteten viele Menschenleben, aber mit dem Sieg der Griechen siegte auch die Demokratie. Die demokratische Lebensart war wieder gesichert, jedenfalls für den Moment.

# Kapitel 6 – Der Peloponnesische Krieg

Die Bedrohung durch das Perserreich hatte eine Bedrohung der griechischen Unabhängigkeit und demokratischen Herrschaftsform dargestellt. Der Peloponnesische Krieg stellte gleichermaßen eine Bedrohung für das politische System dar, indem er das Organisationssystem der Polis vernichtete.

In den fünfzig Jahren zwischen den Perserkriegen und dem Peloponnesischen Krieg galten Athen und Sparta unter den griechischen Stadtstaaten als „Erste unter Gleichen". Da die menschliche Natur aber nun einmal ist, wie sie ist, befeuerten Neid, Gier und Furcht schließlich die Rivalität. Thukydides, der Zeitzeuge des Konflikts war und eine meisterhafte Geschichte dieser Zeit schrieb, glaubte, dass die Spartaner den eigentlichen Krieg begonnen hätten. Er nahm an, dass sich Sparta durch die aufblühende Macht Athens in der Falle sah. Athen und Sparta waren beide mächtige Spieler, insbesondere nach dem erfolgreichen Krieg gegen das Perserreich. Zu der Zeit waren sie beide Teil von Bündnissen (lose Allianzen, die von einem dominanten Stadtstaat angeführt wurden). Athen hatte den Attischen Seebund und Sparta den

Peloponnesischen Bund. Unglücklicherweise waren die beiden Bünde der Anfang vom Ende des griechischen Polis-Systems.

Ursprünglich sollte der Attische Seebund die Organisationsstruktur für den Kampf gegen die Perser sein. Athen begann jedoch, die Marine des Bundes für seine eigenen Zwecke zu gebrauchen. Darüber hinaus hatten die kleineren Städte des Bundes ihre traditionelle Form der demokratischen Herrschaft, aber Athen traf die wichtigen Entscheidungen. Das passte den anderen Mitgliedern des Seebundes nicht besonders und entfachte eine Reihe kleinerer Konflikte. Athen hatte die mächtige und wachsende Flotte gemeinsam mit anderen Allianzen zu seiner Verfügung, die es weiter ausbaute für den Fall, dass die Perser zurückkehren sollten.

Der Peloponnesische Bund war eher demokratisch organisiert und verfügte über zwei Versammlungen, wobei jede Mitgliedsstadt eine Stimme in einer der Versammlungen hatte. Sparta verfügte jedoch über den größten Einfluss und war allein in der Lage, alle Städte zusammenzurufen, darüber hinaus mussten alle Städte eine Allianz mit Sparta bilden. Sie konnten auch untereinander Allianzen bilden, aber das war nicht zwingend. Sparta hatte zudem den Vorteil gegenüber den anderen Städten, dass es eine stehende Armee von Hopliten-Infanterie (Bürgersoldaten) unterhalten konnte, die im Gegensatz zu den Truppen anderer Städte keine Landwirtschaft betreiben musste. Darüber hinaus konnte Sparta zusätzlich zweihunderttausend Soldaten (Heloten) von ihren Alliierten und ihrer eigenen Bevölkerung rekrutieren.

Der Krieg zwischen diesen beiden mächtigen Gegnern begann, als Athen sich in einen Konflikt zwischen Megara und Korinth einmischte, die beide Alliierte von Sparta waren. Athen gelang es, eine Allianz mit Megara einzugehen, die dem Attischen Seebund ein Sprungbrett am Isthmus von Korinth verschaffte, mit dem er den Rest der Peloponnes isolieren konnte.

Sparta wurde schon bald in den Konflikt hineingezogen, der sich schnell zu einem größeren Krieg ausweitete. Dieser Krieg ist noch nicht der von vielen so genannte Peloponnesische Krieg, aber er spielte in vielerlei Hinsicht die Rolle, die der Erste Weltkrieg als Vorspiel für den Zweiten Weltkrieg hatte. Es wurde schließlich Frieden geschlossen, aber der Frieden war von kurzer Dauer und die Gemüter schwelten weiter.

Dieser Auftaktkonflikt begann 459 v. Chr. mit dem Krieg zwischen Megara und Korinth und wurde Anfang 445 v. Chr. beendet. Athen war auf den Konflikt nicht vorbereitet und sah sich einer massiven Invasion Spartas in Attika gegenüber, weshalb Athen bereit war, auf Spartas Bedingungen einzugehen, nämlich Gebiete und Alliierte auf dem Festland abzutreten. Sowohl Athen als auch Sparta hatten noch die Kontrolle über ihre Bündnisse. Die friedliche Lösung hatte nur fünfzehn Jahre Bestand.

Die Provokation, die den Peloponnesischen Krieg entzündete, war wieder einmal Athens Beziehung zu Megara. Etwa 432 v. Chr., als Folge weiterer Probleme sowohl mit Korinth als auch mit Megara (das zu dieser Zeit ein Bundesgenosse Spartas war), setzte Athen ein Handelsembargo gegen die Bürger von Megara in Kraft. Das Embargo war verheerend für Megaras Wirtschaft. Auf Bitten von Korinth rief Sparta alle Mitglieder des Peloponnesischen Bundes zusammen, um zu besprechen, was man angesichts der Situation tun sollte. Viele der Stadtstaaten hatten Klagen über Athen – unabhängig von denen, die Megara betrafen – und bei der Abstimmung befand die Mehrheit, dass Athen den Frieden gebrochen habe. Das bedeutete Krieg.

Der Peloponnesische Bund bestand – mit Ausnahme von Korinth – aus Landmächten, die mächtige Armeen stellen konnten. Wie im ersten Konflikt fiel Sparta mit seinen Bundesgenossen in Attika ein und vertrieb die Athener aus den ländlichen Gebieten. Die Athener versuchten klugerweise nicht, Spartas weit überlegene Truppen zu bekämpfen, sondern zogen sich hinter dicke Mauern zurück.

Darüber hinaus hielt Athen immer noch seinen Hafen und wurde durch seine mehr als fähige Flotte unterstützt. Der athenische

Anführer, Perikles, hatte einen Plan: Die Flotte sollte mehr Nahrung und Material nach Athen schaffen, gleichzeitig sollte sie ausgeschickt werden, um die an der Küste gelegenen Bundesgenossen zu stabilisieren und Infiltrationen aus Sparta und seinen Bundesgenossen zu verhindern. Kämpfe zu Land sollten um jeden Preis vermieden werden.

Sparta verließ sich auf die Strategie, Korn zu stehlen und alles zu verbrennen, was sie nicht tragen konnten. Während sie das zwar satt machte, gelang es ihnen jedoch nicht, die athenische Armee herauszulocken oder die Stadt zur Kapitulation zu zwingen. Ein Ausbruch der Pest in der Stadt, die Perikles und ein Viertel der Bevölkerung tötete, ließ schließlich das Gleichgewicht zugunsten Spartas kippen. Dadurch erhielten die Spartaner die Oberhand in dieser Auseinandersetzung.

Aber trotz Tod und Epidemie in dieser Schlacht, blieben die Athener unbeirrt. Durch die Weigerung, zu kapitulieren, suchten beide Seiten nach weiteren Zielen in der Ägäis, in Kleinasien und Sizilien. Sparta versuchte, Mitglieder des Attischen Seebunds zum Seitenwechsel zu bewegen, und Athen säte Zwietracht unter den spartanischen Heloten.

In den folgenden Konflikten nutzte Athen die Hopliten (Bürgersoldaten) seiner Bundesgenossen in Marineoperationen, während Sparta eine Flotte aufbaute. Während des Peloponnesischen Kriegs gab es nur eine Handvoll Schlachten zwischen großen Armeen. Das stellte einen Unterschied zu der Art und Weise dar, wie Kriege zuvor ausgefochten wurden, und führte zwar zu großen Verwüstungen, aber keiner echten Wendung des allgemeinen Kriegsverlaufs.

Die athenische Strategie führte zu einigen Siegen, vornehmlich zur Eroberung von Pylos 425 v. Chr. Die Spartaner, die die Stadt verteidigten, wurden gefangen genommen und es kam zu einem kurzen Aufstand der Heloten. Athen gab sich nicht damit zufrieden, lediglich seine Feinde gefangen zu nehmen, sondern begann auch, neutrale Städte in der Ägäis anzugreifen. Das war nicht die letzte unkluge Idee, die die Athener hatten, denn sie nahmen auch eine Expedition nach Sizilien in Angriff, um einem ihrer Bundesgenossen gegen einen von Spartas Bundesgenossen beizustehen. In der Folge starben mehr als vierzigtausend Athener auf den Feldern von Sizilien, tausend Meilen von Athen entfernt.

Sparta richtete eine dauerhafte Operationsbasis in Dekeleia in Attika ein. Dadurch sollten Athens Bundesgenossen weiter destabilisiert werden, indem Desertionen gefördert und die Wirtschaft gestört wurden. Nach der schrecklichen Pest und dem verheerenden Vorstoß auf Sizilien war Athen nicht mehr in der Lage, seine Verluste wettzumachen, und fand sich sowohl mit seiner Armee als auch seiner Flotte regelmäßig in der Unterzahl. Persien, das eine Gelegenheit witterte, seinen Gegnern Verluste zuzufügen, unterstützte Sparta und dessen Bundesgenossen.

Die Athener wurden schließlich in einer Seeschlacht vor Aegospotami geschlagen. Sparta hatte gesiegt. Die langen Mauern, Athens Lebenslinien, die die Stadt mit ihrem Hafen verbanden, wurden niedergebrannt. Eine spartanische Streitmacht besetzte jetzt die Stadt.

Dreißig Jahre Krieg in der Ägäis, Attika, der Peloponnes und Sizilien ließen Athen verarmt, demoralisiert und erschöpft zurück. Es war jedoch ein trauriges Ergebnis für beide Seiten. Sparta und seine Bundesgenossen waren nicht in der Lage, eine langandauernde Herrschaft über ganz Griechenland auszuüben.

Der Peloponnesische Krieg hatte das Polis-System zum Ende gebracht. Es hatte auch die Armeen von der traditionellen Art des Krieges abgebracht, in der Bauernsoldaten ihre Zeit zwischen dem Schlachtfeld und dem Weizenfeld aufteilten. Jetzt bedeutete die Kriegsführung breit angelegte Konflikte, die Landungen von See aus einschlossen, lange Belagerungen und die Strategie der verbrannten Erde. Griechenland war verwundet und schon bald sollte ein Eindringling aus dem Norden wieder einmal alles verändern.

# Kapitel 7 – Auftritt von Alexander dem Großen

Nördlich des eigentlichen antiken Griechenlands lag das griechische Königreich Makedonien. Dort herrschte Philip II. als König. Er nahm sich des verwundeten Griechenlands an und versuchte, es durch Politik und Gewalt wiederherzustellen.

Im Jahr 356 v. Chr. bekam Philip II. einen Sohn: Alexander. Legenden umranken seine Geburt. Berichten zufolge soll seine Mutter vor ihrer Schwangerschaft geträumt haben, dass ihre Gebärmutter von einem Blitz getroffen wird. Sein Vater träumte, er habe ihre Gebärmutter mit einem Siegel, das das Bild eines Löwen trägt, versiegelt. Einige glaubten, dass der griechische Gott Zeus Alexanders Vater ist.

Später wurde behauptet, dass Philips Armee am Tag von Alexanders Geburt eine Schlacht gewann, dass seine Pferde bei den Olympischen Spielen gewannen und dass der Tempel der Artemis brannte. Einige glaubten, der Tempel brannte, weil Artemis nicht anwesend war, um Alexanders Geburt beizuwohnen. Historiker glauben, dass diese Legenden in die Welt gesetzt wurden, um die Bewohner Makedoniens glauben zu lassen, dass Alexander übermenschlich und von Geburt an zur Größe berufen war.

Als Jugendlicher wurde Alexander von einem Kindermädchen aufgezogen und unterrichtet. Er lernte Lesen, Reiten, Jagen und das Lautenspiel. Im Teenageralter suchte sein Vater ihm einen Tutor für weitergehende Studien. Es wurde arrangiert, dass Aristoteles Alexander gemeinsam mit den Kindern anderer makedonischer Adliger unterrichtet. Viele seiner Mitstudenten wurden seine Freunde und später seine Generäle. Gemeinsam widmeten sie sich einer Vielzahl von Themen.

Mit 16 Jahren begann Alexander, sich aus seinem Studentendasein in die Position des Regenten und Thronfolgers zu bewegen. Er führte das Reich, während sein Vater die Truppen auf dem Schlachtfeld führte. Alexander reagierte schnell auf Bedrohungen an der Heimatfront. Er kolonisierte ein Gebiet und nannte es Alexandropolis. In ihrer Zusammenarbeit wurden sie immer stärker in griechische Angelegenheiten involviert. Sie waren ein eindrucksvolles Team. Schon bald gründeten sie den „Bund der Hellenen", der außer Sparta die meisten griechischen Stadtstaaten umfasste. Philip wurde zum „Obersten Befehlshaber" seines neuen Bundes ernannt, der von heutigen Forschern der „Korinthische Bund" genannt wird.

Philip fasste bald Pläne, seinen Machtbereich zu erweitern, indem er das Persische Reich angriff. Aber die Liebe brachte ihn von seinen Plänen ab. Er ging eine neue Ehe ein. Die Beziehung stellte eine Bedrohung für Alexander dar. Alle Kinder aus dieser Ehe hätten Alexanders Vorrecht als Philips Erbe gefährdet. Die Situation wuchs sich zu einer Fehde zwischen Vater und Sohn aus. Berichte legen nahe, dass Philip sogar einmal versucht haben soll, Alexander anzugreifen. Kurz darauf floh Alexander mit seiner Mutter aus Makedonien. Er suchte Zuflucht. Nach einer Weile erfuhr er, dass Philip nicht beabsichtigte, ihn zu enterben. Er kehrte nach Makedonien zurück, aber die Spannungen zwischen ihnen blieben, insbesondere hinsichtlich der Heiratsarrangements.

Im Jahr 336 v. Chr. wurde Philip vom Hauptmann seiner Leibwache ermordet. Als Philip II. starb, stieg Alexander sofort auf den Thron. Mit etwa zwanzig Jahren verfügte Alexander jetzt über sein eigenes Königreich und eine große Armee. Alexander konsolidierte seine Macht und sicherte seine Herrschaft, indem er potentielle Rivalen eliminierte. Er befahl den Tod mehrerer Personen, die seine Herrschaft hätten in Frage stellen können. Einige Stadtstaaten begannen, gegen Alexanders Herrschaft zu revoltieren, aber er löste das Problem schnell auf diplomatische Weise. Er nahm wie sein Vater den Titel Hegemon (Führer) an.

Als Alexander die Führungsrolle über Griechenland bekam, nutzte er seine Position, um seinen Herrschaftsbereich und die Grenzen seiner Herrschaft zu erweitern. Er entschied schnell, den Plan seines Vaters, das Persische Reich zu erobern, wieder aufzunehmen. 334 v. Chr. fiel er in das Persische Reich ein. Berichte zeigen, dass er seine Absicht, das Land in Besitz zu nehmen, dadurch ankündigte, dass er einen Speer in den Boden rammte und erklärte, dass er dieses Territorium als ein Geschenk der Götter akzeptiere.

Das war der Beginn einer Reihe von Feldzügen, die etwa zehn Jahre dauerten. Er eroberte die antiken Territorien der Levante, Syriens, Ägyptens, Assyriens und Babyloniens. Als er in Persien ankam, erstürmte er die persischen Tore. Er zog direkt zur Hauptstadt Persepolis, wo seine Truppen die Stadt plünderten. Er blieb fünf Monate dort. Dann brach ein Feuer in der Stadt aus, das nicht unter Kontrolle zu bringen war. Historiker liefern unterschiedliche Berichte über Alexanders Reaktion auf den Verlust. Einige sagen, er bedauerte ihn.

Da er wenig Grund hatte, in Persepolis zu bleiben, zog Alexander weiter nach Medien und Parthien. Er beanspruchte weitere Länder und berichtete, die gefallenen Führer hätten ihn zum Nachfolger auf dem Achämenidischen Thron gemacht. Auf seinem Zug durch Asien gründete Alexander einige Städte, die seinen Namen oder eine Variation seines Namens trugen. Während er so seine Spuren hinterließ, nahm er auch Elemente der persischen Kleidung und Gebräuche an.

Ein Brauch, den Alexander annahm, war die Proskynese, eine Ehrerbietung gegenüber der Autorität, die aus einem symbolischen Handkuss oder der Niederwerfung auf den Boden bestand. Die Griechen hassten diese Praxis, weil sie glaubten, dass Alexander sich selbst vergöttlichen wollte. Einige Gefolgsleute begannen den Respekt ihm gegenüber zu verlieren und verließen ihn sogar. Einige Männer erdachten einen Plan, um ihn zu ermorden. Als der Plan enthüllt wurde, ließ Alexander mehrere Verschwörer töten und ermordete einige eigenhändig. Ein weiterer Mordversuch wurde enthüllt und endete mit Folter und Tod für die verhinderten Mörder.

Als Alexander seinen Eroberungszug in Asien fortsetzte, überließ er anderen die Verantwortung für Makedonien. Er zerstörte Theben, um Griechenland während seiner Abwesenheit ruhig zu halten. Alexanders Generäle hielten andere Erhebungen unter Kontrolle. Während seiner Eroberungszüge in Asien erlebte Griechenland größtenteils eine Periode des Friedens und Wohlstands. Er schickte oft Geld und Kriegsbeute zurück, die die Wirtschaft Griechenlands stärkten. Die Eroberungen erhöhten auch die Reichweite des Handels im gesamten Reich.

Jeder Sieg trug zur Erweiterung von Alexanders Reich bei. Sein Hunger nach mehr Macht und Territorien führte ihn zur Invasion Indiens mit vielen weiteren Feldzügen und Schlachten. Schließlich waren seine Armeen erschöpft und sie weigerten sich, noch weiter nach Osten zu ziehen. Alexander stimmte zu, nach Makedonien zurückzukehren. Auf dem Weg dorthin gab es weitere Kämpfe und Eroberungen. Viele Männer starben auf dem anstrengenden Marsch.

Als er nach Makedonien zurückkehrte, stellte er fest, dass die von ihm eingesetzten Anführer nicht immer in seinem Sinne gehandelt hatten. Er war enttäuscht von ihren Taten und ließ einige hinrichten. Während sie sich auf dem Marsch befanden, gewährte Alexander alten und verletzten Soldaten den Abschied aus der Armee. Sie missverstanden ihn jedoch und meuterten. Sie weigerten sich, nach Hause geschickt zu werden und kritisierten seine Handlungen. Alexander zog die persische Führung hinzu und seine Truppen wollten den Disput schnell lösen. Er stimmte zu und hielt ein großes Bankett, um die Beziehungen zwischen seinen verschiedenen Truppenteilen zu verbessern. Dann zog er mit seinen Truppen weiter.

Auf dem Marsch erreichten Alexander weitere Informationen über enttäuschende Handlungen seiner zurückgelassenen Anführer. Ein enger Freund, Hephästion, starb bald darauf. Historiker nehmen an, dass sein Tod das Ergebnis einer Vergiftung war. Sie glauben auch, dass Hephästion Alexanders Liebhaber gewesen sein könnte. Er war angesichts des Todes am Boden zerstört und ordnete öffentliche Trauer an.

Immer auf der Suche nach der nächsten Eroberung schmiedete Alexander Pläne, in Arabien einzufallen. Die Pläne lagen bereit, aber wie sein Vater starb er, bevor er sie in die Tat umsetzen konnte. Am 10. oder 11. Juni 323 v. Chr. starb Alexander im Alter von 32 Jahren im Palast Nebukadnezars II. in Babylon. Die Historiker sind sich über die Todesursachen uneinig. Einige Berichte legen nahe, dass er sich ein Fieber zuzog, das sich verschlimmerte, bis er daran starb. Andere Berichte sagen, dass er eine Schale ungemischten Weins trank, krank wurde und elf Tage später daran starb. Einige Berichte deuten an, dass er vergiftet worden sei. Heutige Historiker debattieren weiter darüber, ob er vergiftet wurde oder an einer Krankheit starb.

Alexander wurde in einen goldenen, mit Honig gefüllten Sarkophag gelegt. Ein Seher hatte vorausgesagt, dass der Ort, an dem Alexander begraben wird, zu Wohlstand kommen würde. Verschiedene Gruppen stritten darum, wo Alexander begraben werden sollte, einige versuchten sogar, den Sarkophag zu stehlen. Später wurde der goldene Sarkophag durch einen gläsernen ersetzt, so dass das Gold für Münzen genutzt werden konnte. Berichten zufolge sollen Besucher des Grabes Grabbeigaben daraus gestohlen haben. So soll z.B. Caligula Alexanders Brustpanzer zum eigenen

Gebrauch genommen haben. Schließlich wurde das Grab für die Öffentlichkeit geschlossen. Mit der Zeit ging das Wissen um seinen Begräbnisort und seine Gebeine verloren.

Nach Alexanders Tod war unklar, wer sein Erbe sein würde. Es gab unterschiedliche Berichte darüber, ob er einen Erben benannt hatte und wenn ja, wen. Mehrere Staaten wurden von seinen überlebenden Erben und Generälen beherrscht. Einige versuchten, die Ordnung aufrecht zu erhalten, aber es kam zu Streitigkeiten und weiteren Morden. Machtansprüche und Bürgerkriege ließen Alexanders Reich bald auseinanderbrechen. Schließlich ließ der Mangel an eindeutiger Führung Makedonien zusammenbrechen. Die hellenistische Welt teilte sich in mehrere Teile auf: das Ägypten der Ptolemaier, das Mesopotamien und Zentralasien der Seleukiden, das Anatolien der Attaliden und das Makedonien der Antigoniden.

Zusätzlich zum Mangel an Führung hatte Alexanders Bedarf an Truppen während seiner Eroberungszüge die makedonischen Ressourcen an Soldaten erschöpft. Die geteilte und geschwächte Region war nicht mehr in der Lage, sich gegen spätere Angriffe zu verteidigen. Schließlich wurde Makedonien (zusammen mit Griechenland) durch Rom unterworfen.

Trotz seines Todes und des Auseinanderfalls seines Reichs hinterließ Alexander Spuren in Teilen der Welt. Seine Eroberungen verbreiteten die griechische Kultur und führten zu Verschmelzungen mit den Gebräuchen entfernter Orte. Dieser Einfluss führte zu einer Periode, die man die Hellenistische Zeit nannte. Alexander besiedelte viele Kolonien, die eine hervorragende hellenistische Zivilisation aufwiesen, und dieser Einfluss blieb über viele Jahre nach seinem Tod erhalten.

Alles in allem machten seine Taten Alexander als einen legendären Helden berühmt. In der Antike versuchten andere, ihm nachzueifern. Etwa zwanzig Städte, wie z.B. Alexandria und Nikaia (im heutigen Punjab, Pakistan), tragen seine Namen und er spielt eine herausragende Rolle in der griechischen Geschichte und in griechischen Mythen. Darüber hinaus machte sein unglaublicher militärischer Erfolg ihn zum Maßstab für andere militärische Führer. Daher lebten seine Militärtaktiken lange nach seinem Tod weiter.

Aufgrund seiner Wirkung und seines Erfolgs wurde er als Alexander der Große bekannt. Sein Einfluss auf die griechische Geschichte war in der Tat bedeutend. Er wird als eine der einflussreichsten Personen der Weltgeschichte betrachtet. Aber Alexander der Große war nicht die einzige bedeutende griechische Person, die einen großen Einfluss auf die griechische Geschichte hatte und Eindruck in der restlichen Welt hinterließ.

# Kapitel 8 – Große Geister des antiken Griechenlands

Inmitten der Kriege um sie herum zogen es einige Griechen vor, weder Könige noch Kämpfer zu werden. Stattdessen nutzten sie ihren Geist, um die griechische Kultur voranzubringen, Entdeckungen zu machen und Werke zu verfassen, die heute noch von Bedeutung sind.

In der Welt der Literatur und des Theaters schufen griechische Dichter und Dramatiker bedeutende Werke. Einer von ihnen, Aischylos, wird als der „Vater der Tragödie" angesehen, weil seine Stücke im Wesentlichen den Beginn dieser Literaturgattung darstellen. Aischylos veränderte die Art und Weise, wie Stücke konstruiert waren. Er schrieb Stücke mit mehr Charakteren, die komplexere Konflikte ermöglichten. Leider haben nur sieben seiner Stücke überlebt, obwohl die Quellen darauf schließen lassen, dass er etwa 90 Stücke geschrieben hat. Und auch bei diesen sieben ist es nicht unumstritten, ob Aischylos oder ein anderer Autor sie schrieb.

Andere gefeierte Dramatiker der Zeit waren Sophokles und Euripides. Beide schrieben auch Tragödien. Berichten zufolge verfasste Sophokles mindestens 120 Stücke, aber wie bei Aischylos überlebten nur sieben. Sein Stil beinhaltete noch besser herausgearbeitete Charaktere. Euripides schrieb wahrscheinlich 92 Stücke. Wie bei seinen Kollegen überlebten nur einige und deren Autorenschaft ist nicht eindeutig. Euripides genoss zu seiner Zeit etwas mehr Popularität und nutzte seine Position, um Innovationen im Theater voranzutreiben. Er begann zum Beispiel, mythische Helden als gewöhnliche Menschen zu zeigen. Das erlaubte ihm, das Innenleben und die Motive seiner Figuren genauer zu ergründen. Es ermöglichte auch mehr Romantik und Komödie, was die Spanne der dramatischen Genres erweiterte und das Theater komplexer machte.

In der verwandten Welt der Dichtkunst schrieben viele Dichter im antiken Griechenland großartige Werke. Der vielleicht berühmteste unter ihnen war Pindar. Er wurde als der „bei weitem Größte hinsichtlich seiner Inspiration, der Schönheit seiner Gedanken und Charaktere, der Überschwänglichkeit seiner Sprache und Gegenstände und seiner rauschenden Flut an Beredsamkeit" angesehen. Heute mag seine Dichtung modernen Lesern seltsam anmuten, aber sie war für ihre Zeit charakteristisch.

In der Welt der Kunst schufen Künstler großartige Werke. Der renommierteste unter ihnen war vielleicht Phidias. Er war Maler, Bildhauer und Architekt, der die klassische griechische Formensprache weiterentwickelte. Die Legende berichtet von einer großen Zeusstatue, die er in Olympia anfertigte. Sie ist als eines der sieben Weltwunder der antiken Welt bekannt. Er hinterließ seine Spuren auch an der Athener Akropolis in Form seiner Skulpturen der Göttin Athene. Unglücklicherweise wurden viele seiner Werke zerstört oder gingen verloren. Heute kann man sie am besten anhand von Repliken studieren und mithilfe der Ausgrabung seiner Werkstatt, bei der die Gussformen für seine Bronzestatuen gefunden wurden.

Die griechischen Mathematiker blicken ebenfalls auf eine lange Erfolgsgeschichte zurück. Einen ersten Eindruck in dieser Tradition hinterließ Euklid von Alexandria. Er wird als der Begründer der

Geometrie betrachtet. Er schrieb das Lehrbuch *Elemente*, das noch bis zum 20. Jahrhundert benutzt wurde.

Archimedes war nicht nur Mathematiker, sondern auch Astronom, Physiker, Ingenieur und Erfinder. Einige halten ihn für den größten Mathematiker aller Zeiten. Er entwickelte viele geometrische Theoreme zur Berechnung von Oberflächen, der Kreisfläche und dem Inhalt der Kugel. Er entwickelte auch eine genaue Annäherung an die Zahl Pi. Er begann damit, die Mathematik auf Phänomene der physischen Welt anzuwenden. Sein Verständnis der Mathematik erlaubte es ihm, Werkzeuge und Maschinen zu erfinden.

Die griechische Philosophie hat eine lange Geschichte, die bis zu Thales von Milet zurückreicht, der 546 v. Chr. starb. Er war vielleicht der erste Philosoph und viele erachten ihn als den ersten, der die wissenschaftliche Philosophie nutzte. Das heißt, er wandte sich von der Tradition ab, die Mythologie zur Erklärung der Welt heranzuziehen und untersuchte stattdessen Objekte und Phänomene mithilfe von Theorien und Hypothesen. Dadurch war er in der Lage zu erkennen, dass Wasser eine lebenswichtige Substanz ist, die in der Natur eine große Rolle spielt.

Der Philosoph Leukippos führte das Studium der Natur im fünften Jahrhundert v. Chr. fort. Er war der erste, der glaubte, dass alles aus unsichtbaren Elementen besteht – ein Konzept, das wir heute als Atome kennen. Die meisten Menschen sind mit den griechischen Philosophen Aristoteles, Sokrates und Platon vertraut. Sie alle schrieben über viele Themen und gemeinsam hatten ihre philosophischen Studien bedeutenden Einfluss auf das moderne philosophische Gedankengut. Platon im Besonderen gründete die Akademie in Athen, die erste Institution der westlichen Welt für höhere Bildung.

Hippokrates brachte das Feld der Medizin im antiken Griechenland voran. Sein Werk brachte ihm den Titel „Vater der Medizin" ein. Er gründete die hippokratische Schule der Medizin und begründete sie als Disziplin und Beruf. Er vermehrte das medizinische Wissen und schrieb den Ärzten des antiken Griechenlands geeignete Behandlungspraktiken vor. Vieles, was er tat, trug dazu bei, das Feld der heutigen Medizin zu formen. So leisten heutige Mediziner beispielsweise den Hippokratischen Eid, den er verfasst haben soll.

Schließlich ist es das Werk des griechischen Historikers Herodot, das uns viel von der griechischen Geschichte überliefert hat. Er war ein Zeitgenosse anderer großer Geister wie Euripides und Sokrates. Herodot wird als der „Vater der Geschichte" betrachtet und war Vorreiter einer neuen Art, die Geschichte aufzuzeichnen. Er untersuchte Ereignisse systematisch und schrieb dann eine geschichtswissenschaftliche Erzählung. Er schrieb die *Historien*, um die Anfänge der griechisch-persischen Kriege zu dokumentieren. Das Werk hatte beinahe einen biographischen Ton, da es das Leben bedeutender Personen aufzeichnete. Er berichtete auch über die Umstände besonderer Schlachten.

# Kapitel 9 – Die römische Übernahme

Das antike Griechenland war eine Region, in der fast permanent innerhalb der griechischen Grenzen und in den umliegenden Territorien Krieg geführt wurde. Einige Kriege bedeuteten, dass sich Grenzlinien und Machtverhältnisse verschoben, und einige von ihnen führten zu einer Unterbrechung der griechischen Unabhängigkeit.

Genauer gesagt befand sich das antike Griechenland für viele Jahre unter der Herrschaft des Römischen Reichs. Die Eroberung Griechenlands durch die Römische Republik geschah nicht auf einen Schlag, sondern vollzog sich in kleinen, aber stetigen Kriegen und Disputen um Territorien und Macht. Dies führte zu einem langsamen Aderlass der griechischen und makedonischen Autonomie. Jeder Krieg und jeder Machtkampf war in seiner Reichweite begrenzt und resultierte in wenigen territorialen Veränderungen, aber sie häuften sich an. Am Ende des Prozesses beherrschte die Römische Republik Griechenland und die hellenistischen Teile Kleinasiens und der Levante.

Der Niedergang Griechenlands und Makedoniens begann jedoch Jahre früher, ganz unabhängig von römischem Einfluss. Die Herausforderungen begannen nach dem Tod Alexander des Großen.

Sein Reich wurde in eine Handvoll Nachfolgereiche aufgeteilt und jedes wurde von einem seiner Generäle geführt. Um die Zeit, als Roms Einmischung begann, bestanden nur noch drei dieser Reiche: das Ägypten der Ptolemaier, das Königreich Makedonien und das Reich der Seleukiden.

Das Ägypten der Ptolemaier umfasste Ägypten sowie kleine Teile des heutigen Mittleren Ostens und das im Westen angrenzende Karthago. Das Königreich Makedonien war der kleinste der Nachfolgestaaten und umfasste nur Makedonien im nördlichen Griechenland, das südliche Thrakien und kleine Teile Kleinasiens. Das Reich der Seleukiden umfasste Kleinasien, die Levante und den größten Teil des heutigen Iraks. Markant war auch der Aufstieg des Partherreichs, das den Iran und Teile des Iraks umfasste und fast bis zum Indus reichte.

Der Krieg zwischen der Römischen Republik und Makedonien begann nicht als Konflikt zwischen den beiden Staaten, sondern als Teil eines größeren katastrophalen Kriegs. Im Jahr 218 v. Chr. erklärte die Römische Republik Karthago den Krieg, nachdem die Karthager die Stadt Saguntum (ein römischer Bundesgenosse) erobert hatten. Dies war nicht der erste Krieg zwischen Rom und Karthago und es sollte auch nicht der letzte sein.

Nach der ungewöhnlich brutalen und vernichtenden Schlacht von Cannae im Zweiten Punischen Krieg glaubte Philip V. von Makedonien, seine Herrschaft auf Kosten Roms ausdehnen zu können. Aus diesem Grund trat Makedonien auf Seiten Karthagos in den Krieg ein, mit dem Ziel, letztendlich sein Territorium zu vergrößern. Dieser Plan ging jedoch nicht auf und 214 v. Chr. begann Makedonien den Ersten Makedonisch-Römischen Krieg.

Ein Angriff auf Oricum in Illyrien war Makedoniens erste Kriegshandlung. Rom hatte bereits befürchtet, dass Makedonien in den Krieg eintreten und Italien Probleme bereiten würde, und so wurden eine einzelne Legion und eine kleine Flotte für die Verteidigung vorbereitet. Der römische Kommandeur der Legion war

Marcus Valerius Laevinus. Als er die Nachricht erhielt, dass Oricum gefallen war, setzte er rasch die Flotte und die Legion in Bewegung, um es zurückzuerobern. Dann befahl er einem Unterkommandeur, mit zweitausend Mann das belagerte Appolonia zu befreien. Sie schlichen sich im Schutz der Nacht in die Stadt und stürmten am Morgen aus den Toren, griffen die unvorbereiteten Makedonier an und schlugen sie in die Flucht. Es war ein offensichtlicher Sieg für Rom.

Aber schon bald wandte sich das Geschehen gegen die römischen Bundesgenossen, da Makedonien weitere illyrische Städte eroberte: Atintania, Dimallum und Lissus, das Philip Zugang zur Adria bot. Makedoniens Flotte war zerstört worden oder anderswo von den Römern in eine Falle gelockt worden, so dass sie sich für den Transport von Truppen auf die italienische Halbinsel auf Karthago verlassen mussten.

Im Sommer des Jahres 211 v. Chr. inszenierten Rom und seine Bundesgenossen (einschließlich Griechenland und alle Makedonien Feindlichgesonnenen) einen Ausbruch und eroberten mehrere Städte und Regionen. Darüber hinaus hatten Rom und seine Verbündeten einen Handel abgeschlossen. Rom sollte den Großteil des Seetransports und der Vorherrschaft auf See stellen, während die Griechen die Kämpfe an Land führten. Rom sollte die Sklaven bekommen und die Griechen das Territorium.

Philip V. von Makedonien stellte bald fest, dass seine Truppen nicht ausreichten, um die Hilfsgesuche von so vielen Orten in so großer Entfernung zu befriedigen: der Achäische Bund auf der Peloponnes, Phocis Antikyra, Ägina und Bundesgenossen in Kleinasien. Im Jahr 210 v. Chr. liefen die Dinge für Rom so gut, dass Laevinus nach seiner Rückkehr nach Rom, wo er sein Konsulat antrat, berichten konnte, dass die römische Legion zurückgezogen werden konnte. Es wurde entschieden, dass nur noch die Flotte vor Ort bleiben würde, um die Unterstützung der griechischen Verbündeten zu gewährleisten.

In einer letzten Anstrengung fiel Philip im Süden Griechenlands ein, wo er in den beiden Schlachten von Lamia auf die Truppen Ätoliens, Spartas und Pergamons traf. Beide Schlachten führten zwar zu makedonischen Siegen, aber mit hohen Kosten, da die Ätolier, Spartaner und Pergamener sich lediglich in gut befestigte Städte zurückzogen.

In den nächsten fünf Jahren der Feindseligkeiten kam es immer wieder zu Eroberungen und Rückeroberungen von Städten und Regionen. 205 v. Chr. mischten sich die Römer erneut ein, mit zehntausend Mann landeten sie in Illyrien. Dieser Zug, zusammen mit dem Kriegseintritt Bythiniens auf makedonischer Seite und separaten Friedensschlüssen einiger griechischer Stadtstaaten mit Makedonien, verhieß, dass ein entscheidender Ausgang unwahrscheinlich sein würde. Schließlich wurde ein Friedensvertrag unterzeichnet, der Philip Illyrien überließ, ihn aber zwang, sein Bündnis mit Karthago aufzukündigen. Rom, dessen Ostgrenzen jetzt gesichert waren und dessen Bundesgenossen in Griechenland schwanden, war zufrieden, auch wenn während des Dritten Punischen Kriegs, den Rom gewann, die Feindseligkeiten wieder aufbrachen.

Der Krieg fand seine Fortsetzung im Zweiten Makedonisch-Römischen Krieg, der für Griechenland von Bedeutung war. Wie andere zuvor, begann dieser Krieg wegen eines entfernten Konflikts. Im hellenischen Ägypten war König Ptolemaios IV. 204 v. Chr. gestorben und sein sechsjähriger Sohn, Ptolemaios V. bestieg den Thron, während das Reich durch Regenten geführt wurde. Während dieses Machtwechsels und der Übergangsperiode brachen alte Konfliktlinien innerhalb der ägyptischen Gesellschaft wieder auf und führten zu einem Bürgerkrieg zwischen Unter- und Oberägypten.

Philip V., immer noch Herrscher in Makedonien, und Antiochos der Große, Herrscher des Seleukidenreichs, versuchten beide, ihre Herrschaftsgebiete während des ägyptischen Chaos zu erweitern. Philip fiel in Thrakien und Kleinasien ein und eroberte Kios, Milet und weitere unabhängige Städte. Diese territoriale Expansion löste bei einigen Regionalmächten Befürchtungen aus, insbesondere bei den Bürgern und Herrschern von Rhodos und dem Königreich Pergamon.

König Attalos I. von Pergamon und Rhodos (Territorien in Griechenland) schickten Rom eine verzweifelte Bitte um Beistand. Der römische Senat sandte ein kleines Kontingent von Botschaftern nach Athen, um sich die griechischen Sorgen anzuhören. Athen hatte Makedonien kurz zuvor den Krieg erklärt und Philip hatte mit der Entsendung einer Armee von mehreren tausend Mann nach Attika (das Gebiet um Athen herum) geantwortet.

Die römischen Botschafter trafen sich auch mit dem makedonischen General, der die Invasionsstreitmacht befehligte. Sie übermittelten ein Ultimatum und forderten ihn auf, sich aus der Umgebung Athens zurückzuziehen und die anderen griechischen Stadtstaaten in Ruhe zu lassen. Der makedonische General zog sich zurück, aber dann wies Philip das Ultimatum zurück und begann die Invasion erneut, indem er die Stadt Abydos in der Nähe der Dardanellen belagerte.

Im Jahr 200 v. Chr. stellte Rom den Makedoniern ein zweites Ultimatum mit der Forderung, dass Philip seine Angriffe gegen griechische und ptolemäische Städte beenden und in Verhandlungen mit Rhodos und dem Königreich Pergamon eintreten soll. Philip wies das Ultimatum erneut zurück. Rom antwortete mit der Entsendung einer Legion nach Illyrien.

Die römische Intervention misslang gänzlich. Der erste Befehlshaber, Publius Sulpicius Galba, war als taktischer und strategischer Kommandeur ungeeignet. Sein Nachfolger, Publius Villius, musste sich mit einer Rebellion innerhalb seiner Truppen auseinandersetzen. Erst Titus Quinctius Flaminius war der Kommandeur, den Rom und Griechenland brauchten. Vor seiner Ernennung lautete das Ultimatum, dass Makedonien die Angriffe auf die griechischen Stadtstaaten im Süden einstellen soll, aber Flaminius änderte es und forderte, dass Philip alle griechischen und ptolemäischen Eroberungen aufgeben und sich auf Makedonien beschränken soll, um Freiheit für die Griechen zu ermöglichen. Diese Änderung der Zielrichtung gewann viele Verbündete unter den Stadtstaaten, so dass Flaminius in der Lage war, die Makedonier aus Attika zurück nach Thessalien zu treiben.

Philip bat um Frieden, aber Flaminius befand sich in einer unsicheren politischen Situation, die verhinderte, dass er ihn gewährte. Die römischen Wahlen standen vor der Tür und Flaminius benötigte Unterstützung für einen schnellen Krieg in Griechenland. Er wusste nicht, ob man ihn nach Rom zurückbeordern oder ob sein Kommando verlängert werden würde. Er entschied, dass er, falls er zurückgerufen würde, Frieden mit Makedonien schließen würde. Falls sein Kommando jedoch verlängert würde, wollte er den Krieg fortsetzen. Nach vielem Warten und Hinhalten erhielt Flaminius gute Nachrichten: Sein Kommando wurde verlängert und seine Verbündeten im Senat stimmten dafür, den Krieg fortzusetzen.

Als diese Nachrichten Griechenland erreichten, fielen die meisten griechischen Verbündeten von Philip ab und ihm blieb keine andere Möglichkeit, als Söldner anzuheuern, um den Kampf fortzusetzen. Im Juni des Jahres 197 v. Chr. wurden Philip und seine Söldner in der Schlacht von Kynoskephalai vernichtend geschlagen. Er bat wiederum um Frieden zu Roms Bedingungen. Philip gab schließlich alle Eroberungen in Griechenland, Thrakien und Kleinasien auf. Makedonien musste zudem Rom und seinen Verbündeten eine Kriegsentschädigung zahlen und seine Flotte übergeben. Rom stationierte Truppenkontingente in Korinth, Chalkis und Demetrias, die bis 194 v. Chr. blieben.

Als der Zweite Makedonisch-Römische Krieg zu Ende ging, versuchte der Herrscher des Seleukidenreichs, Antiochos der Große, die Herrschaft über Griechenland und Ägypten zu erlangen. Sein Ratgeber in militärischen Fragen war der karthagische General Hannibal Barca, der Rom gern völlig zerstört gesehen hätte. Antiochos entschied sich für einen strategischen Weg, die wachsende antirömische Stimmung zu schüren. Er hoffte, Römer und Griechen würden sich gegenseitig bekämpfen und ihm die Übernahme beider Staaten vereinfachen.

Im Jahr 191 v. Chr. entschied Antiochos, den Krieg zu forcieren. Er führte eine Armee über die Dardanellen. Als Antwort schickte Rom eine Armee unter dem Kommando von Manius Acilius Glabrio, um Antiochos und seine Verbündeten in der Schlacht bei den Thermopylen zu vernichten. Nach dieser vernichtenden Niederlage wurde Antiochos über die Ägäis zurück nach Kleinasien getrieben. Eine vereinte römisch-pergamenische Streitmacht schlug dann 190 v. Chr. die letzte Armee des Seleukidischen Reichs in der Schlacht von Magnesia. Im Friedensvertrag musste Antiochos beinahe eine Million Pfund in Silber als Kriegsentschädigung zahlen und Territorien westlich des Taurusgebirges aufgeben, während Rhodos und dem Königreich Pergamon verschiedene Regionen in Kleinasien und Griechenland zugesprochen wurden.

Nach dem Tod Philips V. von Makedonien ging sein Thron auf seinen Sohn Perseus über. Er wollte das Königreich wiederaufbauen, die Gebiete, die sein Vater verloren hatte, zurückgewinnen und den römischen Einfluss in Griechenland beseitigen. Bis zu diesem Zeitpunkt hatte sich die Politik der verschiedenen Stadtstaaten, Bünde und Königreiche in promakedonische und prorömische Fraktionen aufgespalten. 173 v. Chr. war den Römern bewusst, dass sich ein erneuter Krieg mit Makedonien am Horizont abzeichnete, aber es bestand Sorge, wer noch in den Konflikt hineingezogen werden würde. Sollte die Zahl der Gegner zu groß sein, wäre die römische Position in Gefahr.

Eumenes II., der König von Pergamon, hielt eine Rede im römischen Senat, mit der er den Senatoren einen Schrecken einjagte und sie überzeugte, dass Perseus sowohl über die Mittel als auch die Absicht verfügte, in Italien einzufallen und Rom vollständig aus Griechenland zu vertreiben. Gesandte Makedoniens sprachen ebenfalls vor dem Senat, aber es war zu spät. Rom war überzeugt, dass

Perseus feindliche Absichten hegte und Kriegsvorbereitungen getroffen werden mussten.

Der Dritte Makedonisch-Römische Krieg dauerte vier Jahre und er riss die alten Allianzen in Griechenland auseinander. Zeitweise wandten sich sogar Illyrien und Pergamon gegen Rom. Obwohl der Krieg lange dauerte, gab es aufgrund von wechselnden Allianzen kaum Landgewinne von Dauer.

Es gab zwei bedeutende und folgenreiche Schlachten, Kallinikos und Pydna, die den Krieg zu Roms Gunsten wandten. In der ersten trafen im Jahr 171 v. Chr. beim Hügel Kallinikos in Thessalien gemischte Armeen beider Seiten aufeinander, die von Perseus von Makedonien bzw. dem römischen Konsul Licinius Crassus kommandiert wurden. Die Schlacht verlief katastrophal für die Römer und ihre pergamenischen Verbündeten. Sie verloren fast dreitausend Soldaten, während die makedonisch-thrakische Armee weniger als einhundert Gefallene verzeichnete. Perseus verließ das Schlachtfeld vor Ende der Schlacht und verursachte so ein ergebnisloses Ende anstelle einer vernichtenden Niederlage für die feindliche Streitmacht.

Die zweite entscheidende Schlacht (die Schlacht von Pydna) fand im letzten Jahr des Krieges, 168 v. Chr., statt. Dieser Sieg gab den Römern Gelegenheit zur Vergeltung. Mit Lucius Aemilius Paullus hatte Rom in dieser Schlacht einen neuen Befehlshaber, der nicht die taktischen Fehler einiger seiner Vorgänger beging. Obwohl Perseus über eine etwas größere Armee verfügte (43.000 Mann), verlor er 31.000 Soldaten und wurde gefangen genommen. Im Vergleich dazu verloren die Römer etwa einhundert Soldaten. Der daraus folgende Friedensvertrag zementierte die römische Hegemonie über einen großen Teil Griechenlands. Er teilte Makedonien in vier kleinere, prorömische Republiken auf und förderte das Wachstum prorömischer Gruppierungen in ganz Griechenland.

Es gab noch einen Vierten Makedonisch-Römischen Krieg, in dem Andriskos von Makedonien versuchte, das Königreich in

Makedonien wiederherzustellen. Der Konflikt war kurz und brutal. Die Folge war die Annexion Makedoniens als römische Provinz und die vollständige römische Kontrolle über ganz Griechenland. Nach Makedoniens Niederlage dachten die Achäer törichterweise, dass sie sich der römischen Kontrolle über die Peloponnes widersetzen könnten. Als Antwort darauf brannten die Römer Korinth nieder. Mit diesen Siegen und Machtdemonstrationen hatten die Römer die sichere Kontrolle über Griechenland. Damit begann eine Zeit, in der Griechenland Teil des Römischen Reichs war.

# Kapitel 10 – Kleopatra und ihre Gatten

Als Rom und die Italiener erst einmal die Oberherrschaft über die Region Griechenland hatten, ermöglichte dies den Einfluss einer besonders bekannten historischen Person: Kleopatra. Obwohl sie meist mit Ägypten in Verbindung gebracht wird, war sie ursprünglich Griechin.

Kleopatra war die Tochter von Ptolemaios XII. Auletes. Er herrschte eine Zeitlang über Ägypten, bevor er vertrieben wurde. 55 v. Chr. gewann er den ägyptischen Thron zurück, indem er Alexandria eroberte. Damit wurde Ägypten zu einem Teil des Römischen Reichs. Gegen Ende seiner Herrschaft ernannte Ptolemaios Kleopatra zu seiner Mitregentin. Als er starb, verfügte er, dass sie und ihr Bruder, Ptolemaios XIII., Ägypten gemeinsam regieren sollten. Die beiden wurden miteinander verheiratet, um dieses Arrangement zu stärken. Dann waren sie gemeinsame Regenten, obwohl Kleopatra üblicherweise allein herrschte.

In den frühen Jahren ihrer Herrschaft stand Kleopatra einigen Herausforderungen gegenüber, da das Land unter zu wenigen Überschwemmungen des Nils, Hunger, wirtschaftlichem Misserfolg und politischen Konflikten litt. Gleichzeitig etablierte sich Kleopatra als unabhängige Herrscherin. Aufgrund einer schlecht durchgeführten Auseinandersetzung mit den Gabiniani (mächtige römische Truppen, die in Ägypten stationiert waren, um römische Interessen zu schützen), verlor Kleopatra ihre Macht. Ihr Bruder wurde an ihre Stelle gesetzt und sie floh ins Exil.

Ihr Bruder Ptolemaios verkalkulierte sich kurz darauf allerdings selbst, als er den Tod von Julius Cäsars Schwiegersohn befahl. Als Cäsar in Ägypten ankam, war er wütend und übernahm die Rolle des Schlichters, um die konkurrierenden Ansprüche von Ptolemaios und Kleopatra zu lösen. Verschlagen wie sie war, hatte sich Kleopatra in den Palast geschmuggelt, um Cäsar zu treffen. Als sich die beiden trafen, schmiedeten sie eine politische und romantische Allianz.

Cäsar half, Ptolemaios' Armee zu besiegen, und besiegelte so Kleopatras Anspruch auf den Thron. Die beiden bekamen einen Sohn, Ptolemaios Cäsar (geboren 47 v. Chr.), allerdings weigerte Cäsar sich, das Kind als seinen Erben zu benennen. Stattdessen setzte er seinen Großneffen ein. Als Kleopatra und Cäsar später Rom besuchten, wurde das als skandalös betrachtet, da Cäsar bereits verheiratet war. Nach Cäsars Ermordung kehrte Kleopatra nach Ägypten zurück.

Dort herrschte sie mit ihrem Sohn als Mitregenten. Während des römischen Bürgerkriegs schlug sie sich auf die Seite der Cäsar-Anhänger, die von Mark Anton angeführt wurden. Die beiden gingen bald eine Beziehung ein. Sie lebten eine Weile in Alexandria, in Ägypten. Kleopatra gebar zwei weitere Kinder (Alexander Helios und Kleopatra Selene II.). Die Entfernung trennte Mark Anton und sie für eine Weile, aber später nahmen sie ihre Beziehung wieder auf. Sie heirateten, ließen sich in Alexandria nieder und bekamen ein weiteres Kind.

Die beiden kämpften anfangs gemeinsam gegen Oktavian, um Kleopatras Ansprüche auf Ägypten zu schützen. Später desertierten Mark Antons Armeen und schlossen sich Oktavian an. Um ihre Truppen im Krieg zu finanzieren, stahl Kleopatra Gold aus dem Grab

Alexander des Großen. Der Krieg war nicht leicht und die Niederlagen, die sie erlitten, forderten von beiden ihren Preis. Die Historiker sind sich nicht über alle Fakten einig, aber es wird allgemein angenommen, dass sie im Jahr 30 v. Chr. Selbstmord begingen.

# Kapitel 11 – Hadrians Reisen

Eine weitere Figur der römischen Geschichte, die aufgrund der römischen Herrschaft über Griechenland auch die griechische Geschichte beeinflusste, war Publius Aelius Hadrianus (Hadrian). Er herrschte als römischer Kaiser von 117 bis 138 n. Chr. Seine Herrschaft und Arbeit beeinflussten das Römische Reich und die römische Provinz Griechenland.

Hadrian behauptete, in Rom geboren zu sein, allerdings kam seine Familie mütterlicherseits aus Hispania (dem heutigen Spanien) und es ist wahrscheinlich, dass er außerhalb Italiens geboren wurde. Hadrians Abstammung väterlicherseits kann zu dem alten mittelitalischen Landstrich Picenum zurückverfolgt werden. Sein Vater ist jedoch ebenfalls in Hispania geboren und aufgewachsen. Im Alter von zehn Jahren wurde Hadrian Waise. Trajan und Publius Acilius Attianus nahmen ihn als Mündel auf. Hadrian wurde wie ein römischer Aristokrat erzogen.

Als junger Mann trat Hadrian in die Politik ein. Sein erster Posten war der eines Richters an Roms Nachlassgericht. Er wurde dann Militärtribun in der Legio II und danach in der Legio V. In dieser Rolle hatte Hadrian das Glück, seinen Mentor Trajan informieren zu können, dass er - Trajan - Erbe des verstorbenen Kaisers sei. Hadrian absolvierte eine dritte Dienstzeit für die Legio XXII. Seine

Stellung als Tribun verschaffte ihm Vorteile für seine politische Karriere.

Im Jahr 101 n. Chr. wurde Hadrian in das höhere Amt des Quästors gewählt (im Wesentlichen eine Verbindungsstelle zwischen dem Kaiser und dem Senat). Er kletterte weiter die politische Karriereleiter in verschiedenen Positionen hinauf und diente auf dem Schlachtfeld. Trotz seines Erfolgs in Rom entschied sich Hadrian, nach Griechenland zu reisen. Dort erhielt er das athenische Bürgerrecht. Er wurde auch zum Archonten von Athen ernannt. Für seine Arbeit ehrten ihn die Griechen mit einer Statue im Theater des Dionysos. Nach einiger Zeit wurde Hadrian wieder in römische Dienste gerufen. Er diente als Legat bei einer Expedition gegen die Parther und war Generalkommandeur der östlichen römischen Armee, als Trajan dafür zu krank wurde.

Trajan starb auf dem Heimweg nach Rom. Hadrian vertraute auf die enge Beziehung zu Trajans Familie, insbesondere den Frauen der Familie, um seinen Anspruch auf Trajans Nachfolge zu unterstützen. Trajans Frau hatte das Gefühl, dass Hadrian und sie die gleichen Ideale und Ziele für das Römische Reich hatten: ein Commonwealth mit einer hellenistisch geprägten Kultur. Unglücklicherweise hatten Uneinigkeiten zwischen ihm und Trajan Hadrians politische Karriere ein wenig aufs Abstellgleis gelenkt. Darüber hinaus hatte Trajan aufgehört, Hadrians politischen Ansprüche zu fördern und ihn nicht als Erben benannt. Stattdessen war es Trajans Frau, die Hadrian als Erben benannte und daher hinterfragten viele Hadrians Legitimation. Nichtsdestotrotz unterstützte der römische Senat Hadrians Position.

Hadrian schlug eine jüdische Revolte im Osten nieder und wandte sich dann den Unruhen entlang der Donau zu. Während Hadrian an der Front war, herrschte sein früherer Vormund, Attianus, an seiner Stelle in Rom. Attianus befahl die Hinrichtung hochrangiger Offiziere, weil er eine Verschwörung unter ihnen vermutete. Diese Maßnahme, die ohne ordentliches Verfahren geschah, führte zum Zwiespalt zwischen Hadrian und dem römischen Senat.

Hadrian verbrachte als Kaiser viel Zeit außerhalb Italiens. Er ernannte einen engen Freund, Marcius Turbo, zu seiner Vertretung, wenn er außer Landes war. Das war eine ungewöhnliche Praxis, aber Hadrian wollte das Reich kennenlernen. Das gab ihm die Möglichkeit, kalkulierte Schritte zu unternehmen, um das Reich neu zu formen und die hellenistische Kultur einzuführen, die er so bewunderte. Hadrian reiste auch nach Britannien. Dort veranlasste er den Bau eines Walls, der das Reich von den Gebieten im Norden trennte. Er besuchte das südliche Gallien und Spanien, wo er den Bau neuer Tempel und einer Basilika beaufsichtigte. Er besuchte Mauretanien, wo er die Militärausbildung für junge Männer finanzierte, in der Hoffnung, dass sie sich später der römischen Armee anschließen würden. In Mesopotamien handelte er ein Abkommen aus und inspizierte die dortigen römischen Verteidigungsanlagen. Dann setzte er seine Reise fort und kam schließlich in Griechenland an.

Hadrian erreichte Griechenland im Jahr 124 n. Chr. Es war Herbst und er konnte an den Eleusyschen Mysterien (Initiationsriten für griechische Götter) teilnehmen. Während er sich in Griechenland aufhielt, nahm er aktiv am politischen Leben teil. Er überarbeitete die Verfassung, traf Entscheidungen für die Wirtschaft und gründete Stiftungen, um öffentliche Spiele und Veranstaltungen zu finanzieren. Er befürwortete den Bau von Aquädukten und öffentlichen Brunnen. Er half auch, alte Schreine wiederherzustellen. Seine Handlungsweise diente dazu, die römische Herrschaft über das Land zu sichern und die römische Führung mit griechischer Kultur anzureichern. Er lud auch griechische Politiker in den römischen Senat ein. Diese Handlungen stärkten die politischen Verbindungen zwischen Griechenland und dem ausgedehnten Römischen Reich.

Nach seiner Aktivität in Griechenland machte sich Hadrian auf, um nach Italien zurückzukehren. Unterwegs besuchte er Sizilien. Zurück in Italien reiste er durchs Land. Auch dort ließ er Schreine und andere wichtige Bauwerke restaurieren. Während viele

Menschen seine Verbesserungen guthießen, war die Bevölkerung weniger mit seinen Plänen (127 n. Chr.) einverstanden, Italien in vier verschiedene Regionen zu teilen, die von Gouverneuren geführt wurden. Kurz darauf wurde Hadrian krank, aber er reiste weiter. Er besuchte Afrika und seine Ankunft fiel mit dem Ende einer Dürre zusammen.

Hadrian fühlte sich aber schon bald in sein geliebtes Griechenland zurückgezogen. Er beschränkte diesen Besuch auf Athen und Sparta. Er wollte einen panhellenischen Rat institutionalisieren, um alle griechischen Städte zu einer Gruppe zu vereinen. Nachdem er das große Projekt in Gang gesetzt hatte, reiste er weiter nach Ägypten. Dort ließ er Gräber wiederherstellen und unternahm eine Schiffsreise auf dem Nil. Auf dieser Fahrt ertrank sein engster Freund und möglicherweise Liebhaber Antinoos unter ungeklärten Umständen. Zu Antinoos Ehren gründete Hadrian Antinoupolis, einen ungewöhnlichen Tempel-Stadt-Komplex, dessen Gemeindeverfassung die einer griechischen Polis war.

Schon bald kehrte Hadrian nach Griechenland zurück, um das Panhellenion feierlich zu eröffnen. Stadtstaaten mussten ihr griechisches Erbe demonstrieren, um Mitglied zu werden. Das alles war Teil von Hadrians Versuch, die klassische griechische Kultur zu schützen. Einige hatten den Eindruck, dass seine Sicht der hellenistischen Kultur zu eng war, und zeigten kein Interesse am Panhellenion. Andere hingegen sahen Hadrian als eine Gottheit. Ihm wurden Ehrentitel verliehen und es wurden Monumente zu seinen Ehren errichtet. Hadrian überwinterte in Athen, bevor er sich nach Osten Richtung Judäa aufmachte.

In Judäa setzte Hadrian seine Umbau- und Verbesserungsmaßnahmen fort. Einige glaubten fälschlicherweise, er plane, einen jüdischen Tempel für den Gebrauch der Römer umzugestalten. Berichte deuten an, dass Hadrian auch beabsichtigte, andere jüdische Traditionen abzuschaffen, z.B. die Beschneidung. Eine antihellenistische und antirömische Strömung wuchs unter der jüdischen Bevölkerung. Die Römer waren nicht auf eine Revolte vorbereitet und überfordert. Schließlich besiegten sie jedoch die jüdische Bevölkerung und es soll zu scharfen Strafmaßnahmen gekommen sein. So wurde die Provinz aus der römischen Weltkarte getilgt und mehrere Schlüsselgebiete umbenannt.

Schließlich kehrte Hadrian nach Rom zurück. Er war enttäuscht, dass der Fortschritt in Richtung eines kosmopolitischen Reichs gestört worden war. Er versuchte weiterhin, Brücken zwischen Rom und Griechenland zu schlagen, und errichtete z.B. einen Tempel für die griechischen und römischen Göttinnen, um die universelle Natur des gesamten Reichs zu betonen.

Als Hadrian am Ende seines Lebens stand, musste er die Frage seiner Nachfolge regeln, da er keine Kinder hatte. Er adoptierte den Konsul Lucius Ceionius Commodus, damit dieser sein Erbe werden konnte. Einige nahmen an, dass Lucius Hadrians biologischer Sohn war. Lucius starb jedoch vor Hadrian, so dass Hadrian Titus Aurelius Fulvus Boionius Arrius Antoninus adoptierte, um einen Erben zu haben. Die Entscheidung wurde nicht gut aufgenommen.

Hadrian starb 138 n. Chr. im Alter von 62 Jahren. Seine Gesundheit hatte schon seit längerer Zeit nachgelassen. Er starb vermutlich an Herzversagen.

Hadrian hatte fast sein ganzes Leben für die Unterstützung der hellenistischen Kultur gearbeitet. Kurz nach seinem Tod erschien eine neue Bedrohung in der Region, eine, die auf ihrem Weg Zerstörung und Furcht unter den Völkern Griechenlands und Roms hinterließ. Die hellenistische Kultur wurde erneut bedroht und für die Griechen ging es einmal mehr ums Überleben.

# Kapitel 12 – Die Angriffe der Goten auf Griechenland

Obwohl sie Zerstörung mit sich brachten und eine ungeheure Wirkung auf die antike Welt hatten, liegen die Ursprünge der alten gotischen Stämme weitgehend im Dunkeln. Es gibt nur spärliche Hinweise ihrer Reisen, Kultur und Geschichte vor ihrem Kontakt mit dem Römischen Reich, einschließlich Griechenland. Archäologen und Forscher haben verschiedene Gruppen erforscht, die möglicherweise auch die Goten einschlossen, in der Hoffnung, ihre Ursprünge kennenzulernen. Aber sie sind noch zu keinem definitiven Ergebnis gekommen.

Die historische Überlieferung wird erst mit dem dritten nachchristlichen Jahrhundert deutlicher, als verschiedene gotische Stämme sich auf den Weg nach Kleinasien und zum Balkan machten. In diesen Gebieten berührten sie meist griechische Siedlungsgebiete. Anfangs waren die Angriffe auf die Nordküste des Schwarzen Meeres und die untere Donau begrenzt. Das änderte sich nach der römischen Niederlage in der Schlacht von Arbritus im Jahr 251 n. Chr. gegen einen Zusammenschluss skythischer und gotischer Stämme.

Nach diesem Sieg gewannen die Goten wahrscheinlich an Selbstvertrauen und fuhren fort, ihren Einflussbereich zu erweitern.

Sie begannen ungestraft, die Hauptregion Kleinasiens mit Raub- und Plünderungszügen zu überziehen. Nicht einmal die größten und ältesten Städte konnten ihrem Zorn entgehen. Die Goten waren brutal und metzelten alles in ihrem Weg nieder. Beinahe ganze Bevölkerungen wurden aufgerieben. Dadurch wurden auch die wirtschaftlichen Zukunftsaussichten der Region zerstört. Die ausgedehnten Raubzüge der Goten durch Kleinasien ereigneten sich während der Herrschaft des Kaisers Valerian.

Im Jahr 253 n. Chr. versuchten die Goten und ihre Verbündeten, ihren Einflussbereich sogar noch stärker zu erweitern. Einige gotische Gruppen segelten die Südküste Kleinasiens entlang, bis sie Ephesos und Pessinus erreichten. Währenddessen machten sich andere gotische Horden auf den Weg, um das griechische Festland zu überfallen und zu terrorisieren. Die Boraner (Verbündete der Goten) zwangen den römischen Kommandeur des Bosporus, seine Flotte zu übergeben. Als nächstes belagerten die gotischen Horden die Stadt Pityus an der Nordostküste des Schwarzen Meeres. Die Stadt, die nur von einem kleinen römischen Kontingent verteidigt wurde, schlug die gotischen Stammeskrieger erfolgreich in die Flucht.

Die Goten waren jedoch nicht willens, die Niederlage zu akzeptieren und kehrten etwa ein Jahr später zurück, um die Region erneut zu unterwerfen. Beim zweiten Versuch waren sie erfolgreicher und die Stadt Pityus fiel in ihre Hände. Nach diesem Erfolg segelten sie weiter nach Süden nach Trapezus (heute Trabzon) - eine Stadt und römische Garnison mit starken Befestigungsmauern. Die Römer waren nicht angemessen vorbereitet. Einigen Boranern gelang es, die Mauern zu erklimmen und den anderen die Tore zu öffnen. Nachdem sie die Stadt geplündert und die Überlebenden versklavt hatten, segelten die Boraner und Goten triumphierend über die Donau hinüber nach Hause.

Ein zweiter gotischer Feldzug gegen Griechenland und Kleinasien ereignete sich etwa 257 n. Chr. Die Goten waren zuversichtlich, dass sie ihren Erfolg wiederholen konnten, und segelten mit einer großen

Flotte zur Nordküste Kleinasiens. Ihre Armee folgte zu Land und zu Wasser und hinterließ eine Schneise der Verwüstung entlang der Westküste des Schwarzen Meeres. Dieses Mal war ihr Hauptziel Bithynien, aber das hielt sie nicht davon ab, auf ihrem gesamten Weg Verheerung anzurichten. Die Garnison, die die Stadt Chalkedon verteidigen sollte, floh und ließ die Stadt unverteidigt. Sie wurde eine leichte Beute. Die Goten ließen dieser Zerstörung weitere folgen, sie brannten die Stadt Nikomedia nieder, die ebenfalls von ihren Verteidigern verlassen wurde. Die Goten zogen weiter und zerstörten alle Städte auf ihrem Weg. Kaiser Valerian konnte nichts tun, um die mordenden und plündernden Goten und ihre Verbündeten aufzuhalten. Die Zerstörung endete erst, als die Goten endlich ermüdet waren und sich entschieden, nach Hause zurückzukehren.

Die gotischen Horden machten sich um 260 n. Chr. zum dritten Mal auf zu einem Feldzug voller Tod und Zerstörung. Andere germanische Völker hatten zudem ihren Platz in der Region etabliert. Die zusätzliche Bedrohung trug zum vorhandenen Chaos bei. Etwa 268 n. Chr. fühlten sich die Goten unter Druck, am Südufer des Dniester zu siedeln. Sie kamen einschließlich ihrer Verbündeten mit einer großen Armee und Flotte. Diese vereinte Streitmacht war die größte, die im dritten Jahrhundert ins Römische Reich einfiel. Die Armee und die Flotte wüteten wie gewöhnlich in der gesamten Region.

Vor nicht allzu langer Zeit haben Historiker einen Teil eines alten griechischen Textes entdeckt, der die Auswirkungen der Goten auf Griechenland beschreibt. Die Goten begannen einen Angriff auf Griechenland mit einem Angriff auf die griechische Stadt Thessaloniki. Die dortigen Griechen verteidigten sich allerdings erfolgreich. Die gotische Streitmacht wandte sich südlich nach Athen. Der Text beschreibt eine Schlacht, die in einem engen Pass in den Thermopylen geschlagen wurde, wo den Goten der Weg für den Vormarsch verstellt wurde. Die Griechen hielten mit allem stand, was sie an Waffen zur Verfügung hatten. Das Ergebnis dieser

Auseinandersetzung ist nicht bekannt, weil die historischen Berichte unvollständig sind.

Die psychologische Wirkung der häufigen Überfälle der Goten war enorm. Das galt auch für Menschen, die im Inland lebten und weniger von Angriffen gefährdet waren, weil die Goten sich auf Gebiete nahe der Wasserwege konzentrierten. Jeder lebte in Furcht und Schrecken vor der fernen Gefahr. Die Bewohner von Stratonikeia riefen z.B. Zeus in seinem Tempel in Panamara an und fragten, ob die Stadt angegriffen werden würde. Die Legende besagt, dass Zeus die Nachricht übermittelte, dass sie (die Bewohner) es nicht zulassen würden, dass ihre Stadt in die Hände von Barbaren fallen würde.

Die von vielen Einwohnern der Region empfundene Panik wurde durch den Umstand vergrößert, dass die römischen Garnisonen die Goten kaum aufhalten konnten. Mehrfach gaben die Garnisonen ihre Städte oder Posten einfach auf und die Städte blieben ohne Schutz. Im Zusammenhang mit der Bedrohung durch die Goten erschreckte dies die Menschen zutiefst und ließ sie fürchten, dass sie angegriffen und versklavt werden könnten.

Im Jahr 268 n. Chr. fand die vorletzte Schlacht zwischen den Goten und den Römern in Naissus in Obermysien statt. Die Goten, die oft monatelang unterwegs waren, hatten Probleme, mehr Proviant zu bekommen. Obwohl sie Verstärkung von jenseits der Donau erhielten, wurden sie schließlich 269 n. Chr. besiegt. Die Römer töteten oder nahmen 50.000 Barbaren gefangen und setzten viele der Gefangenen als Sklaven auf Höfen in der Region ein. Weitere Wellen von Barbaren, darunter auch Goten, versuchten – wenn auch in kleinerem Maßstab – neue Angriffe, aber sie wurden um 277 n. Chr. zurückgetrieben.

Im Jahr 297 n. Chr. erhielten die östlichen Regionen des Römischen Reichs einschließlich Griechenland größere Verstärkung zum Schutz vor zukünftigen Invasionen. Verschiedene Kaiser versuchten, die politischen Beziehungen zu den Goten neu zu gestalten, indem sie in der Hoffnung, sie kontrollieren und im Zaum halten zu können, Frieden anboten. Diese Politik führte zu einer friedlichen Beziehung, die bis zur Herrschaft von Konstantin dauerte.

Die Übereinkommen beendeten nicht alle Überfälle und es gab immer noch gelegentliche Angriffe von gotischen Horden, aber die Tage des gotischen Terrors waren für die Bevölkerung Griechenlands und das Römische Reich vorüber. Mittlerweile hatte sich eine neue dominierende Kraft in die Region ausgedehnt, die weitreichende Veränderungen bewirken sollte.

# Kapitel 13 – Der Aufstieg des Christentums

Die Geschichte läuft in Parallelen. Während auf der einen Seite Kriege ausgefochten wurden und sich die Machtverhältnisse änderten, verbreitete sich eine andere einflussreiche Bewegung durch Griechenland und den gesamten Mittelmeerraum. Diese Bewegung war das Christentum und es sollte die griechische Geschichte außerordentlich stark beeinflussen.

Es ist bemerkenswert, dass im ersten nachchristlichen Jahrhundert etwa drei Viertel der Christen im Römischen Reich Griechisch sprachen. Die Schriften, die die Christen lasen, waren in Griechisch. Vor den Reisen des Paulus waren viele Christen Anhänger des jüdischen Glaubens gewesen, dessen Schriften ebenfalls in Griechisch verfasst waren. Spätere Bücher der Bibel waren ursprünglich in Griechisch geschrieben und verwendeten Ausdrücke, Wendungen und Illustrationen, die leicht von den Griechen oder jenen, die mit der griechischen Kultur vertraut waren, verstanden werden konnten. Allerdings waren weder Jesus noch die Apostel noch andere Autoren des Neuen Testaments Griechen, alle waren Juden.

Man fragt sich, wie die griechische Sprache so zentral für die Ausbreitung des Christentums wurde und man mag sich gleichfalls fragen, wie die frühesten christlichen Autoren, Missionare und Apologeten ihre Anliegen vortrugen, so dass sie für Griechisch sprechende Menschen leicht verständlich waren. Historiker haben mit der Lupe der Geschichtswissenschaft hierauf Antworten gefunden.

Unter römischer Herrschaft, insbesondere nach der Herrschaft Hadrians, florierten die größeren Städte Kleinasiens, Syriens und Ägyptens immer noch als Zentren der griechischen Kultur. Die griechische Kultur wirkte wie ein Klebstoff, der die Menschen in den östlichen Teilen des Reichs zusammenhielt. Der Hellenismus wirkte auf jeden Teil des Lebens, inklusive der Institutionen der Regierung, des Rechts, der Wirtschaft und des Handels, des Gewerbes und sogar der Mode. Typischerweise beeinflusste das Athener Design die Entwicklung in den meisten griechischen Städten ebenso wie die öffentlichen Bauten während der Athener Vorrangstellung: Gymnasien, Theater, öffentliche Plätze und Tempel. Das antike Griechenland war ursprünglich polytheistisch, aber das änderte sich, als die christlichen Missionare kamen.

Die Geschichte des Christentums erstreckt sich weit über die Grenzen Griechenlands hinaus. So wie die griechische Sprache die Verbreitung des Christentums beeinflusste, so beeinflusste die Verbreitung des Christentums auch den Lauf der griechischen Geschichte und der anderer Mittelmeerregionen.

Unter den frühesten christlichen Missionaren, die in der griechischen Welt predigten, war keiner so berühmt wie Paulus. Bis heute können Besucher Athens am Fuß des Areopags innehalten und eine Bronzeplakette betrachten, die an die berühmte Rede erinnert, die Paulus dort gehalten hat. Der Bericht darüber ist im siebten Kapitel der Apostelgeschichte aufgezeichnet. Die ersten Worte, „Männer von Athen", waren die typische Eröffnung eines griechischen Redners, um sich bei seinem Publikum beliebt zu machen, das hauptsächlich aus Epikureern, Stoikern und anderen Philosophen bestand.

Anstatt ihren Glauben zu kritisieren, erkannte Paulus die lange Tradition des griechischen Polytheismus an. Dieser Polytheismus war zu Paulus Zeiten in seiner Struktur so komplex geworden, dass die Menschen den Schluss zogen, dass sie in ihren Gottesdiensten möglicherweise einen Gott vergessen hatten. Daher hatten sie sogar einen Altar „Für einen unbekannten Gott" errichtet. Paulus zog aus diesem Glauben Nutzen und fuhr fort, diesen „unbekannten Gott" als den zu beschreiben, den der christliche Glaube kennt. Laut der Apostelgeschichte begannen einige wichtige Personen nach seiner Predigt an diese neuen Lehren zu glauben und folgten Paulus' Einladung zum Christentum: Dionysius Areopagita, Damaris und andere.

So hatte Paulus seine Hörer erreicht, indem er sich Vorstellungen zunutze machte, die sie verstanden. Die Stoiker der Zeit stimmten mit ihm überein, dass Gott die Quelle menschlichen Lebens sei, dass alle Menschen derselben Rasse angehörten, dass Gott den Menschen ähnlich sei und dass das menschliche Leben von Gott abhänge. Paulus betonte diesen letzten Punkt, indem er Werke der stoischen Dichter Aratos und Cleanthes zitierte. Die Epikureer fanden ebenfalls Gemeinsamkeiten mit Paulus: dass Gott lebe und erfahren werden könne, dass er ein eigenständiges Wesen sei und nichts von den Menschen fordere und dass er nicht in den von Hand errichteten Tempeln wohne. Diese gemeinsamen Vorstellungen halfen zu der Zeit vielen, das Christentum zu akzeptieren.

Jedoch akzeptierten nicht alle, die von Paulus' Werk hörten, seine Worte. Nach Jahren des Predigens und der Missionarsarbeit wurde Paulus verfolgt, eingesperrt, verurteilt und während der Herrschaft Kaiser Neros in Rom hingerichtet. In den nächsten zwei Jahrhunderten kam es - beginnend mit dem großen Brand Roms unter Nero im Jahr 64 n. Chr. - periodisch immer wieder zu Christenverfolgungen. Sie wurden vom Staat und von den örtlichen Behörden durchgeführt. Von 250 n. Chr. an kam es per Dekret des Kaisers Decius zu Verfolgungen im ganzen Reich. Das Dekret war 18

Monate lang in Kraft, in denen einige Christen getötet wurden, während andere dem Glauben abschworen, um der Verfolgung zu entgehen.

Die Christen erlebten unter Kaiser Flavius Valerius Constantinus (auch als Konstantin I. oder Konstantin der Große bekannt) endlich eine Atempause während ihrer jahrhundertelangen Verfolgung. Im Gegensatz zu seinen Vorgängern maß Konstantin dem Wachstum des Christentums einen Wert bei. Als er erst einmal alleiniger Kaiser war (als er an die Macht kam, gab es zunächst eine Tetrarchie), unternahm er Schritte, um alle legalen Einschränkungen gegenüber Christen aufzuheben, und beendete alle offiziellen, vom Staat finanzierten Verfolgungen.

Im Edikt von Mailand 313 n. Chr. eröffnete Konstantin den Bürgern des Reichs neue Freiheiten und Schutz vor jahrhundertealten bigotten Edikten. Ohne Zweifel erlebten die Christen des vierten Jahrhunderts einen nie zuvor gekannten Frieden, als sie vom Edikt von Mailand erfuhren. Konstantins Konvertierung zum Christentum ist kontrovers und unter Historikern immer noch Gegenstand von Debatten. Die Forscher sind sich nicht sicher, ob die Konvertierung aus persönlichen oder politischen Gründen erfolgte.

Allerdings hatte Konstantin, schon bevor er alleiniger Kaiser wurde, von einem Traum gesprochen, den er vor einer entscheidenden Schlacht gegen Maxentius an der Milvischen Brücke (312 n. Chr.) hatte. In diesem Traum teilte Gott Konstantin mit, er möge das christliche „Chi-Rho"-Monogramm auf die Schilde seiner Soldaten malen lassen, um des Sieges gewiss zu sein. Ob es aus Verzweiflung oder blindem Glauben geschah, jedenfalls folgte er der Anweisung aus seinem Traum, trug ein neues Banner der Ergebenheit in die Schlacht und gewann sie sogar gegen eine Streitmacht, die mehr als doppelt so stark war wie seine.

Mit diesem Sieg und dem Tod von Maxentius, der zu Beginn der Schlacht ertrunken war, wurde Konstantin alleiniger Kaiser eines ungeteilten Reichs, womit auch das Christentum siegreich aus der

Schlacht hervorging. Konstantins Taten ebneten dem Christentum den Weg, eine führende Rolle in der Gesellschaft einzunehmen, statt verfolgt zu werden.

Im fünften Jahrhundert hatte sich das Christentum zur Staatsreligion des Römischen Reichs und damit auch Griechenlands entwickelt. Dies führte zu massiven Veränderungen der Art und Weise, wie der Glaube in der Gesellschaft funktionierte. Da die Zeit der Verfolgungen vorbei war, gab es eine Bewegung vom privaten zum öffentlichen Gottesdienst. Das Christentum wurde auch zur Gemeindeangelegenheit, insbesondere als erst einmal theologische Debatten und Häresien an die Oberfläche traten. Das Christentum änderte seine Organisationsstruktur und entwickelte sich von einem örtlich eng auf die Kirchengemeinde begrenzten System zu einer formalen, hierarchisch orientierten Struktur mit verschiedenen Zuständigkeitsebenen. Darüber hinaus konnten die christlichen Oberen entscheiden, wie sich das Christentum zu Gesetz und Regierung verhalten sollte, wie mit Barbarenvölkern zu verfahren sei und wie all jene Probleme gehandhabt werden sollten, die in jeder entwickelten Gesellschaft auftreten.

Konstantins Herrschaft war der Beginn einer neuen Ära im Römischen Reich. Er baute eine neue kaiserliche Residenz in Byzanz und gab der Stadt ihren neuen Namen, Konstantinopel. Sie wurde zur Hauptstadt des Reichs für mehr als tausend Jahre. Nach weiteren Grenzveränderungen und kulturellem Wandel wurde die Region schließlich das Byzantinische Reich genannt. Diese Veränderung traf mit dem Ende der Geschichte des antiken Griechenlands und dem Beginn des Mittelalters zusammen.

# Kapitel 14 – Das Ende der Antike

Obwohl das Christentum in der Region stärker wurde, begann sich der Griff der römischen Herrschaft zu lockern, was schließlich zu einer völligen Veränderung der griechischen Lebensweise führte. Diese Veränderung bestand im Übergang Griechenlands von einem Gebiet unter römischer Herrschaft zu einem Teil des Byzantinischen Reichs. Die fortschreitenden Veränderungen der Herrschaft und der Kultur führten außerdem zu Ereignissen, die die Region antrieben, sich aus der Zeit des antiken Griechenlands hinaus zu bewegen. Das brauchte, wie alles, viele Schritte und Ereignisse.

Von der Zeit des Kaisers Diokletian an, der als Kaiser, Mitkaiser und Teil einer Tetrarchie von 284 bis 305 n. Chr. herrschte, ging das Römische Reich durch tiefgreifende und lang anhaltende Veränderungen. Das Reich befand sich im Niedergang. Verschiedene Maßnahmen Diokletians hielten diese Entwicklung einerseits auf, beschleunigten sie andererseits aber auch. So teilte die Tetrarchie das Reich auf, um die Verwaltung und Regierung zu vereinfachen. Die Aufteilung sorgte jedoch für Verwirrung in den Grenzgebieten und führte zu weiteren Komplikationen, wenn einer der Tetrarchen vor den anderen starb.

Obwohl es Konstantin gelang, bis zu seinem Tod im Jahr 337 n. Chr. über ein vereintes Römisches Reich zu herrschen, erwies sich diese Einheit als illusorisch und konnte nicht aufrechterhalten werden. 364 n. Chr. teilte Valentinian I. das Reich erneut in ein weströmisches und ein oströmisches Reich auf und machte sich zum Herrscher über den westlichen Teil. Er ernannte seinen Bruder Valens zum Herrscher über den Osten. Das Schicksal der beiden Regionen entwickelte sich in den nächsten Jahrhunderten sehr unterschiedlich.

Im Jahr 451 n. Chr. teilte das Konzil von Chalkedon die christliche Welt in fünf verschiedene Patriarchate auf, denen jeweils ein Patriarch vorstand: Rom, Alexandria, Antiochia, Jerusalem und Konstantinopel. 476 stürzte der Barbarenherrscher Odoaker den letzten römischen Kaiser (Romulus Augustus), eroberte Rom und machte sich selbst zum König von Italien.

Im späten vierten Jahrhundert sorgte die Wanderung germanischer Stämme für weitere Risse im Reich und führte schließlich zum völligen Zusammenbruch des westlichen Teils. Diese Gebiete wurden dann durch die sogenannten Barbarenkönigtümer ersetzt. Das bedeutete auch den Niedergang der herausragenden Stellung der griechischen Kultur. Aber schon bald vermischten sich die gräko-romanischen, christlichen und germanischen Gruppen und ihre Kulturen flossen ineinander. Das legte die Grundlagen für eine sich neu entwickelnde Kultur in Westeuropa.

Die Osthälfte des Reichs profitierte indessen von einer starken Verwaltung und politischer Stabilität und im Vergleich zu anderen Staaten auch von beträchtlichem Wohlstand. Die Kaiser des Ostens waren zudem in der Lage, Kontrolle über die ökonomischen und militärischen Ressourcen des Reichs auszuüben und zu behalten, um eine ausreichende Streitmacht im Falle einer Invasion aufstellen zu können. Diese Vorteile versetzten das Oströmische Reich (das auch das Byzantinische Reich oder Byzanz genannt wurde), das Weströmische Reich um fast tausend Jahre zu überdauern. Dadurch überlebte auch die griechische Kultur und Sprache in jenen Regionen.

Im Jahr 527 n. Chr. wurde Justinian I. Kaiser und regierte bis zu seinem Tod im Jahr 565 n. Chr. Justinian war der erste, wahrhaft byzantinische Kaiser. Während seiner Herrschaftszeit versuchte er, die Länder, die im Westen an die Barbarenstämme verloren gegangen waren, wiederzugewinnen und das große Reich wiederherzustellen. Seine Armeen wurden von dem charismatischen und fähigen General Belisar befehligt, der Teile des Weströmischen Reichs zurückeroberte, darunter Nordafrika. Justinian trug aber auch in anderer Hinsicht zum Wachstum des Reichs bei. Viele große Monumente wurden unter seiner Herrschaft errichtet, darunter die kuppelförmige Kirche der Heiligen Weisheit oder Hagia Sophia, die noch heute steht. Justinian reformierte, vereinfachte und kodifizierte das römische Recht und verfasste einen Rechtskodex, der Jahrhunderte Bestand hatte und dazu beitrug, die moderne Auffassung von Staat und Regierung zu formen.

Beim Tod Justinians war das Byzantinische Reich der größte und einflussreichste Staat Europas. Allerdings gelang das nur zu einem hohen Preis. Schulden begannen sich während der verschiedenen Feldzüge und Eroberungen aufzutürmen und stellten eine ernsthafte Belastung der kaiserlichen Finanzen dar. Um die Defizite auszugleichen, erhoben sowohl Justinian als auch seine Nachfolger massive Steuern von byzantinischen Bürgern. Darüber hinaus wurde die kaiserliche Armee in ihrer Stärke reduziert. Die Armee war schließlich zu verstreut, um die Kontrolle über die größer gewordenen Grenzen des Reichs aufrechtzuerhalten. Eine neue, gefährlichere Bedrohung zeigte sich durch den Aufstieg des Islam. Im Jahr 634 n. Chr. begannen die muslimischen Armeen mit dem Einmarsch in Syrien ihren Angriff auf das Byzantinische Reich. Am Ende des Jahrhunderts hatte Byzanz Syrien, das Heilige Land, Ägypten und Nordafrika an die islamischen Truppen verloren.

Wissenschaftler tun sich schwer, ein Datum oder auch nur ein Jahr zu nennen, das das Ende der Antike in Griechenland markiert. Kriege und Niederlagen bewirkten Veränderungen in der Region, die Kultur änderte sich jedoch langsamer. Griechenland war immer eine eigene, dominante Kultur gewesen. Es hatte Einflüsse durch die römische Kultur gegeben und es gab eine neue Mischung von kulturellen Merkmalen im Byzantinischen Reich. In den Jahren nach den muslimischen Invasionen hatte sich die griechische Kultur weiter gewandelt. Einige Aspekte gingen verloren, andere kamen hinzu und neue Merkmale entwickelten sich. Der langsame sozio-ökonomische Wandel zwischen dem antiken und mittelalterlichen Griechenland kann nicht auf ein bestimmtes Datum festgelegt werden. Trotz aller Veränderungen hat das Erbe des antiken Griechenlands fortgelebt und zukünftige Generationen und weit entfernte Orte beeinflusst.

# Schlussbemerkung

Mit seinen historischen Wurzeln und seinem Einfluss wird Griechenland heute als „Wiege der westlichen Zivilisation" bezeichnet. Es brachte die Demokratie und die Philosophie hervor. Es trieb die Literatur und die Mathematik voran. Große Persönlichkeiten hinterließen ihre Spuren in der Geschichte und bleiben Teil unserer modernen Kultur, sogar in der Massenunterhaltung durch Bücher und Filme. Die bedeutenden Stätten des antiken Griechenlands existieren noch und Besucher reisen dorthin, um die Kunst und die Architektur zu bewundern.

Auch nach der Antike durchlebte Griechenland Veränderungen, die den Rest der Welt beeinflussten. Dazu gehört Griechenlands zeitweise Existenz unter dem Osmanischen Reich. Die griechisch-orthodoxe Kirche entwickelte sich und beeinflusste das moderne Griechenland und die religiöse Landschaft der übrigen Welt. Das moderne Griechenland erfreut sich weiterhin einer funktionierenden Demokratie und Wirtschaft, die Menschen verfügen über eine hohe Lebensqualität und einen guten Lebensstandard.

Heute ist Griechenland (offiziell die Hellenische Republik) mit seiner Hauptstadt Athen ein Staat in Südeuropa, am südlichen Ende der Balkanhalbinsel. Es verfügt über Grenzen mit Albanien im Nordwesten und mit der Türkei im Nordosten. Im Norden liegen die

Republik Mazedonien und Bulgarien. Der niedrigere Teil des Landes ist von Meer umgeben und hat die längste Küstenlinie der Mittelmeerstaaten. Das Land ist geprägt von Bergen und Inseln vor den Küsten. Es ist in neun geographische Regionen eingeteilt, darunter Zentralgriechenland, Mazedonien, Peloponnes, Thessalien, Epirus, Thrakien, Kreta sowie die Ionischen und Ägäischen Inseln. Nach Jahren des Krieges und der Konflikte herrscht heute Frieden und Wohlstand.

# Teil 3: Das antike Rom

*Eine fesselnde Einführung in die römische Republik, den Aufstieg und Fall des Römischen Reichs und das Byzantinische Reich*

# Einführung

Die römische Zivilisation ist vielleicht die mit Abstand wichtigste Zivilisation in der Geschichte des Planeten. Ihre Ausdehnung hat Europa definiert. Ihre Verfassung formte Gesellschaften von Russland im Osten bis zu den Vereinigten Staaten und Lateinamerika im Westen. Nicht einmal ihre Eroberer waren gegen die überlegene römische Kultur immun. Als die ottomanischen Türken am Beginn des modernen Zeitalters Konstantinopel eroberten, fühlten sie sich von seiner reichen Tradition gefangen genommen. Ihre eigene Gesellschaft entwickelte sich auf römischen Schwingen. Das römische Recht und die römische Politik sollten später die Verfassung der Vereinigten Staaten beeinflussen und schließlich sind auch die Europäische Union und die NATO Nachkommen der römischen Herrschaft.

In diesem neuen, fesselnden Geschichtsbuch erfahren Sie alles, was Sie über römische Institutionen und römische Politik wissen müssen. Im Mittelpunkt stehen jedoch die bemerkenswerten Persönlichkeiten der römischen Kaiser, Politiker und Generäle—von Romulus, Cäsar, Augustus, Trajan und Hadrian bis zu Konstantin, Justinian und Belisar. Ebenso wichtig (und vielleicht sogar noch interessanter) sind die Geschichten einflussreicher Frauen—Mütter,

Ehefrauen und Geliebte—von Kleopatra und Agrippina bis Theodora, deren Intrigen oftmals den Lauf der Geschichte veränderten.

Im Gegensatz zu anderen antiken Gesellschaften erstreckt sich das antike Rom über Jahrtausende—von seiner Gründung im achten Jahrhundert vor Christus bis zum Fall von Konstantinopel im Jahr 1453. Seine Geschichte verläuft nicht gleichmäßig und die römischen Verfassungen entwickelten sich ständig weiter.

Wir können die lange Zeitleiste der römischen Geschichte in vier Hauptphasen unterteilen. Die erste, das römische Königreich, beginnt mit der mythischen Gründung der Stadt und ihrem ersten König, Romulus, und endet mit dem Mord am letzten König, Tarquinius dem Stolzen, im sechsten Jahrhundert vor Christus.

Die zweite Phase besteht aus der bemerkenswerten römischen Republik, dieser herausragenden Ära, aus der die Gracchen, Julius Cäsar und Cicero stammen. Diese Zeit war durch hochentwickelte politische Verfassungen und Vorstellungen von Bürgerschaft und Bürgerrechten gekennzeichnet, aber dennoch zerbrach sie—wie Sie bald erfahren werden—von innen durch Korruption und zahlreiche Affären. Diese Geschichten werden Sie an gegenwärtige politische Intrigen, skandalöses Verhalten mächtiger Individuen, Populismus und gelegentliche Morde erinnern. Die alten Römer pflegten sich gegenseitig viel zu häufig umzubringen, hatten jedoch immer überzeugende Erklärungen parat. Das Öffentliche und das Private vermischten sich und politische Gegner mächtiger Männer wurden oft als Verfassungsfeinde dargestellt.

Die Römer pflegten oft und viel zu schreiben—und nicht nur jene Römer, deren Beruf das Schreiben war, wie Dichter und Historiker. Politische Führer wie Julius Cäsar und Marc Aurel schrieben täglich an ihren Memoiren. Dank der Fülle schriftlicher Quellen bekommen wir eine klare Vorstellung von ihren Motiven und ehrgeizigen Bestrebungen und können die Wahrheit über die kontroversesten Ereignisse der Geschichte herausfinden, einschließlich jener, die mit Verrätern, Mördern und spionierenden Geliebten zu tun haben.

Die letzten beiden Phasen der römischen Geschichte fallen beide unter den Begriff „Reich" im Sinne von Imperium. Das augusteische Reich oder Prinzipat verfügte über eine Verfassung, die die Institutionen der Republik bewahrte und die Kaiser waren formal gesehen „Erste unter Gleichen". Diese Phase beginnt mit Oktavian (Augustus) und endet mit einer Reihe unbedeutender Kaiser, die durch den Mord an ihren Vorgängern auf den Thron kamen, von ihren Nachfolgern umgebracht wurden und von den zunehmend einflussreicher werdenden „Barbarenführern" kontrolliert wurden.

Die letzte Phase ist—obwohl sie uns zeitlich am nächsten liegt—die unbekannteste und sie ist für die „westliche Welt verloren".[xvii] Sie wird als „Dominat" bezeichnet und beginnt mit Diokletian, der die Verwaltung des riesigen Reichs teilte und reformierte. Zwei einschneidende Veränderungen fanden in dieser Zeit statt. Konstantin der Große verlegte die Hauptstadt in den Osten und in Folge dessen wurde das Christentum die offizielle Religion des Reichs.

Wie wir sehen werden, fanden die größten und weitreichendsten Revolutionen in der Geschichte der westlichen Zivilisation zuerst in der römischen Welt statt.

# Kapitel 1 – Die sieben Könige der sieben Hügel: die Gründung Roms und seine ersten Herrscher

Die Geschichte des antiken Roms beginnt in einer schattenhaften Periode zwischen Mythos und Geschichte. Die Gründungslegende ist nicht sehr erfreulich und schließt eine Handvoll wenig heldenhafter Elemente wie Mord und Vergewaltigung ein. Ihre Protagonisten gehören zum Bodensatz der Gesellschaft, sie waren Mörder, Prostituierte und Gesetzlose aller Art, die zuvor aus ihren Heimatstädten verbannt worden waren.[xviii]

## Der Gründungsmythos

Die Geschichte beginnt in dem kleinen Königreich Alba Longa auf der italienischen Halbinsel. Ein übler Usurpator namens Amulius hatte seinen Bruder, König Numitor, vom Thron gestoßen und dessen Tochter, Rhea Silvia, gezwungen, eine jungfräuliche Vestalin zu werden, so dass Numitor niemals einen legitimen Erben haben würde. Aber sein Plan funktionierte nicht und die Priesterin wurde schon bald durch den ätherischen Phallus des Gottes Mars schwanger, der dem heiligen Feuer entstieg.[xix] Das war ihre Version der Geschichte, die schon die ersten römischen Historiker mit Vorsicht aufnahmen, sie aber dennoch weitererzählten.

Rhea Silvia gebar Zwillinge, Romulus und Remus. Amulius ordnete unverzüglich an, die sagenumwobenen Zwillinge in den Tiber zu werfen, aber seine Diener ließen die Babys am Ufer zurück. Eine *Lupa* (das lateinische Wort für eine Wölfin oder ein umgangssprachlicher Ausdruck für eine Prostituierte) rettete sie vor dem Hungertod und ein Schafhirt nahm sie mit nach Hause.

*Die kapitolinische Wölfin, eine Ikone Roms.*[xx]

Die Jungen wuchsen auf, trafen ihren Großvater Numitor und halfen ihm, den Thron von Alba Longa zurückzugewinnen. Dann zogen sie weiter, um ihre eigene Stadt zu gründen. Es stellte sich heraus, dass sie kein gutes Team waren. Die Brüder stritten sich um den Standort der zukünftigen Stadt. Remus sprang frech über die Verteidigungsanlagen, die Romulus rund um den Palatin, einen der berühmten sieben Hügel Roms, errichtet hatte. Wütend tötete Romulus den respektlosen Bruder und machte allein weiter.[xxi]

## Die ersten Römer

Romulus, begleitet von einer Handvoll Freunden und Anhängern, gelang es, die Stadt zu erbauen und nun benötigte sie eine

Bevölkerung. Der erste König von Rom erklärte die Stadt zum Asyl. Die ersten Bürger waren Gesetzlose und Entflohene von der ganzen Halbinsel und darüber hinaus. Eine ausschließlich aus Männern bestehende Bevölkerung würde jedoch keine allzu vielversprechende Zukunft haben und so entwarf Romulus einen neuen schlauen Plan und lud die benachbarten Völker, die Sabiner und die Latiner, zu einem Fest ein. In der Mitte des Festes nahmen Romulus' Männer die Mädchen und jungen Frauen der Gäste gefangen und nahmen sie als ihre Ehefrauen mit.

Ein paar Jahre später kamen die Sabiner, um sich zu rächen und ihre Töchter und Schwestern zu retten, aber sie entdeckten, dass die Frauen jetzt glückliche Ehefrauen und Mütter waren. Sie beendeten die Plänkelei und aus Rom wurde eine gemeinsame römisch-sabinische Stadt, die von Romulus und dem sabinischen König Titus Tatius regiert wurde.

Tatius wurde während eines Aufstandes ermordet und ein paar Jahre später verschwand Romulus während eines Sturms. Er verwandelte sich entweder in den Gott Quirinus und stieg in den Himmel auf oder wurde von seinen politischen Gegnern ermordet.[xxii]

Der zweite König Roms war ein Sabiner namens Numa Pompilius, der religiöse Traditionen wie die vestalischen Jungfrauen etablierte, den Titel *Pontifex* einführte und den zwölfmonatigen Kalender schuf. Tullus Hostilius folgte ihm. Sein Nachname war wohlverdient, da er ein berüchtigter Krieger war, der nahegelegene Städte eroberte und zerstörte, darunter auch das legendäre Alba Longa. Die Reihe der Könige setzte sich fort mit Ancus Marcius, Tarquinius Priscus („Tarquinius der Ältere"), Servius Tullius („der weiseste, glücklichste und beste aller römischen Könige"[xxiii]) und Lucius Tarquinius Superbus („Tarquinius der Arrogante" oder „Tarquinius der Stolze"). Dieser Tarquinius war als gnadenloser Tyrann bekannt und verantwortlich für den Mord an seinem Vorgänger. Er herrschte durch Furcht, bis das römische Volk ihn stürzte, um im sechsten Jahrhundert v. Chr. die „freie Republik von Rom" zu gründen.

# Kapitel 2 – Die frühe Republik: Ganz Italien ist römisch

Niemand weiß genau, wann und wie die *Res Publica* (die Republik) wirklich ihren Anfang nahm. Antike Historiker wie Livius präsentieren eine stringente Erzählung dessen, was vermutlich ein rechtes Chaos war. Sie liebten es, sich vorzustellen, dass ihre traditionellen Institutionen viel weiter zurückreichten, als sie es wirklich taten.[xxiv]

Eine Republik unterscheidet sich grundlegend von einer Monarchie und diese völlig andere Regierungsform konnte nicht über Nacht errichtet werden. Roms charakteristische Institutionen nahmen irgendwann im fünften oder vierten Jahrhundert v. Chr. Gestalt an. Die Römer skizzierten die zugrunde liegenden Prinzipien republikanischer Politik Stück für Stück. Sie definierten, „was es bedeutete, Römer zu sein", sowie ihre Vorstellungen von Bürgerschaft und Bürgerrechten.[xxv]

# Die Patrizier, die Plebejer und die Ständekämpfe

Diese beiden Jahrhunderte waren nicht von friedlichem Wohlstand geprägt. Nach der Eliminierung von Tarquinius Superbus gelangte die Macht in die Hände einer kleinen Zahl aristokratischer Familien, die gemeinsam als Patrizier bekannt waren.[xxvi] Nur den Mitgliedern patrizischer Familien war es erlaubt, religiöse oder politische Ämter zu bekleiden oder zu Konsuln gewählt zu werden. Die Patrizier waren reich und einflussreich, aber die Plebejer waren in der großen Mehrheit. Während der Zeit von 494 bis 287 v. Chr. protestierten Roms unterprivilegierte Bürger und forderten die patrizische Vorherrschaft heraus.[xxvii]

Zu den Plebejern gehörten nicht nur arme Bewohner Roms. Einige von ihnen waren genauso reich wie Patrizier und sie forderten den gleichen Anteil an politischer Macht. Die Mehrheit der Römer unterstützte sie und hoffte, dass eine Veränderung zum Erlass ihrer Schulden führen würde. Im Jahr 494 v. Chr. benötigten die Konsuln die Armee, aber die Soldaten, die alle Plebejer waren, weigerten sich zu kommen. Dieses Ereignis ist als der erste Auszug der Plebejer bekannt. Die Patrizier waren gezwungen, den Plebejern das Recht zuzugestehen, das Concilium Plebis einzuberufen, einer Versammlung, in der sie ihre eigenen Vertreter, die Tribunen, wählen konnten, um ihre Rechte zu schützen. Wenige Jahre später wurde das erste geschriebene Gesetz, das Zwölftafelgesetz, verfasst. Der Fortschritt war graduell und weitere Gesetze wurden in den nächsten Jahrzehnten in Kraft gesetzt. Schließlich bekamen reiche Plebejer die gleichen Rechte wie Patrizier. Die Armen verfügten immer noch nicht über Grundrechte und bis zum Ende des dritten Jahrhunderts fanden zwei weitere Auszüge der Plebejer statt.

Die Patrizier mussten die plebejischen Rechte, Institutionen und Organisationen anerkennen. Aber dies war lediglich die Oberfläche. Die Tribunen machten nur selten von ihrem Vetorecht Gebrauch, um die Interessen der Armen zu schützen. Sie selbst waren reich und ihre Interessen waren die gleichen wie die der Patrizier. Dennoch: Die Institutionen der Republik hatten Gestalt angenommen und damit entstand auch ein empfindliches Gleichgewicht der Kräfte. Die römische Republik entwickelte sich zur Gänze während der nächsten zwei Jahrhunderte.

## Militärische Expansion während der frühen Republik: die Einnahme Italiens

Die Auszüge der Plebejer waren so wirkungsvoll, weil sich Rom in dieser Zeit fast fortwährend im Kriegszustand befand und die römische Armee gegen benachbarte Völker in Italien kämpfte. Der erste Krieg war ein Defensivkrieg. Tarquinius Superbus versuchte, den römischen Thron zurückzuerlangen. Er versammelte die etruskische Armee und griff Rom und andere Städte an, bis diese sich im Latinerbund vereinten und die aggressiven Etrusker vertrieben. Am Ende wurden alle latinischen Städte Teil des römischen Bündnissystems. Sogar die Etrusker benötigten Roms Hilfe, als ein weiterer expansionistischer Feind auftauchte: die Gallier.

Die gallischen Kelten hatten die römische Armee bereits einmal besiegt. Diese Niederlage war ausschlaggebend für Roms Wachstum. Trotz des beträchtlichen Schadens gelang es den Römern, ihre Armee und ihre Wirtschaft zu konsolidieren und massive Stadtmauern zu errichten, um eine Erstürmung der Stadt zu verhindern.[xxviii] Schließlich gelang es Rom, sowohl die Etrusker (die erneut angriffen) und die Gallier zu besiegen. Als nächstes waren die Samniten, die Kampanier und die Städte des Latinerbundes an der Reihe, der vor nicht allzu langer Zeit mit Hilfe Roms ins Leben gerufen worden war. Den Römern gelang es, einen Stamm gegen den anderen aufzuwiegeln („teile und herrsche"), den Bund auseinanderzureißen und die Städte zu den ersten römischen Kolonien zu machen.

Die Römer gewannen nach und nach die Kontrolle über den größten Teil Italiens. Der letzte Schritt war die Eroberung der griechischen Kolonien in Süditalien, die unter dem Namen Magna Graecia („Großes Griechenland") bekannt waren. Die reichste und einflußreichste griechische Kolonie war Tarent. Die Tarentiner waren so reich, dass es ihnen gelang, den besten griechischen General ihrer Tage, König Pyrrhos von Epirus, zu verpflichten. Seine Armee umfasste 25.000 Männer und 20 Kriegselefanten, die dem ägyptischen Herrscher Ptolemaios II. gehörten. Pyrrhos errang einige Siege, aber die Römer erwiesen sich als sehr widerstandsfähig. Im Verlauf der ersten Hälfte des dritten Jahrhunderts v. Chr. waren alle griechischen Städte gezwungen, sich dem römischen Bündnissystem anzuschließen und Bundesgenossen (sogenannte *socii*) zu werden. Während die latinischen Städte gezwungen waren, Truppen zu stellen, mussten die griechischen Städte Schiffe für die römische Armee stellen. Die ganze Halbinsel wurde römisch und das war erst der Beginn der römischen Expansion.

# Kapitel 3 – Die Punischen Kriege und die Vorherrschaft im Mittelmeerraum: die mittlere Republik

Jetzt, da die römische Republik erfolgreich ihre internen Spannungen überwunden und die Gegenwehr auf der Halbinsel ausgeschaltet hatte, begann sie zu wachsen. Im Verlauf der nächsten eineinhalb Jahrhunderte schwang sich Rom auf, eine wahre Supermacht im Mittelmeerraum zu werden. Das bedeutete, dass man neue Feinde bekämpfen musste, einschließlich der mächtigen phönizischen Stadt Karthago in Nordafrika.

Karthago war um 800 v. Chr. von den Phöniziern gegründet worden, die sich auf den Seehandel spezialisiert hatten. Die Stadt lag an einem ausgezeichneten Naturhafen, der heute zur Stadt Tunis gehört. Karthago beherrschte den gesamten Handel des westlichen Mittelmeerraumes und war, wenn wir Polybios Glauben schenken, „die reichste Stadt der Welt". Das Reich umspannte zu jener Zeit Nordafrika, Spanien, Sardinien und Sizilien. Seine Armee bestand aus zahlreichen Söldnern und einer außerordentlich gut ausgerüsteten und wirkungsvollen Flotte. Karthago hatte den westlichen

Mittelmeerraum über Jahre hinweg in der Hand, aber die Römer erstarkten und ein Konflikt war unausweichlich.

## Der Erste Punische Krieg

Die beiden Mächte kamen gut miteinander aus, solange Rom sich gegen Pyrrhos' Angriffe wehrte. Nachdem er jedoch besiegt worden war, stand Rom stärker als zuvor da und erweiterte seine Aktivitäten Richtung Sizilien, das immer noch unter der Kontrolle Karthagos stand. Im Jahr 264 v. Chr. schloss Rom ein Bündnis mit den syrakusischen Griechen gegen Karthago und der Erste Punische Krieg begann.

Karthago hatte die Syrakuser und andere Griechen jahrhundertelang bekämpft, um die Vorherrschaft zu erringen. Aber dann eroberte ein Trupp italischer Söldner, die sich die *Söhne des Mars (mamertines)* nannten, die sizilianische Stadt Messina und griff sowohl karthagisches als auch syrakusisches Territorium an. Die Angriffe begannen im Jahr 288 v. Chr. und 265 v. Chr. baten rivalisierende Interessengruppen innerhalb von Messina Rom und Karthago um Hilfe. Karthago schickte eine Flotte, aber eine römische Armee traf auf Sizilien ein und zwang den karthagischen Befehlshaber, die Stadt zu übergeben. Syrakus verbündete sich mit Rom gegen Karthago und der Erste Punische Krieg begann im Jahr 264 v. Chr.

Die Römer hatten Schwierigkeiten, das karthagische Territorium auf Sizilien von Land aus zu erreichen, während die hervorragende Flotte Karthagos eine Reihe von Angriffen auf die italische Küste unternahm. Es war eine verzwickte Situation. Rom verfügte über genug Ressourcen und entschied, dass es jetzt nötig war, seine eigene Flotte zu bauen. Die griechischen Bundesgenossen wussten, wie man Schiffe und Quinquereme (Fünfruderer) einsetzte und der erste Flotteneinsatz gegen die Karthager erwies sich als Erfolg.

Wenige Jahre später schickten die Römer—die praktisch über Nacht zu einer ernstzunehmenden Seemacht wurden—eine Armee nach Afrika, um Karthago anzugreifen. Das Ergebnis war katastrophal, aber Rom war zäh und in der Lage, in kurzer Zeit eine neue Flotte zu bauen. Der Krieg endete 241 v. Chr. mit Rom als unangefochtenem Sieger. Karthago war militärisch und ökonomisch verwüstet und zur Zahlung hoher Reparationskosten gezwungen. Die römische Republik dagegen hatte ihre Machtstellung zusätzlich bestätigt.

## Der Zweite Punische Krieg und der erste römische militärische Star: Scipio Africanus

Der Zweite Punische Krieg begann 218 v. Chr, als beide Seiten konfligierende Interessen in Spanien verfolgten. Die karthagischen Streitkräfte wurden von dem brillanten General Hannibal angeführt, einem der herausragenden militärischen Genies der Antike, „immer der Erste beim Angriff und der Letzte auf dem Schlachtfeld".[xxix]

Die Römer bereiteten eine Invasion karthagischen Besitzes sowohl in Spanien als auch in Nordafrika vor. Zur gleichen Zeit marschierte Hannibal auf die Alpen zu, um in Italien einzufallen. Er hatte die meisten seiner Männer und Elefanten verloren, aber die cisalpinen Gallier schlossen sich ihm an. Im Jahr 218 v. Chr. gelang es ihm, Italien zu erreichen und er gewann während der nächsten Jahre viele Schlachten, darunter auch die Schlacht von Cannae. Hannibal führte außerdem einen Propagandakrieg und stilisierte sich als Befreier der römischen Bundesgenossen, indem er erklärte, dass diese nicht länger gezwungen seien, Rom Truppen zu stellen oder Steuern an das römische Steuerwesen zu zahlen. Die republikanische Armee verlor über 70.000 Mann und mehrere Konsuln (Konsuln führten zu der Zeit die römische Armee).

Rom musste schnell seine Taktik ändern. Einige erfahrene Militärführer wurden wieder eingesetzt, anstatt jedes Jahr neue Magistrate zu wählen. Dank Fabius Maximus Cunctator („der Zögerer") und Marcus Claudius Marcellus, die schon bald als „der Schild und das Schwert Roms" bekannt wurden, erholte sich Rom.

Aber der Krieg wütete auch an anderen Fronten und die beiden römischen Generäle, die die Armee in Spanien führten —die Brüder Publius und Gnaeus Cornelius Scipio—fielen im Kampf. Dann ereignete sich etwas in der römischen Geschichte noch nie Dagewesenes: Publius' 24-jähriger Sohn, der ebenfalls den Namen Publius Cornelius Scipio trug, wurde Oberkommandierender der Armee. Er war zu jung und unerfahren, um sich auf eine solch verantwortungsvolle Stellung zu bewerben, aber da war er—mutig, wirkungsvoll und beliebt. Der junge Scipio strukturierte die Truppen in Spanien um, führte neue Waffen ein und reorganisierte die römische Legion. Bis 205 v. Chr. hatten Scipio und seine Männer die karthagischen Streitkräfte aus Spanien vertrieben. Im Jahr 202 v. Chr. besiegte Scipio, mittlerweile als römischer Konsul, die Karthager auf ihrem heimischen Territorium in Nordafrika und nahm den Namen Africanus an.

Scipio brannte Karthago nicht nieder. Das geschah durch seinen adoptierten Enkel, Publius Cornelius Scipio Aemilianus, einige Jahrzehnte später, der durch die aggressive Kampagne einiger älterer Senatoren aufgestachelt worden war, die forderten: „Carthago delenda est" („Karthago muss zerstört werden").

# Kapitel 4 – Niedergang, Korruption und Bürgerkriege: die späte Republik

Das politische Gebaren der römischen Republik hatte eine lupenreine Fassade mit seinen weißen Togen, erlesener Rhetorik, fortschrittlichen Institutionen und einem edlen Empfinden für Tugend und Gerechtigkeit. Aber unter dieser Oberfläche war es von Machthunger und Verschwörungen gekennzeichnet. Im Verborgenen herrschten Hintermänner, die ihre Marionetten die Politik in der Öffentlichkeit machen ließen.

Um 130 v. Chr. herum hatte die römische Republik den gesamten Mittelmeerraum unter ihrer Kontrolle und war zum mächtigsten Staat der antiken Welt und darüber hinaus geworden. Viele Schätze waren nach Rom gebracht worden, von Kriegsbeuten bis zu griechischen Kunstwerken (Griechenland nahm immer einen besonderen Status ein und wurde von den Römern sehr bewundert). Ohne einen Krieg, der sie beschäftigte, waren die führenden Schichten Roms eifrig damit beschäftigt, intern Macht und Einfluss auszuüben, während sie privaten Reichtum anhäuften. Ehrgeiz und Korruption charakterisierten jene Jahre und ein Bürgerkrieg drohte all das zu schmälern, was im Laufe der vergangenen Jahrhunderte angehäuft worden war. Die Reichen wurden reicher, die Armen wurden noch ärmer und die herkömmlichen Institutionen standen vor ihrer Zerstörung. Die „adligen" Familien kontrollierten das gesamte politische System, Stimmen wurden ständig gekauft und Plebejer wurden daran gehindert, in den Senat gewählt zu werden.

# Die Märtyrer sozialer Gerechtigkeit: die Brüder Gracchus

Zwei Männer waren entschlossen, das Unrecht zu beenden, und dank ihrer höchsten patrizischen Abstammung verfügten sie über die Mittel, es zu bekämpfen. Es handelte sich um die Brüder Tiberius und Gaius Sempronius Gracchus. Der ältere, Tiberius, richtete seine Anstrengungen auf das politische System, das ihren Familien zur Macht verholfen hatte, und nutzte alle Mittel und Wege, um die Aristokratie zu schwächen. Er brachte ein Gesetz ein, das vorsah, alle Ländereien zu konfiszieren, die sich die gesellschaftliche Elite unrechtmäßig angeeignet hatte, und öffentliches Land an Besitzlose zu verteilen, aber das Gesetz konnte nicht in Kraft gesetzt werden. Er hatte jetzt die gesamte Elite der Senatoren gegen sich, sie blockierten seine Anstrengungen und ließen ihn schließlich ermorden und in den Tiber werfen.

Tiberius' jüngerer Bruder, Gaius Sempronius Gracchus, wusste, dass ihn ein ähnliches Schicksal erwartete, aber er war nichtsdestotrotz entschlossen, das Land an kleine Bauern zu verteilen. Er stand alleine da (seine Unterstützer waren ermordet worden) und der Senat entschied, dass sein Tod den Interessen Roms am besten dienen würde. Also versprachen sie dem, der Gaius' Kopf bringen würde, dessen Gewicht in Gold als Lohn. Der glückliche Gewinner, der seine Leiche fand (Gaius hatte mittlerweile Selbstmord begangen), entfernte das Gehirn und ersetzte es durch geschmolzenes Blei, um mehr Gold zu erhalten.

## Marius, der neue Mann, und Sulla

Während des letzten Jahrzehnts des zweiten Jahrhunderts v. Chr. benötigte die römische Armee dringend eine Erneuerung. Der sogenannte Jugurthinische Krieg dauerte einige Jahre an. Rom hatte die mächtigere Armee, doch der numidische König Jugurtha machte sich die Korruption und Unfähigkeit der römischen Generäle zunutze. Aber dann erschien ein *neuer Mann* (*novus homo*) in Rom. Marius wurde dank seiner Fähigkeiten, nicht seiner Abstammung, Konsul. Er schlug Jugurtha umgehend, es gelang ihm, die germanischen Stämme, die in römisches Territorium einfielen, zurückzuschlagen, und er reformierte die Armee.

Marius Militärreform hatte tiefgreifende Konsequenzen. Er stellte eine Berufsinfanterie auf, die aus Männern bestand, die zuvor nichts besaßen. Ihnen wurde ein Bauernhof am Ende ihrer Dienstzeit versprochen und aus diesem Grund waren sie loyal gegenüber ihrem General, nicht dem Senat. Von jenem Zeitpunkt an, hatte Rom private Armeen im Dienste von Männern, die reich genug waren, sie zu unterhalten.

Marius' langjähriger Rivale, General Lucius Cornelius Sulla, zog seinen Vorteil aus dem neuen System. Als der Senat ihn aufforderte, das Kommando über die Armee, die er befehligte, niederzulegen, weigerte er sich und seine Soldaten blieben ihm persönlich gegenüber loyal. Die Armee marschierte auf Rom und der Krieg zwischen Sulla und Marius kennzeichnete die nächsten Jahre.

## Die Triumviri: Pompeius, Crassus und Cäsar

Eine neue Generation von mächtigen Generälen tauchte nach Sullas Tod auf. Drei Männer—Gnaeus Pompeius, Marcus Licinius Crassus und Gaius Julius Cäsar—führten ihre eigenen Armeen und konkurrierten um die Macht. Manchmal arbeiteten sie zusammen, je nach den Umständen. Am Ende wurden alle drei brutal ermordet.

Pompeius und Crassus konnten sich nicht ausstehen, aber sie mussten zusammenarbeiten, um den Senat daran zu hindern, ihnen die Armeen zu entziehen. Im Jahr 70 v. Chr. wurden sie gemeinsam Konsuln, aber die Elite verhinderte ihre zahlreichen Pläne und Wünsche, bis im Jahr 60 v. Chr. ein weiterer Mann zu ihnen stieß. Der dritte Mann war Julius Cäsar und zu dieser Zeit war er Statthalter in Spanien (Hispania Ulterior, dem heutigen Portugal). Die drei Generäle schufen das erste Triumvirat (die Herrschaft der drei „Triumviri"). Im nächsten Jahr wurde Cäsar zum Konsul gewählt, regelte die Angelegenheiten in Rom und ging dann nach Gallien, wo es ihm erlaubt war, eine Armee zu befehligen. Er führte die Armee erfolgreich und eroberte das Gebiet von Rom bis zu den Küsten des Atlantiks und der Nordsee.

Während Cäsar auf dem Marsch war und versuchte, sich als ein wahrer römischer Herrscher zu etablieren, verblieb Rom unter der Kontrolle des Tribuns Publius Clodius Pulcher. Er war äußerst korrupt und nutzte Cäsars Geldmittel, um Banden von Schlägern zu bezahlen. Pulcher sorgte unter anderem dafür, dass Cicero aus Rom verbannt und Pompeius in seinem eigenen Haus gefangen gehalten wurde. Außerdem verführte er Cäsars Gattin. Pompeius war einflussreich genug, um zurückzuschlagen und seine Autorität in Rom zu stärken, was ihn später in Zwist mit Cäsar brachte.

## Cicero gegen Catilina

Lucius Sergius Catilina war ein wütender, bankrotter Aristokrat, der Berichten zufolge plante, Roms gewählte Volksvertreter zu liquidieren, den Senat niederzubrennen und die Schulden von Arm und Reich gleichermaßen abzuschreiben. Jeder, dessen Name etwas in Rom bedeutete, hatte die Seiten gewählt und agierte hinter den Kulissen. Der Mann, der Catilina offen entgegentrat, war der berühmte Redner, Politiker und Philosoph Cicero. Er benutzte seine rhetorische Kunstfertigkeit, um überzeugend darzulegen, dass er Catilinas schrecklichen Plan enthüllt und den Staat gerettet habe.

Obwohl Catilina ein Patrizier war und Cicero ein *neuer Mann*, unterstützte die Elite den Letzteren, als er im Jahr 62 v. Chr. Konsul wurde. Im nächsten Jahr waren die beiden Männer wieder Kandidaten. Cicero behauptete, er habe Grund, um sein Leben zu fürchten, hielt einige Reden gegen seinen Widersacher und ließ ihn aus der Stadt verbannen.

Catilina und seine Anhänger versammelten sich an der Stadtgrenze. Unterdessen stellte Cicero jene bloß, die sich noch in der Stadt befanden, und ließ sie ohne ordentliches Gerichtsverfahren ermorden—eine Entscheidung, die seiner politischen Karriere ernsthaften Schaden zufügte. Nur wenige Jahre später endete er in der Verbannung. Sein Exil war nur vorübergehend, aber es gelang ihm nie mehr, seinen vormaligen Status wiederzuerlangen.

# Kapitel 5 – Gaius Julius Cäsar, die Überquerung des Rubikon und ein Tod, der die Stadt erschütterte

Zehn Jahre nach der Bildung des ersten Triumvirats hatte sich das politische Klima in Rom verändert. Crassus war tot und die enge Freundschaft zwischen Cäsar und Pompeius war vorbei. Der verantwortliche Konsul im Jahre 50 v. Chr., Gaius Marcellus, verlangte Cäsars Rückzug aus Gallien. Das bedeutete, dass Cäsar den Befehl über die Armee niederlegen musste. Er stimmte unter einer Bedingung zu: Pompeius sollte seinen Oberbefehl als Erster niederlegen.

Julius Cäsar wurde zum Staatsfeind. Der Senat gab Pompeius das *Senatus Consultum Ultimum* und die Autorität, Cäsar zu verhaften und ihn ein für alle Mal loszuwerden. Seine Aussichten waren schlecht, er konnte entweder kapitulieren oder bleiben und gegen Pompeius' Armee kämpfen, die fast so stark wie seine war. Keine dieser Möglichkeiten kam für Cäsar in Frage. 49 v. Chr. führte er daher seine Armee gegen Rom selbst. Er überschritt den Fluss

Rubikon und ging nach Italien. Dies konnte als Krieg gegen die Republik gewertet werden, aber es gab kein Zurück. „Iacta alea est."

Cäsars Einzug in Rom war glorreich. Seine Truppen überwältigten Pompeius' Armee mit Leichtigkeit und er eroberte seine Stadt. Die Senatoren waren entsetzt, aber Cäsar wollte keine Rache. Seine Truppen waren hochdiszipliniert. Nichts wurde zerstört und niemand wurde getötet, nachdem das kurze Gefecht vorbei war. Cäsars Widersacher wurden verschont. Der große Anführer war bereits beliebt und seine neu erwiesene Großmut verbesserte seinen Ruf zusätzlich. Cäsar zeigte nicht nur gegenüber den Senatoren Milde. Er erließ Schulden, brachte Italer in den Senat und erlaubte den Männern, die unter Sulla und Pompeius ins Exil gehen mussten, die Rückkehr nach Rom. Sogar Pompeius' Truppen, die in Rom verblieben waren, wurden in Cäsars Diensten willkommen geheißen. Über Nacht wurde Julius Cäsar zu einem öffentlichen Helden.

## Cäsar und Kleopatra

Pompeius, der jetzt Cäsars größter Widersacher war, floh noch in der Nacht, in der Cäsar Rom eroberte, nach Griechenland. Mit dem Ziel, Italien zurückzuerobern, setzte er römische Soldaten aus Grenzgarnisonen ein und versammelte eine große Armee in Griechenland. Seine Truppen waren zahlenmäßig doppelt so stark wie Cäsars, aber das reichte nicht aus. Nach mehreren Zusammenstößen der beiden Armeen schlug Cäsar Pompeius schließlich in der Schlacht von Pharsalos im Jahr 48 v. Chr. Pompeius entkam nach Ägypten, wo Pharao Ptolemaios XIII. ihn in der Hoffnung ermorden ließ, dass Cäsar ihn belohnen würde.

Ptolemaios XIII. benötigte dringend Cäsars Unterstützung. Er hatte gegen seine Schwester, Kleopatra VII., und seine Gattin um die Macht gekämpft (die Ptolemäer hielten so etwas gern in der Familie). Ptolemaios war als Mann der rechtmäßige Herrscher, aber er war brutal und weithin verhasst. Kleopatra hingegen war beliebt, aber sie war aus dem Land verbannt worden. Im Jahr 48 v. Chr. stellte sie eine

Armee auf und kam aus Syria an die ägyptische Grenze. In dieser Situation erschien Cäsar.

Auch wenn sie Gegner waren, war Julius Cäsar doch schockiert über die Art und Weise, wie Pompeius ermordet wurde. Wütend marschierte er in Alexandria ein und übernahm die Kontrolle über den Palast. Dann befahl er beiden, Ptolemaios und Kleopatra, ihre Truppen zu entlassen und ihn zu treffen. Kleopatra kam etwas früher an, am Abend vor dem Treffen, versteckt in einer orientalischen Decke, die Cäsar zum Geschenk gemacht wurde. Er liebte das Geschenk und eine der berühmtesten Romanzen der Antike nahm ihren Anfang. Cäsar und Kleopatra wurden Liebhaber und sie blieben bis zum Tode Cäsars zusammen. Einige Jahre später bekam das Paar einen Sohn namens Ptolemaios Cäsar oder einfach Cäsarion.

## Der geliebte Diktator

Cäsar entschied sich 47 v. Chr., direkt im Anschluss an diese romantische Episode, nach Rom zurückzukehren. Auf dem Rückweg zerschlug er alle verbliebenen Gegner. Die letzte Armee, die noch loyal zu Pompeius' Andenken stand, wurde 46 v. Chr. in der Schlacht von Thapsus besiegt.

Der Senat erklärte daraufhin Cäsar zum Diktator für zehn Jahre. Er war jetzt der absolute Herrscher der römischen Welt und er war entschlossen, ein ausgezeichneter Anführer zu sein. Es war seine Aufgabe, den Schaden zu reparieren, der während der vergangenen Jahre angerichtet worden war. Er musste die Republik wiederherstellen, die Institutionen in die Lage versetzen, ordnungsgemäß zu arbeiten, Veteranen ansiedeln und Recht und Ordnung neu etablieren.

Cäsar war ein Visionär, der konkrete Schritte unternahm, um die Stabilität in der römischen Welt wiederherzustellen. Die Reformen waren tiefgreifend und er löste einige soziale Probleme, die sonst zu Unruhen hätten führen können. So verschonte er z.B. Pompeius' Anhänger, vorausgesetzt sie waren willens, die Seiten zu wechseln. Die

Besitzlosen, die auf freie Kornzuteilungen angewiesen waren, wurden in die Kolonien geschickt, wo sie arbeiten und ihre Familien ernähren konnten. Cäsars Armeeveteranen bekamen Land in den bestehenden und in den neuen Kolonien. Menschen aus dem gesamten Reich erhielten das römische Bürgerrecht und das Recht, in den Senat gewählt zu werden. Die Steuern wurden, wo immer möglich, verringert. Stabilität kehrte in die römische Welt zurück.

Die Menschen bewunderten ihren fähigen und gerechten Anführer, aber der Senat war enttäuscht. Anstatt innerhalb des republikanischen Systems zu handeln, behielt Cäsar seine Armee und besaß mehr Macht als jeder erwartete. Darüber hinaus übte er seine Macht uneingeschränkt aus. Zuerst ernannte er sich mehrere Jahre hintereinander zum Konsul und dann übernahm er die Macht eines Tribuns. Anstatt das republikanische System wiederherzustellen, unterminierte er es. Cäsars Männer füllten den Senat. Sein Wort war Gesetz. Seine Standbilder wurden auf die gleiche Höhe wie die von Göttern und Königen gestellt. Seine Büste zierte Münzen. Darüber hinaus hatte Cäsar sich 44 v. Chr. zum Diktator auf Lebenszeit (*Dictator Perpetuus*) erklärt. Er fühlte sich so unangreifbar, dass er seine Leibgarde entließ. Cäsar handelte wie ein König und bereitete sich darauf vor, einer zu werden, indem er eine Prophezeiung erfüllt und die Parther besiegt. Der Beginn des Feldzugs war für den 18. März 44 v. Chr. geplant.

## Cäsars Tod

Cäsars stille Widersacher waren erzürnt durch sein Handeln und sie mussten schnell handeln. Eine Gruppe von Verschwörern sah eine Gelegenheit und ließ Cäsar in einer Senatssitzung an den Iden des März erstechen. Der unglückliche Diktator hatte einen Angriff erwartet, aber der Tod kam durch die Hände von Männern, denen er vertraute: Brutus und Cassius. Brutus war sein Adoptivsohn und als solcher hatte er kein materielles Interesse daran, ihn zu töten. Die Motive der Verschwörer lagen anderswo. Die jungen Männer wurden getäuscht. Sie nannten sich selbst die Befreier der Republik und erwarteten für die Befreiung der Republik vom Tyrannen gefeiert zu werden. Sie täuschten sich jedoch. Anstelle einer jubelnden Menge erwartete sie ein leeres Forum. Die Senatoren waren nicht da. Die Öffentlichkeit stand nicht auf Seiten der Verschwörer und ihnen wurde klar, dass sie die Stadt schleunigst verlassen sollten.

Die Verschwörer gegen Julius Cäsar waren sich nicht bewusst, dass dies nur der Anfang einer der aufregendsten Abschnitte der römischen Geschichte war und er nichts mit ihnen zu tun hatte. Brutus und Cassius ermordeten einen autokratischen Anführer, aber der Prozess der Verwandlung der Republik in ein Imperium hatte schon begonnen—und er war unaufhaltsam.

# Kapitel 6 – Der Aufstieg des ersten römischen Kaisers

Die Ermordung von Julius Cäsar löste Spannungen in Rom aus, die fast ins Chaos geführt hätten. Die Menge wollte Rache und jemand musste sie beruhigen. Dieser Jemand war Cäsars loyaler Freund und Verbündeter Marcus Antonius (im Deutschen auch Mark Anton). Antonius war Tribun im Jahr 49 v. Chr. gewesen und hatte Cäsars Interessen verteidigt, als der Senat Cäsar aufforderte, seine Armee zu entlassen. Antonius war ein fähiger Heerführer und kommandierte bei vielen Gelegenheiten Truppenteile von Cäsars Armee. Als Cäsar ermordet wurde, war Antonius sein Mit-Konsul und stand jetzt in der alleinigen Verantwortung.

Antonius organisierte ein öffentliches Begräbnis für den verstorbenen Diktator. Die Menschen strömten wütend auf die Straßen und brannten die Häuser der Verschwörer nieder. Wenn sie noch in Rom gewesen wären, hätten sie die Nacht nicht überlebt. Aber sie waren schon geflohen. Der Mann, der ihnen half, lebend zu entkommen, war ebenfalls Antonius. Obwohl er wusste, dass viele der Verschwörer, einschließlich Cicero, ihn ebenfalls tot sehen wollten, handelte Antonius pragmatisch und verhinderte so, dass sich die heikle Situation zu einer Katastrophe entwickelte. In dem Bemühen alle zufriedenzustellen, gab er Brutus und Cassius sogar etwas Land in den neuen römischen Kolonien im Osten.

Für einen kurzen Moment sah es so aus, als würde Antonius Cäsar rasch nachfolgen, aber der Senat stellte sich gegen die Idee. Darüber hinaus hatte Cäsar schon seinen Willen bekundet und einen Erben benannt. Es war nicht Antonius.

## Das zweite Triumvirat

Der Mann, den Cäsar als seinen Erben vorgesehen hatte, war sein Neffe, Gaius Octavius Thurinus.[xxx] Octavius absolvierte gerade eine militärische Übung in Nordgriechenland, als ihn die Nachricht erreichte. Er änderte daraufhin schnell seinen Namen in Gaius Julius Cäsar Octavianus (die Änderung war nicht endgültig, da er später noch Augustus werden sollte) und kehrte nach Rom zurück, um seine Erbschaft anzutreten.

*Gaius Julius Caesar Octavianus, auch bekannt als Oktavian und später als Augustus.*[xxxi]

Oktavian fand schnell heraus, dass sich Antonius seinen Weg nach oben erkauft und dabei sowohl Cäsars private als auch öffentliche Mittel genutzt hatte. Die beiden Männer wurden augenblicklich zu Rivalen. Da man ihm versichert hatte, dass Oktavian ihn eliminieren würde, schmiedete Antonius einen Plan, der ihn in die Lage versetzte, die Kontrolle über die Armee zu übernehmen. Er machte sich selbst zum Statthalter von Gallien, wo er—durch seine Truppen geschützt—in Sicherheit war. Oktavian stellte mit Hilfe des Senats ebenfalls eine Armee auf und verfolgte ihn. Aber die Situation gestaltete sich schwierig. Brutus und Cassius wollten nach Rom zurückkehren und der Senat unterstützte sie, ruhig, aber wirkungsvoll. Antonius beabsichtigte Brutus anzugreifen und Oktavian wollte nicht Cäsars Mörder verteidigen. Dem Senat wurde klar, dass Oktavian nicht daran interessiert war, den Senatsinteressen zu dienen und legte ihm Steine in den Weg, indem er das Geld, das Oktavian für die Truppen benötigte, zurückhielt.

Oktavian kehrte mit seinen Legionen nach Rom zurück, machte sich selbst zum Konsul und urteilte alle ab, die sich gegen Cäsar verschworen hatten. Dann traf er sich gemeinsam mit dem ihm loyal ergebenen Marcus Lepidus mit Antonius. Die Situation war politisch verwickelt und—wie schon Cäsar und Pompeius in der vorherigen Generation—begannen Oktavian und Antonius gegen einen gemeinsamen Feind, die „Befreier" und den Senat, zusammenzuarbeiten. Am 27. November 43 v. Chr. ergriffen Oktavian, Antonius und Lepidus die Initiative und bildeten das zweite Triumvirat mit dem Ziel, die Republik wiederherzustellen und jeden zur Rechenschaft zu ziehen, der etwas mit Cäsars Ermordung zu tun hatte. Über zweitausend einflussreiche Männer und 300 Senatoren, darunter Cicero, wurden getötet. Eine noch größere Zahl wurde verbannt. Der Rest des Senats hatte weniger Macht als je zuvor, da die Triumviri (die drei Herrscher) alles kontrollierten. Sie brauchten die Erlaubnis des Senats jetzt nicht mehr, um eine Armee zu unterhalten oder in den Krieg zu ziehen. Der politische Widerstand war zu Ende. Das Triumvirat beherrschte Italien und jeder von ihnen hatte die

Kontrolle über einige Provinzen—Oktavian über Afrika, Antonius über Gallien und Lepidus über Spanien. Lepidus blieb während militärischer Feldzüge als Verantwortlicher in Italien zurück, so auch bei dem, den Antonius und Oktavian 42 v. Chr. führten und in dem sie die „Befreier" in der Schlacht von Philippi besiegten.

Das Triumvirat war jetzt von außen unbesiegbar. Die einzige Macht, die diese Form der Regierung noch beenden konnte, war einer der Triumviri selbst und ihre Rivalität untereinander.

Nach dem Sieg bei Philippi ging Antonius nach Osten, um andere Feinde zu bekämpfen und das Reich zu erweitern. Oktavian blieb in Rom und dämmte Lepidus' Einfluss ein. Sodann unternahm er gezielte Vorstöße in Richtung Autokratie. Oktavian beschlagnahmte große Güter von den einflussreichen Landbesitzern und schenkte sie seinen zurückkehrenden Soldaten. Die Enteigneten protestierten, angeführt von Antonius' Frau Fulvia und Lucius Antonius (Antonius' Bruder), und ein weiterer Bürgerkrieg begann. Antonius kehrte im Jahre 40 v. Chr. zurück, um die Situation zu beruhigen, traf ein Abkommen mit Oktavian, heiratete dessen Schwester Octavia (Fulvia war in der Zwischenzeit verstorben) und kehrt dann rasch wieder nach Osten zurück. Er hatte dort etwas Wertvolles erobert und musste zurück, um sich darum zu kümmern. Es handelte sich um die Zuneigung der ägyptischen Königin Kleopatra.

## Antonius' Mission im Osten

Antonius plante, dort weiterzumachen, wo Cäsar aufgehalten worden war, nämlich in das Partherreich einzumarschieren und Syria und Asia Minor zurückzuerobern. Aber es gab einige ungeklärte Angelegenheiten, denen er sich zunächst widmen musste. Antonius war zu Ohren gekommen, dass Kleopatra, die Königin Ägyptens und Liebhaberin des verstorbenen Cäsar, Cassius finanzierte, vermutlich um damit Einfluss auf die politische Situation in Rom auszuüben. Er suchte sie auf, um sie zur Rede zu stellen, wurde aber von ihrer sprichwörtlichen Unwiderstehlichkeit gefangen genommen. Sie trafen sich im Jahr 42 v. Chr. und als Antonius 40 v. Chr. nach Rom zurückkehren musste, lebten sie bereits zusammen.

In Rom teilten Antonius und Oktavian das Reich unter sich auf. Rom, Italien und alle Provinzen westlich des Ionischen Meeres kamen unter Oktavians Kontrolle. Antonius regierte die östlichen Provinzen. Lepidus trug die Verantwortung für Afrika, aber er war für die beiden mächtigen Herrscher der römischen Welt kein Gleichgestellter mehr. Sobald alles geregelt war—das war im Jahr 37 v. Chr.—kehrte Antonius nach Ägypten zurück.

Er ignorierte den Umstand, dass er formal mit Oktavians Schwester Oktavia verheiratet war und heiratete Kleopatra. Das Paar bekam drei Kinder, denen Antonius unglaubliche königliche Titel und Macht über strategisch wichtige Provinzen wie Syria und Armenia verlieh.

## Oktavian hat das letzte Wort

Oktavian hielt Antonius' Verhalten für ungeheuerlich. Das Fass zum Überlaufen brachte Oktavias Besuch ihres Gatten in Athen. Oktavians Schwester, die noch immer Antonius' rechtmäßige Frau war, wurde mit äußerster Respektlosigkeit behandelt und aus Antonius' Haus verbannt, nachdem sie nach Rom zurückgehrt war. Oktavian entschied, dass es jetzt reichte und er sich um Antonius und Kleopatra kümmern und die Kontrolle über das ganze Reich übernehmen musste.

Im Jahr 31 v. Chr. gewann Oktavian die Schlacht von Actium gegen Antonius' und Kleopatras geschwächten Heere. Das Paar floh vom Schlachtfeld und als Folge verlor Antonius jegliche Glaubwürdigkeit in den Augen seiner Männer. In diesem und dem folgenden Jahr wechselten viele Truppen und Könige die Seiten und ließen Antonius im Stich. 30 v. Chr. eroberte Oktavian Alexandria und übernahm die Regie in Kleopatras Palast.

Die Geschichte von Antonius und Kleopatra fand ein theatralisches Ende. Kleopatra schloss sich in ihrem Grabmal ein und ihre Diener verkündeten ihren Tod. Antonius fand erst nachdem er sich in sein Schwert gestürzt hatte heraus, dass sie noch lebte. Tödlich verwundet wurde er zu Kleopatra gebracht und starb in ihren Armen. Die Königin und ihre Kinder endeten in Haft, aber Kleopatra tötete sich selbst mit Hilfe einer Schlange. Der Sohn, den sie mit Cäsar hatte, wurde prompt ermordet, so dass er nie Gelegenheit haben würde, das Erbe Cäsars beanspruchen zu können.

Ägypten wurde Teil von Oktavians Römischen Reich. Eine Ära war zu Ende gegangen, eine neue hatte begonnen—mit Oktavian als Herrscher über den größten Teil der bekannten Welt.

# Kapitel 7 – Das frühe Römische Reich: Princeps Augustus und die julisch-claudische Dynastie

Im Jahr 27 v. Chr. wurde Oktavian zum *Imperator Caesar Divi Filius Augustus* ausgerufen, was wörtlich bedeutet „Kaiser, Sohn des Gottes Cäsar, der Erhabene" (Cäsar war einige Jahre zuvor vergöttlicht worden). Oktavian änderte seinen Namen und wurde von nun an nur noch Augustus genannt. Darüber hinaus war er jetzt der oberste Priester (*Pontifex Maximus*) des römischen Staatskultes. Auf Münzen und Standbildern wurde er oft als heldenhafter Kämpfer halbgöttlicher Herkunft dargestellt. Dennoch war er offiziell lediglich *Princeps,* der Erste unter den Bürgern und kein Monarch. Es war der Beginn des augusteischen Reichs oder Prinzipats, einem neuen Abschnitt in der römischen Geschichte, die bis ins dritte nachchristliche Jahrhundert dauern sollte.

## Das Zeitalter des Augustus

Obwohl Augustus faktisch der einzige Herrscher des Reichs war, war er sehr darauf bedacht, die Illusion des republikanischen Systems aufrechtzuerhalten. Der Senat war immer noch wichtig, allerdings nur formal, um Augustus' Entscheidungen Legitimität zu verleihen.

Das Zeitalter des Augustus wird gewöhnlich als das goldene Zeitalter der römischen Geschichte betrachtet. Es war eine Zeit von Frieden, Wohlstand, sozialer Stabilität und kultureller Renaissance. Die Menschen waren glücklich, weil Augustus die „Soldaten mit Geschenken lockte, die Menschen mit Korn und alle gleichermaßen mit dem Zauber von Ruhe und Frieden".[xxxii] Zum ersten Mal schützte eine stehende Armee die Grenzen des Reichs. Augustus leitete einen vollständigen Neubau der Stadt ein und verlieh ihr einen noch nie dagewesenen Glanz.

Vor allem jedoch kümmerte sich Augustus um sein eigenes Bild. Er schloss den Bau des Tempels der Venus Genetris ab, der unter Cäsar begonnen worden war. Die Göttin der Liebe wurde als göttliche Vorfahrin sowohl von Cäsar als auch von Augustus gekennzeichnet. Beide Männer gehörten der Familie der Julier an, die angeblich von Äneas und Ascanius (der auch als Julus bekannt war) abstammte.

Wie auch Cäsar war Augustus die Macht des geschriebenen Wortes wohl bewusst und er wollte sich einen besonderen Platz in der Geschichte sichern. Während Cäsar selbst schrieb und detaillierte Berichte seiner Taten und überzeugende Erklärungen seiner Entscheidungen hinterließ, engagierte Augustus professionelle Schreiber für diese Aufgabe. Gemeinsam mit seinem reichen Freund Mäcenas identifizierte er die prominentesten Dichter und Geschichtsschreiber seiner Zeit und sorgte dafür, dass es ihnen an nichts mangelte, solange sie an seinem historischen Projekt arbeiteten. Fast die gesamte klassische römische Literatur entstand in diesem kulturellen Strom, ein besonderer Platz gebührt jedoch Vergils „Aeneis", die Augustus' göttliche Herkunft wirkungsvoller als jeder Tempel glorifizierte.

Augustus' Privatleben war eng mit seinem öffentlichen Auftreten verknüpft und seine Familienmitglieder mussten seiner Pflichtauffassung folgen. Seine erste Ehefrau hieß Scribonia und mit ihr hatte er sein einziges Kind, seine Tochter Julia. Die Heirat hatte für ihn nur eine strategische Bedeutung. Er ließ sich bald von Scribonia scheiden (aus dem einfachen Grund, dass er nicht mit ihr auskam) und heiratete Livia. Livia musste sich dafür auch aus ihrer Ehe lösen. Sie war die Gattin eines der mächtigsten Gegner Augustus', Tiberius Claudius Nero. Nicht nur, dass er sie heiratete, er adoptierte auch deren Söhne und erzog sie als Prinzen mit einem starken Pflichtgefühl gegenüber dem augusteischen Reich.

Julia heiratete ebenfalls mehrfach und fügte sich damit dem Willen ihres Vaters. Zunächst musste sie Marcus Vipsanius Agrippa heiraten, einen engen Freund von Augustus und ein militärisches Genie, der für die meisten militärischen Errungenschaften des Kaisers gesorgt hatte (auch schon als dieser noch Oktavian, einer der drei Triumviri, war). Agrippa war sehr mächtig, aber dennoch vollkommen loyal gegenüber seinem Freund und Schwiegervater. Augustus hoffte, dass dieser tapfere Soldat und tugendhafte Mann ihm einst auf den Thron nachfolgen würde, gefolgt von den Söhnen, die er mit Julia hatte. Auf diese Weise würde Augustus eine Dynastie begründen und alle zukünftigen Kaiser wären von seinem Blut. Aber die Dinge entwickelten sich nicht wie in seiner Vorstellung. Agrippa starb ebenso wie die Söhne, die er mit Julia hatte. Augustus musste einen Kompromiss eingehen und seine beiden Adoptivsöhne, Drusus und Tiberius, zu seinen Erben machen. Die beiden Männer gehörten zu der aristokratischen römischen Familie der Claudier. Augustus gehörte zu den Juliern (*Iulii*) und die Dynastie, die er begründete, ist als die julisch-claudische Dynastie bekannt.

Als auch Drusus, der ernsthaft als Augustus' potentieller Erbe in Erwägung gezogen wurde, nach einem Sturz vom Pferd starb, erwog Augustus dessen Sohn Germanicus als Erben einzusetzen. Er war ein weiterer Claudier, aber seine Mutter war Octavias (Oktavians Schwester) und Antonius' Tochter. Darüber hinaus war Germanicus der beste General seiner Zeit und ein tugendhafter Mann. Er war bereits äußerst beliebt und würde einen erfolgreichen Kaiser abgeben. Dennoch wurde dann aber ein anderes, etwas komplizierteres Arrangement getroffen. Tiberius sollte Augustus nachfolgen und dann seinerseits seinen Neffen Germanicus adoptieren und ihn zu seinem eigenen Erben machen. Der Mann, der über dieses Arrangement überraschenderweise am unglücklichsten war, war Tiberius.

## Tiberius' Leben und Regentschaft

Es war nicht leicht, Augustus' Sohn zu sein—nicht einmal sein Adoptivsohn. Sein Privatleben war eine öffentliche Angelegenheit. Augustus suchte die Frau für ihn aus. Sie hieß Vipsania Agrippina und war die Tochter von Agrippa, dem verstorbenen Freund von Augustus. Acht Jahre später, als Agrippa gestorben war und Augustus' Tochter Julia Witwe wurde, befahl der Kaiser Tiberius, sich scheiden zu lassen und Julia zu heiraten. Das mag für Augustus eine leichte Entscheidung gewesen sein, aber Tiberius liebte Vipsania aufrichtig. Das Paar hatte jahrelang in liebevoller Harmonie miteinander gelebt und Vipsania war zu der Zeit mit ihrem zweiten Kind schwanger[xxxiii] (das allerdings nicht überlebte). Die Ehe von Tiberius und Julia hingegen war voller skandalöser Affären. Julia wechselte so oft ihre Liebhaber, dass Augustus sie schließlich aus Rom verbannte. Tiberius hingegen kam nie über die Scheidung hinweg und hörte nicht auf, seine erste Frau zu lieben.

Als Augustus starb, folgte ihm Tiberius ohne Probleme auf den Thron. Als Kaiser von Rom erwies er sich als sehr kompetent. Rom war sicher, Städte wurden neu aufgebaut und die Wirtschaft florierte. Aber Tiberius war ein trübsinniger Mann und verlor schließlich jegliches Interesse an der Herrschaft des Reichs. Er zog sich zurück und delegierte—unglücklicherweise—die Macht an einen höchst unehrlichen Menschen, den Präfekten der Prätorianergarde namens Sejanus. Sejanus nutzte seinen Einfluss, um Tiberius' Erben loszuwerden: seinen Sohn Drusus und seinen Adoptivsohn Germanicus. Als Tiberius von den Morden erfuhr, nahm er auf spektakuläre Weise Rache. Vielleicht wurde Tiberius deswegen in seinen späteren Jahren paranoid. Er ließ zahlreiche Menschen umbringen, viele vollkommen Unschuldige, nur weil sie möglicherweise Verräter waren. Sogar zwei Söhne des Germanicus waren unter den Opfern von Tiberius' Paranoia. Einer der Verfolgten war ein Mann namens Gaius Asinius Gallus, dessen größter Fehler es war, Vipsania Agrippina zu heiraten und mehrere Söhne mit ihr zu haben. Tiberius kontrollierte seine Eifersucht, während Vipsania lebte, aber als sie starb, machte der Kaiser den unglücklichen Ehemann zum Staatsfeind und ließ ihn im Gefängnis sterben.

Tiberius starb eines schrecklichen Todes, aber das kümmerte niemanden. Er wurde vergiftet und dann im Bett stranguliert. Der Mann, der den Mord organisiert hatte, war Germanicus' dritter Sohn, Caligula.

## Caligula

Zu Beginn seiner Herrschaft war Caligula beliebt, dank dem Ruhm seines Vaters und weil er einige von Tiberius' Entscheidungen zurücknahm. Er erlaubte den Verbannten nach Rom zurückzukehren und führte wieder öffentliche Unterhaltungsveranstaltungen ein (sie waren teuer und Tiberius war geizig, so dass er sie abgeschafft hatte).

Im ersten Jahr seiner Regierung beendete Caligula zahlreiche öffentliche Bauprojekte und senkte die Steuern. Er schien kompetent, zehrte aber in Wirklichkeit die Geldmittel auf, die Tiberius im Staatsschatz hinterlassen hatte. Er gab alles in weniger als einem Jahr aus und verursachte damit Schwierigkeiten. Caligula wurde skrupellos und ließ zahlreiche Personen ermorden, darunter viele Senatoren sowie auch seine eigene Mutter und Großmutter. Er erklärte sich selbst zum Gott und führte inzestuöse Beziehungen mit seinen drei Schwestern, Agrippina, Drusilla und Julia.

Caligula verachtete die einfachen Römer und das Volk konnte ihn nicht ausstehen. Schließlich zerstückelte ihn die Menge während einer öffentlichen Vorstellung.

Caligula hatte keinen Erben benannt und jeden möglichen Kandidaten ermorden lassen. Für einen kurzen Moment hoffte der Senat, dass es keine Kaiser mehr geben würde und dass die Republik wiederhergestellt werden könne. Die Prätorianergarde hatte jedoch andere Pläne.

## Claudius

Caligula hatte beinahe alle seine männlichen Verwandten während seiner Herrschaft umbringen lassen. Allerdings hatte er seinen Onkel Claudius verschont, der an zahlreichen körperlichen Gebrechen litt und als der Idiot der Familie galt. Claudius wurde niemals zu einem öffentlichen Amt geschweige denn der Armee zugelassen. Aber als der einzige Überlebende war er jetzt der legitime Thronerbe. Die Prätorianergarde fand ihn und huldigte ihm.

Claudius hatte fünfzig Jahre lang versteckt vor den Augen der Öffentlichkeit gelebt. Aber obwohl er nicht präsentabel war—er stotterte, sabberte und hinkte—war er ein sehr gebildeter und intelligenter Mann. Dank seiner Kenntnis der Geschichte wusste er, dass er die Prätorianergarde gut belohnen musste, um sich ihre Loyalität zu sichern. Er war letztlich ein recht erfolgreicher Herrscher, aber er hatte eine tödliche Schwäche: die Frauen in seinem Leben.

Claudius heiratete viermal. Seine vierte Ehefrau war Caligulas Schwester Agrippina. Agrippina war nur daran gelegen, ihrem Sohn Lucius (in der Geschichte bekannt als Nero) auf den Thron zu helfen. Sie stand hinter Verschwörungen, deren Ziel es war, jeden zu ermorden, der ihr im Weg stand, Claudius und seinen Sohn Britannicus eingeschlossen. Wenn sie geahnt hätte, was kommen sollte, hätte sie es sich vielleicht noch einmal überlegt, ihren noch nicht volljährigen Sohn auf den Thron des Römischen Imperiums zu setzen (das alles passierte vor Neros siebzehnten Geburtstag).

## Nero

Antike Quellen bieten widersprüchliche Berichte über das Leben und die Herrschaft Neros. Einige zeichnen ihn als einen verrückten Egomanen, den das römische Volk derart verabscheute, dass es seinen Tode feierte.[xxxiv] Andere Historiker behaupten, dass Nero großzügig und beliebt gewesen sei, aber dass er viele Feinde innerhalb des Senats und der Elite hatte.[xxxv]

Nero war der letzte und der jüngste Kaiser der julisch-claudischen Dynastie. Während seine Mutter höhere Ambitionen hatte, war Nero an Kunst, Sport und seiner eigenen Popularität interessiert. Zu Beginn seiner Herrschaft funktionierte das System, das unter Claudius etabliert worden war, gut. Es waren ausreichend Mittel im Staatsschatz, so dass Nero einige öffentliche Bauten errichten und Hilfen für die Armen zur Verfügung stellen konnte, aber der minderjährige Kaiser verstand es nicht, Maß zu halten und begann, die Finanzen zu verschwenden. Schließlich musste er die Steuern erhöhen, was zu einer Reihe von Rebellionen im ganzen Imperium führte—und Nero war nicht in der Lage, mit der angespannten Situation umzugehen.

*Nero, Antiquarium des Palatins.*[xxxvi]

Seine Mutter war keine große Hilfe. Anstatt die unangenehme Pflicht zu übernehmen, sich um die unglückliche Bevölkerung zu kümmern, versuchte sie Neros Privatleben im Detail zu regeln. Agrippina verstand sich vorzüglich mit Neros Frau Oktavia und beide versuchten, seine Geliebte namens Poppaea loszuwerden. Einige Historiker gingen so weit zu behaupten, Agrippina habe geplant, ihren Sohn zu töten, um schlechte Publicity zu vermeiden. Am Ende wurde sie jedoch genauso ermordet wie ihre Schwiegertochter Oktavia.

Die einprägsamste Anekdote über Nero ist der große Brand von Rom im Jahr 64 n. Chr. Der Schaden war enorm, da viele öffentliche Gebäude und unzählige Wohnhäuser bis auf die Grundmauern abbrannten. Die Zeitgenossen beschuldigten den Kaiser, das Feuer gelegt zu haben, während er seinerseits die Christen beschuldigte und verfolgen ließ. Tatsache ist, dass er einen solchen Vorfall benötigte und wohl so froh darüber war, dass er tanzte und sang.[xxxvii] Jetzt hatte er eine hervorragende Gelegenheit, sich als großzügig zu zeigen, den Wiederaufbau zu organisieren und Almosen zu verteilen—außerdem verfügte er jetzt über erstklassiges Land für seine Bauprojekte im Zentrum von Rom.

Nero ließ alle Gegner töten—auch jene, die keine wirkliche Gefahr darstellten—und ging nach Griechenland. Der Kaiser schenkte Griechenland die Freiheit und man ließ ihn die Olympischen Spiele gewinnen, trotz seiner armseligen Leistung und eines Sturzes vom Wagen. Dann trat er im Theater auf und keinem Zuschauer war es erlaubt zu gehen. Unterdessen kam eine große Getreidelieferung, die für Rom bestimmt war, in Griechenland an und führte zu einer großen Hungersnot in der römischen Hauptstadt.

Alle waren unglücklich über Neros Herrschaft, die Armee meuterte und schließlich gesellte sich auch die Prätorianergarde dazu. Der Senat erklärte den Kaiser zum Feind Roms. Nero wurde klar, dass ihn nichts retten konnte und er beging Selbstmord—auf etwas komplizierte Weise. Er befahl einem Diener, ihm vorzumachen, wie man sich umbringt, und benötigte dann noch die Hilfe eines weiteren

Dieners. Während er starb, rief er „Welch ein Künstler stirbt in mir!" („Qualis artifex pereo!").[xxxviii]

# Kapitel 8 – Die flavische Dynastie

Nero hatte keine Kinder und es war ihm gelungen, praktisch jeden zu töten, der jemals als legitimer Erbe angesehen werden konnte. Nach seinem Tod gab es daher niemanden, der ihm auf den Thron folgen konnte. Der Mangel an Erben führte zu einem Bürgerkrieg. Im Verlauf eines Jahres—das Jahr der vier Kaiser (68–69 n. Chr.)— erklommen drei Kaiser den Thron und wurden wieder hinabgestoßen. Der vierte, der auf den Plan trat, herrschte für ein Jahrzehnt. Seine beiden Söhne folgten ihm auf den Thron. Sein Name war Vespasian, er war der Begründer der flavischen Dynastie.

## Vespasian

Vespasian war nicht aristokratischer Herkunft. Seine Eltern kamen aus dem Ritterstand (der Klasse der reichen nicht-patrizischen Familien) und ihm und seinem Bruder gelang es, bis in den Senatorenrang aufzusteigen. Vespasian war Konsul im Jahr 51 n. Chr. Er war ein brillanter Oberkommandierender, der die Armee während der Eroberung Britanniens 43 n. Chr. und der Unterwerfung Judäas im Jahr 66 n. Chr. führte. Vespasian war Statthalter von Judäa bis 69 n. Chr., als die Statthalter anderer Provinzen ihn dabei unterstützten, den Kaiser (einen inkompetenten Usurpator namens Vitelius, der das Reich in den Bankrott trieb) zu stürzen. Am Ende des Jahres erkannte der Senat Vespasian als Kaiser an.

Der Kaiser war ein harter Arbeiter und er war nicht besessen vom Glanz seiner Stellung. Er führte zahlreiche notwendige Reformen durch, einschließlich einer Erhöhung der Steuern. Die Wirtschaft des Reichs erholte sich und die Armee brachte ihm echte Loyalität entgegen. In den zehn Jahren seiner Herrschaft errichtete er zahlreiche öffentliche Gebäude, darunter das Kolosseum. Er lebte in der Erinnerung als Lichtgestalt fort, vielleicht weil er sich wie Augustus der Macht des geschriebenen Wortes bewusst war. Er finanzierte und schützte Sueton und Tacitus—die Historiker, die unser Verständnis der römischen Welt im wörtlichen Sinne geschaffen haben. Sie dienten während seiner Lebenszeit seinen Interessen und nachdem er gestorben war, beschrieben sie die Herrschaft seines Sohnes Titus ebenso wohlwollend.

## Titus

Nicht überraschend zeichneten zeitgenössische Historiker Titus als einen idealen Herrscher. Seine Militärlaufbahn begann in Judäa, wo er die aufständischen Juden gemeinsam mit seinem Vater bekämpfte. Als Vespasian nach Rom ging und Kaiser wurde, übernahm Titus das Kommando in Judäa und schlug schließlich jeden Widerstand nieder und zerstörte Jerusalem und den Zweiten Tempel. Der Tempelschatz diente den Flaviern dazu, prächtige Bauten in Rom zu errichten. Sueton und andere hatten mehr als einen Grund, diesen fähigen Mann zu feiern, jüdische Quellen hingegen beschrieben ihn als einen rücksichtslosen Verfolger.

Vespasian favorisierte Titus eindeutig gegenüber seinem jüngeren Bruder Domitian. Titus erhielt bald alle wichtigen Funktionen im Reich—er war gemeinsam mit seinem Vater Konsul, Präfekt der Prätorianergarde und Tribun. Die Öffentlichkeit war auf einen reibungslosen Übergang vorbereitet und als Vespasian starb, wurde Titus sofort zum Kaiser ausgerufen.

Titus' Regentschaft war kurz, aber effektiv. Er beseitigte das Netz von Spionen, die sogenannten *Delatores*, die für Generationen für Verschwörungstheorien und zahlreiche politische Tode verantwortlich waren. Der Kaiser herrschte kompetent, ließ nie einen politischen Widersacher töten oder Land konfiszieren. Aber Titus kam zu einer für Rom sehr schwierigen Zeit an die Macht. Nach nur wenigen Monaten auf dem Thron brach der Vesuv aus und verwandelte die umliegenden Städte in Gräber. Pompeji und Herculaneum wurden unter Lava und Geröll begraben. In anderen Städten verloren die Menschen alles, was sie besaßen. Um die Situation noch zu verschlimmern, folgten auf die Katastrophe ein weiterer Brand Roms und schließlich die Pest. Titus wurde plötzlich krank und starb—nicht an der Pest, aber unter mysteriösen Umständen, mit denen sein Bruder möglicherweise zu tun hatte.

## Domitian

Domitian war nicht in die hohe Politik des Reichs einbezogen und eher abseits gehalten worden. Jetzt jedoch, da sowohl Vespasian als auch Titus (der nur zwei Jahre Kaiser war und sehr jung starb) tot waren, war er der Einzige, der ihnen nachfolgen konnte.

Domitian war ein Autokrat, der den Einfluss des Senats einschränkte und damit eine Feindschaft zwischen sich und der Aristokratie schuf. Er stieß die Historiker, die seinem Vater und seinem Bruder so gut gedient hatten, vor den Kopf. Als Reaktion darauf hatten sie ihm gegenüber eine feindliche Einstellung und beschrieben ihn als rücksichtslosen und paranoiden Autokraten.

Tatsache ist, dass Domitian fünfzehn Jahre lang herrschte und Rom während dieser Zeit prosperierte. Der Kaiser sah davon ab, teure Kriege zu führen und richtete sein Augenmerk auf das Wohlergehen innerhalb des Reichs. Er folgte Augustus' Beispiel, verstärkte die Grenzbefestigungen und führte ein großangelegtes

Wiederaufbauprogramm durch. Im Gegensatz zu den Senatoren und Historikern liebten ihn die einfachen Menschen in Rom wahrscheinlich. Die Armee bewunderte ihn und blieb ihm treu ergeben. Allerdings war er umgeben von Feinden und wurde schließlich von höfischen Amtsträgern ermordet. Der Senat beschloss, seinen Namen und sein Bild aus der offiziellen Geschichte zu tilgen (*damnatio memoriae*). Im ganzen Reich wurden Statuen und Inschriften neu gestaltet oder einfach zerstört. Die Elite machte ihrem Ärger Luft, aber das Projekt wurde nicht gründlich genug durchgeführt. Wir wissen immer noch etwas über den Kaiser, dessen fähige Herrschaft die Grundlage für ein weiteres Jahrhundert in Frieden und Wohlstand legte.[xxix]

# Kapitel 9 – Die nervisch-antoninische Dynastie

Die Dynastie, die nach Domitians Tod an die Macht kam, war durchaus ungewöhnlich. Mit Ausnahme ihres ersten und letzten Kaisers war jeder Herrscher adoptiert und damit kein biologischer Nachfolger seines Vorgängers. Die fünf adoptierten Kaiser sind als die „fünf guten Kaiser" in Erinnerung geblieben. Machiavelli hat diese Phrase vor Jahrhunderten geprägt. Er pries die Weisheit jener, die ihre Erben auf Grund ihrer Fähigkeiten und nicht ihres Blutes auswählten, wobei er den Umstand übersah, dass die Kaiser mangels biologischer Kinder gar keine andere Wahl hatten.[xl]

Die Nerva-Antoniner herrschten den größten Teil des zweiten nachchristlichen Jahrhunderts über das Römische Reich, eine Zeit, die im Großen und Ganzen durch Stabilität gekennzeichnet war, was zum Teil dem Umstand geschuldet war, dass ihre Vorgänger, die Flavier, kompetente Herrscher gewesen waren und Domitian einen erheblichen Überschuss im Staatsschatz hinterlassen hatte.

# Nerva

Nach Domitians Tod war der Senat ein weiteres Mal in Versuchung, die alte Verfassung wieder in Kraft zu setzen und keinen neuen Kaiser zu legitimieren. Aber mittlerweile hatte die Elite begonnen, Privilegien zu genießen. Und in Krisenzeiten hielt das Volk die Kaiser verantwortlich, nicht die Senatoren. Als die Flavier also Geschichte waren, suchten der Senat und die Prätorianergarde nach einem passenden Kandidaten—fähig und geeignet, aber bescheiden und ohne biologische Erben. Sie fanden ihn in Nerva, einem langjährigen Regierungsbeamten, der mindestens zweimal in seiner Laufbahn zum Konsul gewählt worden war. Darüber hinaus war er bereits 65 Jahre alt und hatte keine Kinder, die aus seiner Stellung als Kaiser hätten Nutzen ziehen können.

Nerva war in der Tat bescheiden, obwohl etwas mehr Entschlossenheit ihm nicht geschadet hätte. Er gab viel Geld aus, um die Unterstützung des Volkes zu bekommen, aber die Armee akzeptierte ihn nie. Zunächst fehlt es ihm in ihren Augen an Integrität. Des Weiteren fehlte es ihm an der Stärke, Domitians Mörder exekutieren zu lassen, wie es die Prätorianer forderten. Die Situation wurde immer angespannter und führte schließlich zur Anarchie.

Nervas Herrschaft würde nicht ewig dauern und er musste sofort einen Erben benennen. Weder der Senat noch die Armee scherten sich darum, wen er als seinen Erben sehen wollte. Es lag nicht mehr in seinem Ermessen. Die Elite hatte schon den nächsten Kaiser ausgesucht. Nerva adoptierte den Mann offiziell und starb kurz danach an einem Herzinfarkt. Der Nächste auf dem Thron war einer der wichtigsten Kaiser in der Geschichte Roms.

# Trajan

Trajan war ein charismatischer Armeekommandant aus Südspanien, als Nerva ihn im Jahr 96 n. Chr. (dem Jahr von Domitians Tod und dem Beginn von Nervas Herrschaft) berief, um Obergermanien zu kontrollieren. Das war eine äußerst wichtige Aufgabe, die viel Verantwortung mit sich brachte. In solchen Situationen erforderte die Tradition ein Opfer. Trajan ging zum Tempel des Jupiter, um eine Opfergabe niederzulegen, als sich etwas Unerklärliches ereignete. Als er sich seinen Weg durch die Menge bahnte und die Tempeltüren öffnete, rief der Legende nach die vielstimmige Menge „Imperator!".[xli]

*Kaiser Trajan.*[xlii]

Trajan eilte nicht gleich nach Rom, als er die Neuigkeit seiner Adoption erhielt. Er wollte sicherstellen, dass sich alles unter seiner Kontrolle befand, und als Erstes musste er sich um die Armee kümmern. Einige der Prätorianer—diejenigen, die die Opposition gegen Nerva bildeten—konnten ihm Schwierigkeiten bereiten, also schickte er sie auf besondere Missionen, damit sie beschäftigt waren.

Als sich die Nachricht von Nervas Tod verbreitete, brauchte Trajan ein Jahr, um in der Hauptstadt zu erscheinen. Er entschied, dass es wichtiger sei, zunächst die Grenzen aufzusuchen, da dort die

Armee stand. Offiziell inspizierte er die Grenzlinien, um sicherzustellen, dass sie Schutz vor auswärtigen Feinden boten, wie z.B. den Dakern. In Wahrheit musste er gute Beziehungen zu den Truppen herstellen, die Domitian treu ergeben waren und Nerva nie akzeptiert hatten.

Schließlich betrat er im Sommer 99 n. Chr. bescheiden die Stadt. Er kam zu Fuß und traf auf die Menschen, die ihn erwarteten. Die Römer bewunderten Trajan bereits und seine jetzige Haltung machte ihn noch beliebter. Seine Beziehung zum Senat war ausgezeichnet. Dennoch war er derjenige, der alle Fäden in der Hand hielt. Trajan war ein Mann von Integrität und Entschiedenheit und wurde von vielen als idealer Herrscher (*optimus princeps*) beschrieben.[xliii]

Es gab zwei Aspekte seiner Herrschaft, die zu seinem herausragenden Ruf beitrugen. Zunächst lag ihm der öffentliche Wohlstand wirklich am Herzen, er half den Armen und ließ zahlreiche Gebäude errichten oder wiederherstellen, wie Brücken, Aquädukte und öffentliche Bäder. Viele Gefangenen und Exilanten wurden rehabilitiert und jedermann ermutigt, einen nützlichen Beitrag zu leisten. Alles funktionierte perfekt, aber das war noch nicht alles.

Der zweite Aspekt, der ihn über die früheren Kaiser erhob, waren seine militärischen Eroberungen. Zuerst gelang es ihm, die Daker (die zu dieser Zeit über beträchtliche Macht verfügten und viele Probleme verursachten) und die Parther (den Feind aus dem Osten, den Cäsar kurz vor seinem Tod bekämpfen wollte[xliv]) endgültig zu besiegen. Darüber hinaus vermochte Trajan die Ausdehnung des Reichs mehr als jeder andere in der Geschichte Roms zu vergrößern: von Schottland bis zum Kaspischen Meer.

Die letzten Tage seines Lebens verbrachte Trajan damit, Rebellionen an der Ost- und Nordgrenze niederzuschlagen. In dieser Zeit wurde er krank und starb. Antike Quellen sind voll von Gerüchten und einige deuten an, dass Trajan homosexuell war und dass seine Frau Pompeia Plotina und einer seiner vermeintlichen Liebhaber namens Hadrian den Kaiser vergiftet hatten.[xlv] Wir wissen mit Sicherheit, dass Trajan Hadrian auf seinem Sterbebett zu seinem

Erben bestimmte und das ohne irgendein Schriftstück. Die einzigen Zeugen seines letzten Willens waren seine Frau und der Prätorianerpräfekt Attianus, den die vorgenannten Quellen als Plotinas Liebhaber nennen. Wie auch immer, der Kaiser war tot und der nächste war bereit, den Thron zu besteigen.

# Hadrian

Um einen weiteren Bürgerkrieg zu vermeiden, nahmen der Senat und die Armee Abstand davon, die Legitimität der Adoption in Frage zu stellen. Dennoch wurden zahlreiche Senatoren ohne Prozess hingerichtet. Der Mann, der für diese Morde verantwortlich war, war Präfekt Attianus—ebenjener, der Trajan möglicherweise vergiftet hatte. Attianus verfügte in der Tat über beträchtliche Macht und glaubte, er würde die Richtung für Hadrians Herrschaft vorgeben können, aber der Kaiser ersetzte ihn, sobald er sich dessen bewusst wurde. Hadrian versprach daraufhin dem Senat, dass er nie wieder jemanden auf der Basis von unbewiesenen Behauptungen exekutieren lassen würde.

Hadrian begann seine Herrschaft mit der Bekämpfung von Rebellionen an den römischen Grenzen, die so ausgedehnt waren, dass es schwer war, sie zu verteidigen. Die exzessive Erweiterung des Reichs unter Trajan hatte nur Probleme mit sich gebracht und Hadrian entschied sich, den entgegengesetzten Kurs einzuschlagen. Wie für Augustus war auch für Hadrian die Stabilität innerhalb der existierenden Grenzen wichtig, also verzichtete er auf die weitere Expansion und gab sogar Armenien und Mesopotamien auf. Hadrian reorganisierte die Verteidigungsanlagen, führte strikte militärische Disziplin ein und ließ den berühmten Hadrianswall in Britannien errichten, „um Rom von den Barbaren zu trennen".[xlvi]

Die Bevölkerung in den Provinzen liebte diesen Kaiser, nicht nur weil er ihnen viel Autonomie gab, sondern auch, weil er zahlreiche Bauten im ganzen Reich errichten und wiederherstellen ließ. Die Griechen waren über seine Leistungen froh, die Bevölkerung Judäas hingegen nicht. Sie wollten sich nicht in die griechisch-römische Welt einfügen und als die Römer versuchten, auf den Ruinen des alten Tempels in Jerusalem einen Tempel zu Ehren Jupiters zu errichten, brach der Bar-Kochba-Aufstand aus. Es gab viele Verluste auf beiden Seiten. Hadrians Armee gelang es schließlich, den Widerstand zu brechen. Die Konsequenzen für die Juden waren schrecklich: In dieser historischen Stunde verloren sie ihr Land. Hadrian benannte die Provinz Judäa in Palästina um (der antike Name des Landes der Philister, ein Volk, das bereits Jahrhunderte zuvor aus der Geschichte verschwunden war) und vereinigte sie mit Syria. Die neue Provinz hieß jetzt Syria Palästina, aus Jerusalem wurde Aelia Capitolina und das Volk wurde versklavt.

Hadrian war graecophil, er liebte die griechische Kunst und Kultur—und einen jungen Griechen namens Antinoos ganz besonders. Zeitgenössische Quellen bezeugen, dass der Kaiser so vom frühen Tod seines Liebhabers überwältigt gewesen sei, dass er wie eine Frau geweint habe.[xlvii] Er hatte natürlich eine Frau, aber seine Ehe war unglücklich. Hadrian starb an Herzversagen und der Titel des römischen Kaisers ging auf seinen Adoptivsohn Antoninus über.

## Antoninus Pius

Antoninus war Hadrians dritte Wahl. Der Mann, den er ursprünglich adoptieren wollte, war schon gestorben und der zweite, der in Frage kam, Marcus Aurelius, war zu jung. Antoninus stand bereit, um die Lücke zu schließen, er sollte ein paar Jahre regieren und dann sollte Aurelius ihm nachfolgen. Zu jedermanns Überraschung herrschte Antoninus 23 Jahre und diese Jahre waren friedlich und prosperierend. Wegen seiner Frömmigkeit und Dankbarkeit blieb er als Antoninus Pius im Gedächtnis.

Antoninus folgte den Linien von Hadrians Politik, aber auf eine etwas andere Weise. Er blieb die meiste Zeit in Rom und vertraute seinen loyalen Heerführern, mit gelegentlichen Grenzkonflikten fertig zu werden. Er begnadigte eine Reihe von Männern, die während der Herrschaft seines Vorgängers ins Gefängnis geworfen worden waren und erklärte, dass Hadrian sie ebenfalls auf freien Fuß gesetzt hätte, wenn er dazu noch die Gelegenheit gehabt hätte.

Da der sparsame Kaiser sehr auf die öffentlichen Finanzen achtete, konnte er zahlreiche Bauprojekte ausführen, wie die Gedenktempel für seine Frau Faustina und seinen Wohltäter Hadrian sowie den beeindruckenden Antoninuswall in Schottland.

## Marcus Aurelius

Antoninus Pius hatte zwei Söhne und viele Töchter mit Faustina, aber fast alle starben vor ihm. Hinsichtlich der Thronfolge machte das keinen Unterschied, denn seine Nachfolger waren schon zwei Jahrzehnte zuvor bestimmt worden. Dabei handelte es sich um Marcus Aurelius (im Deutschen auch Mark Aurel) und Lucius Verus. Die beiden Männer herrschten gemeinsam bis zu Verus' Tod, woraufhin Aurelius seinen Sohn Commodus zum Mitkaiser machte.

Aurelius wurde von Machiavelli als der Letzte der fünf guten Kaiser herausgestellt. Er ist besser bekannt als Philosoph und einer der wichtigsten Vertreter des Stoizismus sowie als Autor der „Meditationen". Aurelius verkörperte das platonische Ideal des Philosophenherrschers. Er nutzte seine Macht weise und half eher dem Volk als sich selbst.

Auch wenn er das Leben in Kontemplation schätzte, war er ein fähiger Militärführer, der viele Jahre auf den Schlachtfeldern verbrachte und die Barbarenvölker an der Donaugrenze bekämpfte. Er war gerade im Begriff, die Parther zu besiegen, als er in Vindobona im heutigen Österreich starb.

## Commodus

Marcus Aurelius starb 180 n. Chr. und hinterließ seinem noch nicht zwanzigjährigen Sohn die Alleinherrschaft. Der historische Moment war außerordentlich schwierig. Jahr für Jahr wurden die Feinde an den Grenzen stärker. Die römische Armee unternahm ungeheure

Anstrengungen, eine Invasion zu verhindern. Dazu kam, dass Commodus zu jung und unfähig war, das Reich zu regieren.

Der Sohn des Marcus Aurelius hatte die bestmögliche Erziehung genossen und es wurde erwartet, dass er sich als weiser Herrscher zeigte. Er erwies sich jedoch als abscheulicher Egomane. Commodus kämpfte mit Gladiatoren (natürlich durfte ihn niemand verletzen) und liebte es, als Herkules dargestellt zu werden. Er ließ zu, dass ein paar Opportunisten Rom regierten und ins Chaos stürzten. Das Amt des Konsuls war käuflich, Menschen wurden aus lächerlichen Gründen ermordet und die Wirtschaft des Reichs geriet in ernsthafte Gefahr. Den Kaiser kümmerte all das nicht. Es langweilte ihn, den Staat zu regieren und er wollte sein Vergnügen. Seine kreativen Ideen bestanden u.a. darin, das Reich in Commodiana umzubenennen, die Konsuln zu exekutieren und durch Gladiatoren zu ersetzen. Glücklicherweise wurde das dem Prätorianerpräfekten bekannt, der die Vergiftung des verrückten Kaisers in die Wege leitete. Die Aufgabe war schwierig. Commodus' Geliebte reichte ihm ein Glas vergifteten Weins, das er gierig annahm, aber er war schon so betrunken, dass er ihn wieder erbrach. Der Versuch, ihn zu vergiften, stellte sich als keine gute Idee heraus und die Verschwörer mussten auf Plan B ausweichen, der das Erdrosseln des Kaisers vorsah. Einer von Commodus' persönlichen Athleten erledigte das erfolgreich.

Viele Historiker haben die Zeit von Commodus' Regentschaft als den Moment identifiziert, in dem Rom aufhörte, eine hochgradig organisierte Gesellschaft und eine unbesiegbare Supermacht zu sein, und begann, sich in ein Königreich von „Eisen und Rost"[xlviii] zu verwandeln. Zahlreiche Berichte über das antike Rom hören hier auf, aber wir fahren fort. Das römische Reich ging nicht im zweiten nachchristlichen Jahrhundert unter. Es dauerte noch hunderte von Jahren nach Commodus fort und sollte noch viele Momente des Ruhms unter einigen seiner visionärsten Herrscher, wie Diokletian und Konstantin, erleben.

# Kapitel 10 – Das späte Reich

Die Dynastie der Nerva-Antoniner endete mit Commodus' Tod. Eine Zeit großer Unsicherheit begann und dauerte fast ein gesamtes Jahrhundert. Der Thron von Rom befand sich in den Händen zahlreicher Usurpatoren, die durch den Mord an ihren Vorgängern an die Macht kamen. Sie endeten alle auf die gleiche Weise: ermordet vom nächsten Kaiser oder der Prätorianergarde. Der größte Teil des dritten Jahrhunderts ist heute als die „Krise des Dritten Jahrhunderts" oder die „Krise des Reichs" bekannt. Die römischen Truppen bekämpften sich gegenseitig, um ihre Generäle auf den Thron zu heben, während Barbarenhorden die Grenzen angriffen. Neunundzwanzig Kaiser kamen und gingen in nur fünf Jahrzehnten und stürzten das Reich in weiteren Aufruhr. Schließlich entschied sich ein Kaiser aus dem Soldatenstand, dem weiteren Verfall Einhalt zu gebieten und eine Zeit der Stabilität herbeizuführen.

## Diokletian und die Tetrarchie

Wie viele Kaiser vor ihm verdankte Diokletian den Thron seinen Truppen, indem sie den amtierenden Kaiser töteten und seine Armee zerschlugen. Anders als sein Vorgänger war er jedoch nicht von der Macht geblendet. Er verstand, dass ein Mann allein das römische Reich in seiner ganzen Ausdehnung nicht wirksam beherrschen konnte—vor allem nicht unter den chaotischen Umständen, die für das dritte nachchristliche Jahrhundert charakteristisch waren. Also teilte er es auf.

Diokletian trug nun die Verantwortung für den östlichen (hauptsächlich griechischen) Teil des Reichs und vertraute seinem Freund Maximian die Kontrolle über den westlichen (lateinischen) Teil an. Die Verwaltung funktionierte so wirkungsvoll, dass der Kaiser zu der Auffassung gelangte, jede Hälfte noch einmal aufzuteilen und eine Tetrarchie (Herrschaft der Vier) zu installieren. Diokletian und Maximian trugen beide den Titel des römischen Kaisers (Augustus), während die beiden neuen Tetrarchen namens Galerius und Constantius Chlorus („der Blasse") den Titel Unterkaiser (Cäsar) erhielten.

Diokletian führte verschiedene Reformen durch und brachte Ordnung in die Armee, die Verwaltung und das Steuersystem. Er erkannte, dass das augusteische Modell des Reichs, das auf den Institutionen der Republik basierte, nicht länger funktionierte. Das Prinzipat endete und das neue Modell, Dominat genannt, nahm seinen Anfang. Der neue Kaiser kleidete sich in Gold, trug eine Krone und präsentierte sich als die Verkörperung Jupiters auf Erden. Die traditionelle römische (heidnische) Religion trug dazu bei, da die Herrscher schon seit Jahrhunderten vergöttlicht wurden. Die Bevölkerung musste Diokletian als die Verkörperung Jupiters auf Erden verehren und ihm zeremonielle Opfergaben darbringen.

Seine heidnischen Untertanen folgten den neuen Regeln gerne. Schließlich war dies der Kaiser, der nach einem Jahrhundert unhaltbarer Zustände die Ordnung wiederhergestellt hatte. Aber mittlerweile gab es im Reich eine erhebliche Anzahl Christen und sie bereiteten Diokletian Schwierigkeiten. Obwohl sie Musterbürger waren, die in der Armee dienten und Steuern zahlten, weigerten sie sich standhaft, dem Kaiser Opfergaben darzubringen. Für sie gab es nur einen Gott und das war nicht der Kaiser.

Verärgert über die Unterwanderung seiner kaiserlichen Autorität entschied Diokletian, dem Christentum im Reich ein Ende zu bereiten. Kirchen wurden abgerissen, Schriften verbrannt und Menschen gefangengenommen, verbannt oder getötet. Jedoch erzielten weder Propaganda noch Repressionen das gewünschte Resultat. Das Gegenteil war der Fall: Das Christentum wurde stärker als je zuvor und Diokletian stand unter solchem Druck, dass er die Kaiserwürde niederlegte.

Als er im Jahr 305 n. Chr. abdankte, musste sein Mitkaiser seinem Beispiel folgen. Beide Kaiser traten zurück und überließen ihre Autorität Galerius und Constantius, die wiederum neue Unterkaiser ernennen mussten. Obwohl sowohl Constantius als auch Maximian Söhne hatten, die beide bewährte Generäle waren, wurden beide übergangen, während neue Männer zu Unterkaisern gemacht wurden.

## Das Ende der Tetrarchie

Im Vergleich zu den anderen Tetrarchen war Constantius der Blasse der beliebteste. Er war ehrlich, gerecht und bodenständig. Im Gegensatz zu den anderen ließ er weder Christen noch sonst jemanden verfolgen und seine Armee war hinsichtlich der Religion heterogen. Er starb jedoch einen langsamen Tod. Seine Blässe war nicht metaphorisch, sondern er litt an Leukämie. Er starb während eines Feldzugs in Britannien und wurde von seinen Soldaten aufrichtig betrauert. Seine Armee wurde unterrichtet, dass sie fortan dem neuen Kaiser Severus dienen würde. Die meisten hatten noch nie von ihm gehört. Sie waren loyal gegenüber Constantius und seinem Sohn Konstantin, der oft an den Feldzügen seines Vaters teilnahm. Die Soldaten kannten und bewunderten ihn—und erklärten ihn zu ihrem Kaiser. Die kurzlebige Zeit des friedlichen Übergangs unter Diokletian war zu Ende.

## Konstantin übernimmt den Westen…

Maximians Sohn Maxentius war sehr angetan von der Vorstellung, auf Konstantins Weise die Macht zu ergreifen, und so setzte er die Truppen, die seinem Vater gedient hatten, ein und eroberte Rom. In diesem Moment hatte das Römische Reich sechs Kaiser: vier legale und zwei selbsternannte. Bis 312 n. Chr. waren in der westlichen Hälfte des Reichs nur noch die beiden selbsternannten übrig.

Maxentius beabsichtigte zu keinem Zeitpunkt, mit Konstantin zu kooperieren. Rom und der Rest Italiens gehörten ihm. Er verfügte über eine große Armee und zahlreiche Befestigungen. Aber Maxentius war ein grausamer und unbeliebter Herrscher und seine Armee brachte ihm nicht die gleiche Wertschätzung entgegen wie Konstantins Armee ihrem Befehlshaber. Als Konstantin und seine 40.000 Männer in Italien einmarschierten, flohen Maxentius und seine Truppen aus der Stadt.

Die beiden Armeen trafen an der Milvischen Brücke aufeinander und Konstantin vernichtete seinen Widersacher. Am nächsten Tag hatte Rom ein neues Staatsoberhaupt. Konstantin zog in die Stadt ein und präsentierte stolz den Kopf seines Gegners auf einem Speer. Er war jetzt Kaiser des westlichen Teils des Römischen Reichs und das war erst der Anfang für diesen visionären Herrscher.

Konstantin hatte etwas Besonderes, etwas das ihm enorme Beliebtheit verschaffte. Er zog als Retter in Rom ein und nicht als Unterdrücker wie Maxentius. Er war ein Mann des Volkes. Darüber hinaus wandte er sich in diesen heiklen Zeiten, als Christen im ganzen Reich unterdrückt wurden, Christus statt Jupiter zu und weigerte sich, dem traditionellen heidnischen Gott die üblichen Opfergaben darzubringen. Aber Konstantin wechselte nicht einfach die Seiten. Der Kaiser erkannte das Christentum in einem Toleranzedikt im Jahr 313 an, stieß aber seine heidnischen Untertanen nicht vor den Kopf, indem er die neue Religion zur offiziellen erklärte. Er wurde immer als Pionier der religiösen Toleranz gesehen.

## ...und den Osten

Während Konstantin und Maxentius im westlichen Reich gegeneinander kämpften, ereignete sich im östlichen Reich etwas Ähnliches. Licinus—zunächst einer der legitimen Tetrarchen und jetzt

Alleinherrscher im Osten—hatte bereits seinen Konkurrenten geschlagen und den Unterkaiser Valerius Valens ermorden lassen. Seine einzige Bedrohung war Konstantin, aber die beiden Kaiser kamen überein, dass jeder die Herrschaft in seiner Hälfte des Reichs behielt. Eine unausgesprochene Feindschaft wuchs jedoch bis zu dem Punkt, an dem der Konflikt unausweichlich wurde.

Licinus beging einen fatalen Fehler. Im östlichen Teil des Reichs lebten mehr Christen als im westlichen und Licinus nahm an, dass sie alle Konstantin unterstützen würden. Deshalb begann er, seine Untertanen zu verfolgen. Das gab Konstantin die perfekte Gelegenheit, sich als der Retter des Volkes zu erweisen, also erschien er mit einer Armee und griff Licinus an. Die Armeen trafen nahe Byzantium aufeinander, das noch eine kleine griechische Kolonie war und erst später zum Zentrum des bekannten Universums werden sollte, und natürlich siegte Konstantin.

# Kapitel 11 – Das Reich Konstantins

Zum ersten Mal in der jüngeren römischen Geschichte hatte das Römische Reich wieder einen einzelnen Kaiser. Konstantin war fähig und stark genug, die Verantwortung zu tragen, aber sie war nicht leicht. Häufige Bürgerkriege hatten das Reich destabilisiert und Konstantin führte eine Reihe von Reformen durch, um alles wieder ins Gefüge zu bringen. Die Wirtschaft erholte sich dank dem Umstand, dass sich die arbeitenden Klassen wieder der Arbeit zuwenden konnten, statt in den Krieg ziehen zu müssen. Um die Erholung zu beschleunigen, band Konstantin jedermann an seine Beschäftigung. Die Bauern durften ihr Land nicht verlassen und die Mitglieder der Gilden (ganze Familien) konnten ihre Beschäftigung nicht wechseln. Diese drastischen Maßnahmen hatten unterschiedliche Auswirkungen im östlichen und westlichen Teil des Reichs. Der Osten blühte bereits und war stabil und die Anordnungen wurden größtenteils ignoriert. Im Westen jedoch führten die Reformen zum mittelalterlichen Feudalsystem.

Da es niemanden mehr gab, der Konstantins Position auf dem Thron in Frage stellen konnte, ging er bei der Förderung des Christentums einen Schritt weiter. Zuerst schickte er seine Mutter auf die allererste Pilgerreise der Geschichte, auf der sie viele Kirchen gründete, wie z.B. die Geburtskirche in Bethlehem und die Grabeskirche von Golgatha in Jerusalem sowie zahlreiche Herbergen und Hospitäler entlang des Weges. Der nächste Schritt zur Unterstützung des neuen Glaubens bestand in der Ächtung von rituellen Opfern, Orgien und Gladiatorenkämpfen. Die Praxis der Kreuzigung wurde ebenfalls verboten. Das einzige populäre öffentliche Spektakel, das noch erlaubt war, war das Wagenrennen, da es nicht gewalttätig war.

## Die ersten Häretiker: die Arianer

Konstantin bildete das Reich tiefgreifend um und seine Verbindung mit dem Christentum war jetzt unzerbrechlich. Alles schien geklärt, als eine neue Herausforderung erschien. Ein brillanter und überzeugender junger Priester aus Ägypten begann, seine eigenen Ansichten über Jesus Christus zu lehren. Sein Name war Arius und er glaubte, dass Christus kein Gott im wahren Sinne sei und dass er in der Hierarchie unter Gott, dem Vater, stehe. Arius zog zahlreiche Anhänger an und sie blieben auch dann an seiner Seite, als ein neuer Bischof ernannt wurde, um ihn in Alexandria zu ersetzen. Die Situation drohte die Kirche, die noch dezentral und nicht durchorganisiert war, zu zerbrechen.

Eine offizielle Meinung der Kirche als solcher existierte noch nicht—die Kirche war gerade erst dabei, sich zu konsolidieren und ihre Ansichten zu formulieren. Die Zukunft des Reichs hing davon ab und es war Konstantin, der den Anstoß für eine dauerhafte Lösung gab. Da er mehr an sozialer Stabilität als an Theologie interessiert war, bot er einfache Lösungen an, z.B. die Unterschiede herauszuarbeiten. Als sein Aufruf keinen Widerhall fand, versammelte er alle Bischöfe des Reichs zur Aussprache in einem großen Konzil in Nikäa. Die Mehrheit befand, dass Arius Unrecht hatte und exkommunizierte ihn. Dank Konstantin war die Christenheit jetzt vereinigt, aber die Harmonie war kurzlebig und sollte nicht lange anhalten. Das machte für den Kaiser keinen Unterschied, der schon eines seiner größten Projekte vorbereitete.

## Der Bau von Konstantinopel (das Neue Rom)

Nun da Konstantin diese heikle Angelegenheit erledigt hatte, entschied er, dass es an der Zeit war, sich einer bedeutenden Bautätigkeit zuzuwenden. Er ließ eine imposante Basilika in Rom erbauen, mit einer großen Statue seiner selbst im Innern, sowie ein paar weitere Kirchen, unter anderem eine für den Papst.

Nichtsdestotrotz wollte Konstantin nicht von Rom aus regieren. Die Stadt war strategisch nicht mehr so bedeutend und sie zeigte sichtbare Spuren von Zerfall und Korruption. Rom war die Stadt der Vergangenheit und Konstantin stand eine Stadt der Zukunft vor Augen. Das Reich hatte sich unter seiner Herrschaft erheblich verändert und er war der Ansicht, dass er eine neue Hauptstadt verdiente—ein Neues Rom (*Nova Roma*).

Es war nicht einfach, das perfekte Gelände für ein solches Unterfangen zu finden, aber Konstantin—so behauptete er später—wurde durch die göttliche Stimme geführt. Gott führte ihn an eben jenen Ort, an dem er Licinus vernichtet hatte und Kaiser sowohl des Ostens als auch des Westens geworden war: die antike Stadt Byzanz.

Diese tausend Jahre alte griechische Kolonie lag an einer perfekten Stelle geradewegs zwischen den Rändern des östlichen und des westlichen Teils des Reichs. An drei Seiten von Wasser umgeben, verfügte sie über ausgezeichnete natürliche Verteidigungsanlagen. Der große Hafen der Stadt lag zwischen dem Mittelmeer und dem Schwarzen Meer, am Mittelpunkt lukrativer Handelsrouten. Die Stelle war, wie die Geschichte später erwies, so perfekt, dass es wie ein Wunder anmutet, dass niemand vor Konstantin auf die Idee gekommen war, an diesem Ort eine Hauptstadt zu erbauen.

Konstantin setzte alle zur Verfügung stehenden Ressourcen ein und die prachtvolle neue Stadt entstand innerhalb von nur sechs Jahren. Menschen aus allen Regionen des Reichs zogen freudig ins

Neue Rom, um sowohl die verschiedenen Vorteile wie kostenloses Getreide und frisches Wasser zu genießen als auch die Gelegenheit zu erhalten, ihre soziale Stellung zu verbessern.

Die neue Hauptstadt wurde im Jahr 330 n. Chr. geweiht. Während Konstantins Herrschaft wurde sie das Neue Rom genannt. Ein Jahrhundert später wurde sie zu Konstantinopel und der neue Name hatte Bestand, bis er im zwanzigsten Jahrhundert in Istanbul geändert wurde. Heute ist die Stadt die Hauptstadt der Türkei.

## Die letzten Jahre Konstantins des Großen: ein dunkles Geheimnis, Taufe und Tod

In den späteren Jahren seiner Herrschaft war es für Konstantin nicht leicht, die politische und religiöse Harmonie aufrechtzuerhalten. Er entwickelte sich zu einem repressiven Herrscher und setzte harte und manchmal ungerechte Mittel ein, um den öffentlichen Wohlstand zurückzubringen. Er hatte damit Erfolg, aber er wurde skrupellos. Er ließ viele, die ihm—wenn auch nur in geringem Maße—als potentielle Rivalen erschienen, ermorden.

Konstantin war nicht in der Lage, die Popularität anderer zu ertragen, und es gab einen Mann, den die Massen liebten und auf dem Thron sehen wollten. Der Kaiser ließ auch ihn unter falschen Beschuldigungen ermorden. Der unglückliche Mann war Crispus, sein ältester Sohn.

Welche Anstrengung Konstantin auch unternahm, es gelang ihm nicht, alles unter Kontrolle zu halten. Er hatte zahlreiche Probleme mit der Kirche. Auch wenn er die Mittel hatte, die offizielle Doktrin, die in Nikäa festgelegt worden war, zu beeinflussen, die Meinungen und der Glaube seiner Untertanen waren außerhalb seiner Reichweite. Arius und andere Häretiker gewannen die Unterstützung von Menschen, denen es gleichgültig war, ob diese Priester aus der Kirche ausgeschlossen waren. Selbst Konstantin selber war niemals ganz sicher, welche Fraktion innerhalb der Kirche er unterstützen sollte. Da er theologischen Fragen gleichgültig gegenüberstand, wollte er lediglich die beliebteste unterstützen, damit sie seinen Einfluss verbreitete. Es scheint, dass er gegen Ende seines Lebens den Eindruck hatte, dass die Arianer gewinnen würden, denn als er schließlich getauft wurde, vollzog ein arianischer Bischof die Zeremonie.

# Kapitel 12 – Die konstantinische Dynastie

Konstantin war einer der fähigsten Herrscher der römischen Geschichte, aber er war noch weit davon entfernt, perfekt zu sein. Einige Angelegenheiten, deren Lösung ihm nicht gelungen war, entwickelten sich nach seinem Tod zu größeren Problemen. Die alte römische Religion existierte neben dem Christentum. Das Modell hatte unter Konstantin gut funktioniert, aber jetzt drohte es, das Reich zu zerbrechen. Die zweite ungelöste Frage war die der Nachfolge.

## Konstantins Söhne

Konstantin war so bedacht auf seine eigene Position, dass er, wie wir im vergangenen Kapitel gesehen haben, die Exekution seines fähigsten Erben in Auftrag gab. Die drei verbliebenen Söhne namens Konstantin II., Constantius II. und Constans teilten das Reich unter sich auf, begannen aber unmittelbar, sich untereinander zu bekämpfen, um die Herrschaft über das gesamte Reich zu erlangen. Nach einigen Jahren Bürgerkrieg ging Constantius II. als Sieger hervor. Aber das Reich hatte viele Feinde, die nach und nach an Stärke gewannen, und es war ihm nicht möglich, gleichzeitig an allen Fronten präsent zu sein. Er benötigte dringend jemanden aus seiner

Familie, um den Rest der Armee zu führen, aber er hatte alle, die in Frage kamen, vorsorglich getötet. Nun, fast alle, es gab noch einen sonderbaren kleinen Cousin, Julian, den Constantius verschont hatte, weil der Junge keine große Gefahr darzustellen schien. Der Kaiser hätte wohl anders gedacht, hätte er gewusst, welches Potential in dem jungen Julian steckte.

## Julian der Apostat

Flavius Claudius Julianus (später bekannt als Julian der Apostat) verbrachte seine Kindheit in häuslicher Gefangenschaft und las die griechischen und römischen Klassiker. Er hatte nie andere als intellektuelle Ambitionen gezeigt und als er 19 Jahre alt wurde, bekam er ohne Probleme die Erlaubnis zu reisen und seine Studien der klassischen Welt zu verfolgen. Während seiner Reisen von Pergamon nach Ephesos studierte Julian Philosophie, verwarf das Christentum und wandte sich dem Neoplatonismus zu. Er verschwieg allen—vor allem seinen christlichen Lehrern—seine Abkehr vom Christentum und Hinwendung zur heidnischen Religion, weil er die Privilegien, die er genoss, nicht aufs Spiel setzen wollte.

Aber der Moment war gekommen, da er sein Leben als Gelehrter nicht länger fortsetzen konnte. Constantius benötigte ihn, um eine kaiserliche Armee zu führen und mit Feinden an der Nordgrenze fertig zu werden, da der Kaiser selbst in Persien kämpfte. Also machte er Julian zu seinem Cäsar (Unterkaiser), gab ihm 360 Männer (die, nach Julians Worten, „nur beten konnten"[xlix]) und schickte ihn nach Gallien.

Julian hatte keinerlei militärische Erfahrung. In den Augen der anderen war er nur ein schüchterner Gelehrter. Aber in den fünf Jahren, die er in Gallien verbrachte, erzielte er unerhörte Ergebnisse. Julian verwandelte die örtliche Armee in eine schlagkräftige Truppe. Dann vertrieb er die Barbaren und ließ tausende von Kriegsgefangenen frei. Nachdem er den Frieden in der Provinz wiederhergestellt hatte, verfolgte und vernichtete er die germanischen

Stämme auf ihrem eigenen Territorium, nahm deren König gefangen und schickte ihn in Ketten nach Konstantinopel.

Constantius war wie versteinert. Sein junger Cousin war mächtig und die Menschen bewunderten ihn. Um ihn zu entmutigen, verlangte der Kaiser, dass Julian ihm als Hilfe gegen die Perser Geld und Männer aus Gallien sandte.

Julians Männer wollten ihre Heimat nicht verlassen, um zu Constantius' Armee im Osten zu stoßen, also versammelten sie sich eines Nachts vor Julians Palast, huldigten ihm als Kaiser und baten ihn, sie gegen Constantius zu führen. Julian fühlte, dass Zeus auf seiner Seite war, und sagte freudig zu. Er musste nicht länger vorgeben, Christ zu sein und sandte Anweisungen an alle römischen Städte, die römische Religion wieder einzuführen.

Julian musste nicht mehr gegen Constantius kämpfen, da dieser mittlerweile einer Krankheit erlegen war. Als dessen einziger Erbe erschien Julian als neuer Kaiser einfach in Konstantinopel, wo ihm die Massen und der Senat aus ganzem Herzen zujubelten.

## Die Restauration der griechisch-römischen Kultur: Julians vergebliche Träume

Julian war nicht völlig zufrieden mit seinem neuen Status. Die Macht des Reichs hatte über die Jahre beträchtlich abgenommen. Er sah überall Degeneration, Gier, moralischen Verfall und einen Mangel an Disziplin. Der Kaiser hatte eine klare Vorstellung von den Gründen für einen solchen Niedergang: All das passierte wegen des Christentums. Der neue Glaube glorifizierte feminine Attribute wie Güte und Vergebung auf Kosten des traditionellen römischen Sinnes für Pflicht und Ehre.

Julian wusste, dass Verfolgung nicht zum gewünschten Ergebnis führen würde. Also entschied er sich, Konstantins Strategie anzuwenden, aber für das Gegenteil: die Wiederherstellung der alten Gebräuche und Religion, die jetzt als heidnisch galten. Julian veröffentlichte ein Toleranzedikt, das einen kleinen Satz enthielt, der aussagte, dass das römische Heidentum die überlegene Religion sei. Die Tempel im gesamten Reich waren wieder geöffnet und alles vorbereitet, aber die Bevölkerung hatte schon Christus als ihren wahren Gott anerkannt und war nicht willens, die neue Hoffnung aufzugeben. Egal wie sehr sich der Kaiser auch bemühte, den Lauf der Geschichte umzukehren, nichts schien zu wirken. Dann erinnerte er sich daran, wie es Konstantin gelungen war, das Christentum über Nacht zur führenden Religion zu machen: Er hatte an der Milvischen Brücke gekämpft, gesiegt und erklärt, dass Christus ihn geleitet habe. Der nächste Schritt war klar: Julian musste siegreich aus einer entscheidenden Schlacht hervorgehen und die Menschen mussten darüber in Kenntnis gesetzt werden, dass Mars und Jupiter (oder die griechischen Ares und Zeus) den Kaiser geleitet hatten.

*Julian der Apostat.*[l]

Julian bereitete sich auf die traditionelle griechisch-römische Art auf den Schlüsselsieg vor, indem er das Orakel von Delphi um eine Prophezeiung bat. Aber die Worte des Orakels waren enttäuschend: „Teile dem Kaiser mit, dass mein Haus eingestürzt ist. Phoibos hat weder sein Haus noch seine mantische Bucht, noch seine prophetische Quelle: das Wasser ist ausgetrocknet."[li]

Der Kaiser unternahm weitere Versuche, um zu beweisen, dass die alten Götter real und auf seiner Seite waren, während der christliche

Gott ein Schwindler ist. Gemäß der biblischen Prophezeiung könne der Tempel in Jerusalem bis zum Ende der Zeit nicht wiedererrichtet werden. Also entschied Julian, den Tempel wiederaufzubauen und das Christentum als Lüge zu entlarven. Aber es gelang ihm nicht, sein Vorhaben durchzuführen. Er unternahm zwei Versuche und beide endeten in einer Katastrophe. Zuerst war es ein Erdbeben und das zweite Mal ein Feuer, das die gesamte Konstruktion dem Erdboden gleich machte.

Die vergeblichen Versuche hatten Julian zunehmend unbeliebt gemacht, v.a. weil er finanzielle Mittel benötigte, um sie auszuführen, und er das Gold einer christlichen Kathedrale nutzte, um seine Armee zu finanzieren.

Schließlich marschierte er 363 n. Chr. mit seiner beeindruckenden Armee nach Persien. Sie fiel ohne Probleme in Persien ein, aber es gelang ihr nicht, die hohen Mauern der persischen Hauptstadt Ktesiphon zu überwinden und die Stadt einzunehmen. Eine lange Belagerung kam nicht in Frage, da die Römer die Hitze nicht ertragen konnten. Darüber hinaus war eine große persische Armee auf dem Weg, um die Hauptstadt zu verteidigen. Enttäuscht entschied Julian, die Belagerung zu beenden. Nur wenige Monate später attackierten die Perser die Ostgrenze und Julian wurde tödlich verwundet. Er starb als der letzte heidnische römische Kaiser und als letzter Kaiser der konstantinischen Dynastie.

# Kapitel 13 – Niedergang und Fall des Weströmischen Reichs

Die Welt veränderte sich rasant und Rom sollte schon bald in die Hände germanischer Stammesführer fallen. Germanische Stämme hatten schon lange versucht, römisches Gebiet einzunehmen, aber die Versuche waren erfolglos geblieben. Dieses Mal war es anders, sie kamen in Frieden als Siedler, die Zuflucht vor einer neuen angsteinflößenden Macht suchten: den Hunnen. Nichtsdestotrotz waren die Neuankömmlinge nicht darauf erpicht, die römische Kultur anzunehmen und sich anzupassen. Als Konsequenz veränderte sich die römische Gesellschaft für immer, und zwar in einer Weise, die für die Römer nicht förderlich war. Dazu kam, dass das Reich durch einen inkompetenten Kaiser nach dem anderen regiert wurde.[lii]

## Valentinian, Valens und Gratian

Der Kaiser, der Julian nachfolgte, starb einen wenig heldenhaften Tod: eine Feuerschale brannte nachts in seinem Zelt und er erstickte. Seine Söhne, Valentinian und Valens, teilten das Reich erneut. Valentinian übernahm den Westen und Valens wurde Herrscher des römischen Ostens. Nach elf Jahren starb Valentinian und sein Sohn

Gratian folgte ihm auf den Thron, aber er war zu unerfahren und stand unter dem Einfluss seines Onkels Valens.

Valens kam zu einem scheinbar vorteilhaften Arrangement mit den zweihunderttausend westgotischen und ostgotischen Zuwanderern, die auf römischem Gebiet bleiben wollten. Die Siedler sollten Land in Thrakien erhalten und die Männer römische Soldaten werden. Aber es kam zu keinem guten Ende. Die Feindseligkeit zwischen den Eingesessenen und den Neuankömmlingen nahm zu. Im Jahr 278 waren Valens und Gratian gezwungen, die Goten nahe Adrianopel anzugreifen. Es fehlte jedoch an einem ausgereiften Schlachtplan und echtem Zusammenwirken, so dass sich die Schlacht als Katastrophe erwies. Durch den langen Marsch und die Hitze waren die Römer erschöpft und die Goten schlachteten zwei Drittel von ihnen problemlos ab. Jetzt konnte jeder Barbarenstamm auf römisches Territorium vordringen und tun und lassen, was er wollte. Die Goten breiteten sich nach Osten aus und bedrohten Konstantinopel. Es schien, als gäbe es keinen Ausweg.

## Theodosius

Valens starb in einem Gefecht, aber der Osten war nicht lange ohne Kaiser. Der Kaiser des Westreichs, Gratian, wählte seinen besten General, Theodosius, aus und ernannte ihn zum Kaiser der Osthälfte des Reichs. Theodosius stand vor einer wahrhaft schwierigen Aufgabe, nämlich genügend junge Männer zu finden, die die zehntausende von erfahrenen Soldaten ersetzen sollten, die bei der katastrophalen Niederlage von Adrianopel gefallen waren. Jetzt musste jeder—auch die Barbaren—in der Armee dienen. Das Arrangement, das Theodosius traf, war ähnlich dem, das Valens getroffen hatte, aber Theodosius achtete mehr auf die Details. Es funktionierte für eine Weile ganz gut, obwohl es schädliche Konsequenzen nach sich zog, die erst ein paar Jahrzehnte später offensichtlich wurden und zum Zusammenbruch des Weströmischen Reichs führten.

## Die Einzigartigkeit des Christentums

Im Jahr 382 wurde Theodosius krank und glaubte, dass er dem Tod nahe sei. Wie Konstantin vor ihm, wollte der Herrscher des Oströmischen Reichs getauft werden, bevor er starb. Nach der Zeremonie erholte er sich jedoch auf wundersame Weise. Diese Erfahrung veranlasste ihn, die Art und Weise, wie er das Reich regierte, zu ändern. Unschuldige zu töten war nun unmöglich und er konnte die Streitigkeiten innerhalb der Kirche nicht länger ignorieren.

Theodosius verbannte sowohl die arianische Häresie als auch das Heidentum innerhalb des Reichs. Angestachelt durch seinen Mentor, Bischof Ambrosius von Mailand, schloss er die öffentlichen Tempel, gab den Titel *Pontifex Maximus* (der oberste Priester der traditionellen römischen Religion) auf und untersagte alle heidnischen Handlungen. Die Olympischen Spiele, das Orakel von Delphi, der Tempel der Vesta und das ewige Feuer waren von nun an Geschichte. Im Jahr 391 n. Chr. schließlich verkündete Theodosius das Christentum als die einzige Religion im Reich.

## Die Plünderung Roms

Theodosius' Nachkommen mangelte es an Stärke, um den „barbarischen" Kräften im Reich zu begegnen, so dass diese Stämme ihren Einfluss vergrößerten. Generäle, die oft genug aus Barbarenvölkern stammten, verfügten über größeren Einfluss als die Kaiser. Das war besonders im westlichen Teil des Reichs augenfällig, wo Kaiser Honorius im Schatten des Generals Stilicho stand. Stilicho war ein herausragender Kommandant, aber ironischerweise wurde er weder von der Elite in Rom noch von der in Konstantinopel unterstützt. Bei einer Gelegenheit versuchte er, den König der Visigothen, Alarich, zu bestechen, weil ihm bewusst war, dass ein Kampf schädlich wäre. Stilichos Feinde überzeugten daraufhin Kaiser Honorius, dass er an Rom Verrat geübt habe, und Honorus ließ ihn ermorden. Italien war praktisch verteidigungslos, so dass Alarichs

Armee im Jahr 401 einfach in Italien einfiel und Rom plünderte. Honorius entkam nach Ravenna und überließ es den Bürgern, sich selbst zu verteidigen.

## Die furchterregenden Hunnen

Schockiert durch die Plünderung Roms ließ der neue Kaiser des Ostens, Theodosius II., Konstantinopel mit massiven Mauern umgeben. Alarich hatte keine Chance, das Neue Rom zu erobern, aber anderen gelang es, darunter der mächtige Attila und seine bedrohliche Armee. Konstantinopel blieb verschont, aber Rom war ihm schutzlos ausgeliefert. Zunächst akzeptierte Attila Lösegeld, damit er die Römer in Ruhe ließ. Ein paar Monate später wurde Honoria, Honorius' Schwester, in eine Ehe mit einem unliebsamen Senator gedrängt. Um der Heirat zu entgehen, schickte sie in ihrer Verzweiflung einen Ring und einen Brief an Attila. Der mächtige Hunne kehrte daraufhin zurück und nahm sich, was ihm gehörte. Überraschenderweise zerstörten die Hunnen die Stadt nicht. Papst Leo—der einzige Verantwortliche, der zu dieser Zeit noch in Rom war—überzeugte ihn, sofort die Stadt zu verlassen. Am nächsten Morgen fanden Attilas Männer ihren Anführer tot in seinem Zelt.

## Widerstand gegen Einfluss der Barbaren

Nach Attilas Tod stellten die Hunnen keine Bedrohung mehr für das Römische Reich dar. Der wahre Feind jedoch war noch da und verfügte über immense Macht. Die Barbaren waren nicht nur in die Gesellschaft integriert, sie standen dem Thron so nahe, dass sie die Kaiser wirkungsvoll kontrollierten. Als Kaiser Valentinian III. versuchte, dem ein Ende zu setzen und die hochrangigen Barbaren loszuwerden, wurde er ebenfalls ermordet. Die Witwe des Kaisers rief die Vandalen herbei, um den Römern beizustehen. Sie kamen, plünderten Rom und entführten die unkluge Kaiserin nach Karthago.

In Konstantinopel versuchte Kaiser Leo dem sarmatischen General Aspar, der diesen Teil des Reichs beherrschte, Widerstand zu leisten und dabei zu vermeiden, wie sein Kollege im Westen zu enden. Leo gelang es, Aspar die militärische Kontrolle zu entziehen und einem anderen General zu übergeben, Tarasicodissa dem Isaurier. Sie beschuldigten Aspar des Verrats und Tarasicodissa, dessen hellenisierter Name jetzt Zenon lautete, wurde mit Leos Tochter verheiratet.

Leo war ein ehrgeiziger Herrscher und wollte das Königreich der Vandalen in Nordafrika unterwerfen. Er rüstete die Armee aus, machte aber einen kolossalen Fehler in der Wahl seines Heerführers. Er entschied sich für seinen Schwiegersohn Basilicus, der sich schon bald als einer der unfähigsten Generäle der Geschichte erwies. Er landete zu weit von Karthago entfernt, demolierte versehentlich die Flotte, geriet in Panik, floh und ließ die verheerte Armee zurück. Interessanterweise hielt sich Basilicus für fähig genug, das Reich zu regieren. Leo bestimmte Zenon zu seinem Erben. Basilicus verursachte ihm einigen Ärger, indem er ihn stürzte, aber das Volk stand auf Zenons Seite und der bessere Mann eroberte schließlich den Thron.

## Der Westen fällt, der Osten besteht weiter

Zenon arbeitete fleißig daran, die Stabilität im Oströmischen Reich wiederherzustellen, aber der Westen war seinem Schicksal ausgeliefert. Im Jahr 476 n. Chr. hatte der Barbarengeneral Odoaker genug von all den Möchtegernkaisern und schickte den minderjährigen Kaiser Romulus Augustulus ins Exil. Der Barbarenfürst war nicht daran interessiert, den Titel des römischen Kaisers zu tragen und sandte die Krone und das Zepter als Zeichen seines guten Willens an Zenon.

Der Kaiser Ostroms war nicht erfreut, Odoaker zu unterstützen, aber er konnte es sich in seiner Lage nicht leisten, gegen ihn zu kämpfen. Schließlich hatte er eine brillante Idee, die zwei Probleme auf einmal löste. Der König der Ostgoten, Theoderich, sorgte für Unfrieden auf dem Balkan, aber Zenon war nicht in der Lage, ihn zu bekämpfen. Also verlieh er ihm die Autorität, über das Weströmische Reich zu herrschen. Die Goten zogen gemeinsam nach Italien und stürzten Odoaker. Rom war jetzt nicht mehr römisch. Auf der anderen Seite befreite sich Ostrom dadurch von der Einflussnahme durch Barbarenstämme. Zenon gelang es, die Stabilität wiederherzustellen, aber er lebte nicht mehr lange genug, um Zeuge der strahlenden neuen Ära zu werden, die dank ihm begonnen hatte.

# Kapitel 14 – Das byzantinische Jahrtausend

Konstantinopel wurde während des chaotischen dritten Jahrhunderts gegründet, als Revolten und Bürgerkriege an der Tagesordnung waren und die römischen Kaiser kaum ein Jahr lang regierten. Unter Konstantin war die neue Stadt zur Hauptstadt des gesamten Römischen Reichs geworden. Jetzt, da das Weströmische Reich aufgehört hatte zu existieren, bestand nur noch das Oströmische Reich. Heute ist es vornehmlich als das Byzantinische Reich bekannt. Als die berichteten Ereignisse stattfanden, lautete die offizielle Bezeichnung hingegen Oströmisches Reich. Die Bürger seiner Hauptstadt und seine Kaiser sahen sich selbst als Römer. Jedermann sonst, einschließlich ihrer Feinde, erachtete sie ebenfalls als Römer. Als Konstantinopel den Osmanen in die Hände fiel, nahm Sultan Mehmed II. den Titel „Kaiser von Rom" an. Das geschah jedoch erst im fünfzehnten Jahrhundert, einer Periode, die man wirklich nicht mehr der Antike zuordnen kann. Wir sprechen sie nur wegen ihrer Kontinuität mit der antiken römischen Welt an. Jetzt geht unsere Erzählung mit dem ruhmreichsten byzantinischen Herrscher und seiner umstrittenen Gattin weiter.

# Justinian und Theodora

Justinian verfügte, schon Jahre bevor er Kaiser wurde, über erhebliche Macht. Als Peter Sabbatius geboren hatte der junge Mann seinen Namen aus Dankbarkeit gegenüber seinem Onkel Justinus, dem damaligen Kaiser, in Justinian geändert. Justinus hatte nicht nur seinen Neffen adoptiert und ihm zu einer erstklassigen Erziehung verholfen, er hörte auch auf seinen Rat und ließ ihn strategisch wichtige Entscheidungen treffen. Der ältliche Kaiser gab Justinian sogar seine Zustimmung, als dieser sich entschied, „eine Dame der Bühne" namens Theodora zu heiraten.

Justinian stand den Nachbarvölkern im Kampf gegen ihre Unterdrücker bei. Repräsentanten aus zahlreichen Staaten versammelten sich in Konstantinopel und die Stadt wurde quasi zum Zentrum der Welt. Die Vasallenkönige, die gezwungen waren, dem König von Persien zu dienen, wechselten freudig die Seiten, gestärkt durch die Unterstützung des Reichs und Justinians. Überdies eroberten Justinians Truppen unter der Führung seines Leibwächters Belisar Armenien von den Persern. Das war aber erst der Anfang für den visionären Kaiser.

Die Krönung von Justinian und Theodora in der Hagia Sophia war spektakulär und läutete ein glanzvolles Zeitalter ein. Seine Herrschaft wird heute aufgrund seiner militärischen Erfolge und großartigen Bauprojekte als das Goldene Zeitalter der byzantinischen Geschichte betrachtet. Zudem ließ er den ersten Kodex römischen Rechts niederschreiben. Unglücklicherweise waren die Menschen nicht übermäßig glücklich, weil er auch Steuern erhob. Aus diesem Grund wurde er im Nika-Aufstand fast getötet, als 30.000 Menschen sich im Hippodrom gegen ihn erhoben. Der Aufstand wurde niedergeschlagen und die Aufständischen von Belisars Armee abgeschlachtet. Niemand stellte Justinians Entscheidungen je wieder in Frage.

# Ein Gott im Himmel, ein Kaiser auf Erden

Justinian war der Ansicht, dass das Römische Reich ohne die Stadt Rom nicht vollständig ist und es seine Pflicht sei, die himmlische Ordnung wiederherzustellen, Rom zu befreien und die Kirche wieder zu vereinigen. Glücklicherweise hatte der Kaiser den besten General der römischen Geschichte zu seiner Verfügung. Die von Belisar geführte Armee besiegte trotz erheblicher Unterzahl die Vandalen in Afrika und eroberte Karthago zurück. Danach nahm er mit nur 5.000 Soldaten Rom und ganz Italien ein. Er wäre möglicherweise in der Lage gewesen, Spanien und den Rest Westeuropas zurückzuerobern, hätte die Kaiserin nicht befürchtet, dass Belisar zu mächtig war, um Vertrauen zu genießen.

Die späteren Herrschaftsjahre brachten die Pest und Hungersnöte. Nachdem diese vorüber waren, gelang es Justinian, relativen Wohlstand und Frieden während seiner verbleibenden Jahre aufrechtzuerhalten. Nach Justinian sprach kein römischer Kaiser mehr Latein als Muttersprache und nur sehr wenige in der römischen Geschichte waren solche Visionäre.[liii]

Im Verlauf seiner langen Geschichte hatte das Oströmische Reich seine Höhen und Tiefen. Eine der größten Herausforderungen war die aggressive Expansion der muslimischen Stämme, die von den fähigen byzantinischen Generälen in vielen Gefechten bekämpft wurden. Auch in großen Krisenzeiten war Konstantinopel gut geschützt und unzugänglich für seine Feinde. Die offizielle Sprache war griechisch und die vorherrschende Religion war das östliche orthodoxe Christentum. Obwohl es sich um eine religiöse Gesellschaft handelte, war das Bildungswesen überraschend säkular. Das kulturelle Leben blühte und die Eliten der umgebenden Völker wurden in der Universität von Konstantinopel ausgebildet, wo sie in Mathematik, Rhetorik, Sprachen und Jura unterrichtet wurden. Das dunkle Mittelalter drang nicht nach Byzanz vor. Konstantinopel war ein Leuchtturm der Zivilisation im mittelalterlichen Europa und darüber hinaus.[liv] Überdies schützte das Oströmische Reich den Rest Europas vor den schnell expandierenden islamischen Kräften.[lv]

## Die Kreuzzüge

Die Vorherrschaft von Byzanz dauerte mehr als ein Jahrtausend, bevor sie schließlich zu Ende ging. Ironischerweise nahm Konstantinopel nicht zuerst durch muslimische Hände Schaden. Die Stadt, die nie zuvor erobert worden war, wurde schließlich von Christen während des vierten Kreuzzuges geplündert und niedergebrannt.

Die Probleme begannen im elften Jahrhundert während des Vormarsches der seldschukischen Türken. Die byzantinische Elite war zu jener Zeit so korrupt, dass sie den Kaiser, Romanus Diogenes, in einem entscheidenden Moment während einer Schlacht gegen die Seldschuken verrieten, weil sie keinen starken Kaiser wollten, der ihre Privilegien beschnitt. Wie Jahrhunderte zuvor in der Antike wurde das Reich zu dieser Zeit von Bürgerkriegen geplagt. Im Jahr 1081 wurde schließlich ein Mann mit Potenzial gekrönt. Es handelte sich um den General Alexios Komnenos.

Zu dieser Zeit waren die orthodoxe und die katholische Kirche getrennt und standen nicht auf gutem Fuß miteinander. Nichtsdestotrotz schrieb Alexios an Papst Urban und bat um Unterstützung im Kampf gegen die Sarazenen. So begannen die Kreuzzüge.

Die ersten Kreuzfahrer, die eintrafen, waren ein undisziplinierter Haufen unter der Führung von Peter dem Eremiten. Auf dem Weg nach Konstantinopel setzten sie zahlreiche Städte in Brand und ermordeten eine Reihe von Griechen in Kleinasien. Schließlich wurden sie von den Türken vernichtet. Die nächsten Kreuzzüge verliefen erfolgreicher. Die Kreuzfahrerheere gewannen mehrere Schlachten gegen die Türken und eroberten Jerusalem. Die Kreuzfahrer stellten allerdings eine größere Gefahr für das strahlende Konstantinopel dar als für die Muslime. Der vierte Kreuzzug erreichte sein heiliges Ziel nie. Die Ritter und Bauern fielen in Konstantinopel ein. Der Herzog von Venedig, der einige ungelöste Probleme mit der byzantinischen Elite hatte, ließ die Kreuzfahrer wissen, dass die Griechen Häretiker sind. Als Konsequenz plünderten sie die Stadt und nahmen alle Schätze, derer sie habhaft werden konnten, darunter Reliquien aus Gräbern und Ornamente von Kirchen. Am Schluss brannten sie die Stadt nieder.

Nachdem sie von Papst Innozenz verurteilt worden waren, entschieden sich die Kreuzfahrer zu bleiben und in Konstantinopel das Lateinische Kaiserreich zu gründen. Die echte byzantiner Elite und der neue Kaiser residierten in Nikäa und schwächten die Lateiner mit verschiedenen diplomatischen Aktivitäten und eines Tages versammelte der Kaiser, Michael Palaiologos, eine Armee, eroberte Konstantinopel, versetzte die Lateiner in Panik und vertrieb sie.

## Die Osmanen

Eine Gruppe türkischer Krieger unter der Führung eines Mannes namens Osman eroberte alle anderen Städte im Reich und richtete ihr Augenmerk jetzt auf Konstantinopel. Die Verteidigungsanlagen der Stadt konnten zwar Zeit erkaufen, aber sie waren nicht mehr unüberwindlich. Der Kaiser, Manuel II., bat um Hilfe aus dem Westen, aber niemand kam. Die Spannungen dauerten mehrere Jahrzehnte, während derer die Osmanen einige Niederlagen hinnehmen mussten und die Byzantiner für eine Weile in Ruhe ließen.

1453 schließlich eröffnete der türkische Sultan Mehmed II. der Eroberer, ausgerüstet mit modernen Kanonen, das Feuer auf die Stadtmauern. Die Offensive dauerte 48 Tage. Die türkische Armee—verstärkt durch die Elitetruppen der Janitscharen—eroberte die Stadt schließlich von der Seeseite aus. Viele Bürger Konstantinopels versammelten sich in der Hagia Sophia und warteten auf einen Engel, um sie zu retten. Sie wurden alle getötet. Das war das Ende der römischen Geschichte.

*Die Hagia Sophia (heute eine Moschee), Istanbul, Türkei.*[h]

# Zeittafel der römischen Geschichte

## Antike Geschichte: Die römische Republik

753 v. Chr. Gründung Roms

509 v. Chr. Sturz der römischen Monarchie

494 v. Chr. Erster Auszug der Plebejer

445 v. Chr. Legalisierung der Heirat zwischen Patriziern und Plebejern

396 v. Chr. Römische Soldaten erhalten zum ersten Mal einen Sold.

366 v. Chr. Erster plebejischer Konsul im Amt

351 v. Chr. Erster plebejischer Diktator und Zensor gewählt

343–341 v. Chr. Erster Samnitischer Krieg

340–338 v. Chr. Latinischer Krieg (Bürgerkrieg)

337 v. Chr. Erster plebejischer Prätor gewählt

328–304 v. Chr. Zweiter Samnitischer Krieg

287 v. Chr. Lösung des Ständekonflikts

280–272 v. Chr. Pyrrhischer Krieg

264–241 v. Chr. Erster Punischer Krieg

241 v. Chr. Sizilien wird als Provinz Sicila geordnet

218 v. Chr. Beginn des Zweiten Punischen Krieges: Eine kathargische Armee verlässt Cartagena.
216 v. Chr. Schlacht von Cannae
214 - 205 v. Chr. Erster Mazedonischer Krieg
201 v. Chr. Ende des Zweiten Punischen Krieges
200-192 v. Chr. Zweiter Mazedonischer Krieg
188 v. Chr. Römisch-Seleukidischer Krieg
149-146 v. Chr. Dritter Punischer Krieg
133 v. Chr. Mord an dem plebejischen Tribunen Tiberius Gracchus
112 v. Chr. Jugurthinischer Krieg
107 v. Chr. Gaius Marius wird zum Konsul gewählt.
91-88 v. Chr. Bürgerkrieg
88 v. Chr. Sullas erster Bürgerkrieg
83-82 v. Chr. Sullas zweiter Bürgerkrieg
63 v. Chr. Pompeius erobert Jerusalem, Cicero wird zum Konsul gewählt, Verschwörung des Catilina
59 v. Chr. Erstes Triumvirat des Pompeius, Crassus und Cäsar
58 -50 v. Chr. Gallischer Krieg: Römische Truppen verhindern den Zug der Helvetier über die Rhone.
49 v. Chr. Cäsar überschreitet unrechtmäßigerweise den Rubikon.
44 v. Chr. Ermordung von Julius Cäsar
43 v. Chr. Zweites Triumvirat des Augustus, Antonius und Marcus Aemilius Lepidus
42 v. Chr. Bürgerkrieg der Befreier: Augustus und Antonius führen etwa dreißig Legionen ins nördliche Griechenland, um Cäsars Mörder zu verfolgen.
33 v. Chr. Das zweite Triumvirat endet.
31 v. Chr. Schlacht von Actium
30 v. Chr. Letzter Krieg der römischen Republik: Antonius' Truppen laufen zu

Augustus über. Antonius und Kleopatra begehen Selbstmord.

## Das frühe Reich

27 v. Chr. Der Senat gewährt Augustus zunächst die Titel Augustus, der Majestätische und Princeps.

21 v. Chr. Augustus verheiratet seine Tochter Julia mit seinem General Marcus Vipsanius Agrippa.

12 v. Chr. Agrippa stirbt an Fieber.

11 v. Chr. Augustus verheiratet Julia mit Tiberius.

9 v. Chr. Nero Claudius Drusus stirbt an Verletzungen infolge eines Sturzes vom Pferd.

6 v. Chr. Augustus bietet Tiberius tribunizische Gewalt und die Macht über die Osthälfte des Reichs an. Tiberius lehnt ab und kündigt seinen Rückzug nach Rhodos an.

2 v. Chr. Augustus wird vom Senat zum „Pater Patriae" (Vater des Vaterlandes) ernannt, Augustus verurteilt Julia wegen Ehebruchs und Verrats und verbannt sie mit ihrer Mutter Scribonia ins Exil nach Ventotene.

4 n. Chr. Augustus adoptiert Tiberius und verleiht ihm tribunizische Rechte.

13 n. Chr. Tiberius erhält als Co-Princeps die gleiche Machtbefugnis wie Augustus.

14 n. Chr. Augustus stirbt.

16 n. Chr. Schlacht an der Weser: Eine römische Armee unter der Führung von Germanicus schlägt die germanischen Stämme entscheidend an der Weser.

18 n. Chr. Tiberius gewährt Germanicus die Herrschaft über die Osthälfte des Reichs.

19 n. Chr. Germanicus stirbt in Antiochia, möglicherweise wird er auf Befehl von Tiberius vergiftet.

37 n. Chr. Tiberius stirbt und hinterlässt in seinem Testament seine Ämter gemeinsam Caligula und Tiberius Gemellus, dem Sohn Drusus Julius Cäsars.

41 n. Chr. Caligula wird vom Zenturio Chaerea ermordet. Die Prätorianergarde ruft Nero Claudius Drusus' Sohn Claudius zum Princeps aus.

43 n. Chr. Die Römer erobern Britannien.

49 n. Chr. Claudius heiratet Agrippina die Jüngere.

50 n. Chr. Claudius adoptiert Agrippinas Sohn Nero.

54 n. Chr. Claudius stirbt, nachdem er von Agrippina vergiftet wurde, und Nero folgt ihm als Princeps nach.

64 n. Chr. Der große Brand Roms

66 n. Chr. Erster jüdisch-römischer Krieg: Die jüdische Bevölkerung Judäas revoltiert gegen die römische Herrschaft.

68 n. Chr. Der Senat erklärt Nero zum Staatsfeind und befiehlt Epaphroditos, seinem Sekretär, ihn zu töten. Der Senat akzeptiert Galba, den Statthalter der Provinz Hispania Tarraconensis, als Herrscher Roms.

69 n. Chr. Die Prätorianergarde ermordet Galba und ruft Otho zum Herrscher Roms aus. Vitellius besiegt Otho. Der Senat erkennt Vespasian als Herrscher Roms an.

70 n. Chr. Belagerung von Jerusalem: Der römische General Titus durchbricht die

Mauern von Jerusalem, plündert die Stadt und zerstört den Zweiten Tempel.

71 n. Chr. Römische Eroberung Britanniens: Römische Truppen fallen im heutigen Schottland ein.

79 n. Chr. Vespasian stirbt, sein Nachfolger wird sein Sohn Titus.

80 n. Chr. Rom wird in Teilen durch Feuer zerstört. Das Kolosseum wird fertiggestellt.

81 n. Chr. Titus stirbt an Fieber und sein jüngerer Bruder Domitian folgt ihm auf den Thron.

96 n. Chr. Domitian wird von Mitgliedern des kaiserlichen Haushalts ermordet. Der Senat erklärt Nerva zum Herrscher Roms.

97 n. Chr. Nerva adoptiert den General und ehemaligen Konsul Trajan als Sohn.

98 n. Chr. Nerva stirbt und Trajan wird sein Nachfolger.

117 n. Chr. Trajan stirbt und der Senat akzeptiert den General Hadrian als Herrscher Roms.

132-135 n. Chr. Bar-Kochba-Aufstand in Judäa

138 n. Chr. Hadrian adoptiert Antoninus Pius als Sohn und Nachfolger. Hadrian stirbt—wahrscheinlich an Herzversagen—und Antoninus folgt auf den Thron.

161 n. Chr. Antoninus stirbt. Marcus Aurelius and Lucius Verus werden seine Nachfolger.

165-180 n. Chr. Antoninische Pest

169 n. Chr. Lucius Verus stirbt an der Krankheit und Marcus Aurelius wird alleiniger Herrscher Roms.

177 n. Chr. Marcus Aurelius ernennt seinen unehelichen Sohn Commodus zum Mitregenten.

180 n. Chr. Marcus Aurelius stirbt.

192 n. Chr. Commodus wird erwürgt.

# Das späte Reich

284 Römische Truppen im Osten erklären den Konsul Diokletian zu ihrem Herrscher und proklamieren ihn zum Kaiser.

285 Diokletian verleiht Maximian den Titel Cäsar.

286 Diokletian erklärt Maximian zum Kaiser (Augustus) des Westens, während er sich selbst zum Kaiser (Augustus) des Ostens erklärt.

293 Diokletian errichtet die Tetrarchie und ernennt Constantius Chlorus zum Cäsar unter Maximian im Westen und Galerius zum Cäsar unter ihm selbst im Osten.

301 Diokletian erlässt das Höchstpreisedikt, reformiert die Währung und setzt Höchstpreise für eine Reihe von Waren fest.

303 Verfolgungen unter Diokletian

305 Diokletian und Maximian danken ab. Constantius und Galerius steigen zu Augusti im Westen resp. im Osten auf. Galerius ernennt Flavius Valerius Severus zum Cäsar im Westen und Maximinus II. zum Cäsar im Osten.

306 Constantius stirbt in Eboracum. Seine Truppen rufen seinen Sohn Konstantin den Großen zum Augustus aus.

306–312 Bürgerkriege während der Tetrarchie

312 Schlacht an der Milvischen Brücke

313 Konstantin der Große und Licinus erlassen das Edikt von Mailand, das Entschädigungen für Christen vorsieht, die während der Verfolgungen zu Schaden gekommen sind.

324 Schlacht von Adrianopel

325 Erstes Konzil von Nikäa

326 Konstantin der Große befiehlt den Tod seines ältesten Sohnes Crispus.

330 Konstantin der Große verlegt seine Hauptstadt nach Byzanz und benennt die Stadt in Konstantinopel, die Stadt Konstantins, um.

337 Konstantin der Große stirbt, seine Söhne werden seine Nachfolger.

355 Constantius II. erklärt Julian (Kaiser) zum Cäsar und gibt ihm das Kommando in Gallien.

357 Schlacht von Straßburg: Julian besiegt eine hochüberlegene alemannische Streitmacht bei Argentoratum und stabilisiert die römische Kontrolle westlich des Rheins.

360 Die widerstrebenden Truppen, die von Paris nach Osten zur Vorbereitung des Krieges gegen das sassanidische Reich beordert werden, meutern, statt dem Befehl Folge zu leisten und rufen Julian zum Augustus aus.

361 Constantius II. stirbt an Fieber, Julian wird sein Nachfolger auf dem Thron.

364 Die Armee ruft den General Valentinian den Großen zum Augustus aus. Valentinian der Große ernennt seinen jüngeren Bruder Valens zum Augustus für die Herrschaft über den östlichen Teil des Reichs, während er selbst die Herrschaft über den westlichen behält.

375 Valentinian der Große stirbt an einem Herzinfarkt. Sein Sohn Gratian, zu der Zeit Unterkaiser im Westen, folgt ihm als Augustus auf den Thron.

378 Schlacht von Adrianopel: Eine gemeinsame Streitmacht von Goten und Alanen besiegt die Römer entscheidend bei Edirne. Valens wird getötet.

379 Gratian ernennt den General Theodosius, den Großen zum Augustus im Osten.

380 Theodosius der Große erlässt das Edikt von Thessaloniki, in dem das Christentum zur Staatsreligion im Römischen Reich erhoben wird.

395 Theodosius der Große stirbt. Sein älterer Sohn, Arcadius, folgt ihm als Augustus im östlichen Reich auf den Thron. Der minderjährige Honorius wird unter der Regentschaft des Magister Militum, Stilicho, alleiniger Augustus im Weströmischen Reich.

398 Krieg gegen den Feldherrn Gildo: Gildo, Statthalter aus Afrika, wird nach einer gescheiterten Rebellion gegen das Weströmische Reich getötet.

402 Ravenna wird zur Hauptstadt des Weströmischen Reichs.

410 Die Westgoten unter ihrem König Alarich I. plündern Rom.

424 Der byzantinische Augustus, Theodosius II., ernennt seinen Vetter und Constantius' III. Sohn, den jungen Valentinian III., zum Cäsar im Weströmischen Reich. Seine Mutter, Galla Placidia, wird zur Regentin ernannt.

447 Schlacht am Utus: Die Hunnen unter Attila besiegen die oströmische Armee in einer blutigen Schlacht am Fluss Wit.

457 Der oströmische Augustus Leo der Thraker ernennt Majorian zum Oberbefehlshaber im Westen.

468 Schlacht von Kap Bon: Das Vandalenkönigreich zerstört eine vereinigte weströmische und byzantinische Flotte bei Kap Bon.

474 Leo der Thraker stirbt. Sein Enkel Leo II. folgt ihm auf den Thron. Zenon wird Mitkaiser des Byzantinischen Reichs mit seinem jungen Sohn Leo II.

475 Basiliscus, der Bruder der Witwe Leos des Thrakers, Verina, wird vom byzantinischen Senat zum Augustus des Byzantinischen Reichs ausgerufen.

476 Zenon erobert Konstantinopel zurück und akzeptiert Basilicus' Kapitulation. Germanische Bundesgenossen sagen sich von der weströmischen Herrschaft los, Odoaker erobert die weströmische Hauptstadt Ravenna, zwingt Romulus zur Abdankung und erklärt sich selbst zum König von Italien. Der Senat übersendet Zenon die kaiserlichen Regalien des Weströmischen Reichs.

## Das Byzantinische Reich

527 Augustus Justinus I. ernennt seinen älteren Sohn, Justinian den Großen, zum Mitkaiser. Justinus stirbt.

529 Der Codex Justinianus, ein Versuch, das römische Recht zusammenzufassen und Widersprüche aufzulösen, wird verkündet.

532 Justinian der Große befiehlt den Bau der Hagia Sophia in Konstantinopel.

533–534 Vandalenkrieg: Eine byzantinische Armee unter General Belisar zieht ins Königreich der Vandalen.

535–554 Gotenkrieg: Byzantinische Truppen aus Afrika fallen in Sizilien und Rom ein.

537 Die Hagia Sophia wird fertiggestellt.

565 Belisar und Justinian der Große sterben.

602–628 Byzantinisch-Sassanidischer Krieg

634 Muslimische Eroberung der Levante

640 Muslimische Eroberung Ägyptens

641 Belagerung von Alexandria: Die byzantinische Obrigkeit in der ägyptischen Hauptstadt Alexandria kapituliert vor der Armee des Kalifen.

663 Basileus (König) Konstans II. besucht Rom.

698 Schlacht von Karthago: Eine Belagerung und Blockade Karthagos durch die Umayyaden erzwingt den Rückzug der byzantinischen Truppen. Die Stadt wird erobert und zerstört.

730 Basileus (König) Leo III., der Isaurier, verkündet ein Edikt, das die Verehrung von religiösen Bildern verbietet. Damit beginnt der erste byzantinische Bildersturm.

787 Zweites Konzil von Nikäa: Ein ökumenisches Konzil in Nikäa endet mit der Befürwortung der Verehrung von religiösen Bildern und beendet den ersten byzantinischen Bildersturm.

1002 Byzantinische Eroberung von Bulgarien

1054 Ost-West Schisma: Der päpstliche Legat, Humbert von Silva Candida, legt ein Dokument auf den Altar der Hagia Sophia, das die Exkommunikation von Michael I. Kerularios, dem Patriarchen von Konstantinopel, verkündet.

1071 Schlacht von Manzikert: Eine seldschukische Armee besiegt das Byzantinische Reich entscheidend bei Manzikert. König Romanos IV. Diogenes wird gefangen genommen.

1081 Nikephoros III. Botaneiates wird abgesetzt und als König durch Alexios I. Komnenos ersetzt.

1098 Der Anführer des ersten Kreuzzuges, Bohemund I., erklärt sich selbst zum Fürsten von Antiochia.

1204 Belagerung von Konstantinopel: Die Kreuzfahrer des vierten Kreuzzuges erobern und plündern Konstantinopel, setzen den Basileus (König), Alexios V. Doukas, ab und errichten das Lateinische Königreich. Ihr Anführer wird der Lateinische Kaiser Balduin I.

1261 Michael VIII. Palaiologos erobert Konstantinopel und wird gemeinsam mit seinem Sohn Andronikos II. Palaiologos, der noch ein Kleinkind ist, zum König gekrönt.

1326-1453 Byzantinisch-osmanische Kriege

1453 Fall Konstantinopels: Osmanische Truppen fallen in Konstantinopel ein. König Konstantin XI. Palaiologos wird getötet.

# Literaturverzeichnis

*The Hellenistic World from Alexander to the Roman Conquest: A Selection of Ancient Sources in Translation* von Michael M. Austin

*The World of Late Antiquity: AD 150-750* von Peter Brown

*Readings in Ancient Greek Philosophy: From Thales to Aristotle,* hrsg. von S. Marc Cohen, Patricia Curd und C. D. C. Reeve

*Hadrian and the Triumph of Rome* von Anthony Everitt

*A War Like No Other: How the Athenians and Spartans Fought the Peloponnesian War* von Victor Davis Hanson

*Ancient Greece: From Prehistoric to Hellenistic Times* von Thomas R. Martin

*Roman Conquests: Macedonia and Greece* von Philip Matyszak

*A Short History of Byzantium* von John Julius Norwich

*A Companion to Ancient Macedonia,* hrsg. von Joseph Roisman und Ian Worthington

*Hellenic Religion and Christianization C. 370-529* von Frank R. Trombley

*Encyclopedia of Ancient Greece,* hrsg. von Nigel Wilson

# Endnoten

[i] Diese allgemeine Chronologie ist weitgehend akzeptiert. Quelle: Clayton, Peter, Chronicle of the Pharaohs, Thames and Hudson Press, 1994.

[ii] Wilkinson.

[iii] The Satire of the Trades, or The Instruction of Dua-Kheti ist eine Anweisung eines Schreibers namens Dua-Kheti (dt. Dua-Cheti) für seinen Sohn Pepi. Transliteration aus der ägyptischen Schrift und Übersetzung ins Englische sind online verfügbar unter: http://www.ucl.ac.uk/museums-static/digitalegypt//literature/satiretransl.html (abgerufen am 13. Januar 2018).

[iv] Verschiedene Quellen nennen auch verschiedene Jahre. Es gilt jetzt als sicher, dass Narmer Ägypten irgendwann zwischen 3100 und 2950 v. Chr. vereinte.

[v] Der Quellentext steht online zur Verfügung unter: http://www.reshafim.org.il/ad/egypt/texts/ipuwer.htm (abgerufen am 17. Januar 2018).

[vi] Eine riesige Statue Echnatons aus seinem Aton-Tempel in Karnak. Ägyptisches Museum Kairo. Bild mit freundlicher Genehmigung von Gérard Ducher, Quelle: Wikimedia Commons.

[vii] Bild mit freundlicher Genehmigung vom Museum für Archäologie Istanbul.

[viii] Die mythische Urerzählung nach Geraldine Pinch, Egyptian Myth, A Very Short Introduction, Oxford University Press, 2004.

[ix] Wilkinson (Rise and Fall of Ancient Egypt) bringt den Mythos von Nun mit dem Nil in Verbindung, dem Wasser, das im wörtlichen Sinne immer die Quelle des Lebens war.

[x] Pinch.

[xi] Wilkinson.

[xii] Bild mit freundlicher Genehmigung von Marc Ryckaert, Quelle: Wikimedia Commons.

[xiii] Fritze, Ronald H., Egyptomania: A History of Fascination, Obsession and Fantasy, Reaktion Books/University of Chicago Press, 2016.

[xiv] Bild mit freundlicher Genehmigung von Carsten Frenzl, Quelle: Flickr, via Wikimedia Commons. https://commons.wikimedia.org/wiki/File:TUT-Ausstellung_FFM_2012_47_(7117819557).jpg

[xv] Wilkinson, Toby, The Rise and Fall of Ancient Egypt, Random House, 2011.

[xvi] Fritze.

[xvii] Der englische Titel des Buchs von Lars Brownsworth über das Byzantinische Reich lautet „Lost to the West".

[xviii] Titus Livius (59 v. Chr.–17 n. Chr.), ein römischer Historiker (seine Geschichte Roms von der Gründung bis zu seiner eigener Zeit umfasste 142 Bücher, von denen 35 überlebten), weist auf die Verbindung zwischen dem Wort „Wolf" und einer umgangssprachlichen Bezeichnung für eine Prostituierte hin und nimmt an, dass sich eine Prostituierte der Zwillingsbrüder angenommen hat.

[xix] Siehe dazu: Beard, SPQR, A History of Ancient Rome.

[xx] Alter und Ursprung der Figuren sind umstritten. Die Lupa wurde lange Zeit für ein etruskisches Werk des 5. vorchristlichen Jahrhunderts gehalten, zu dem die Zwillinge im 15. nachchristlichen Jahrhundert hinzugefügt wurden, aber eine Datierung mittels Radiokarbonmethode und Thermoluminiszenz hat ergeben, dass sie möglicherweise im 13. Jahrhundert nach Christus angefertigt wurde.

[xxi] „So gehe jedermann zugrunde, der über meine Mauern springe!" rief Romulus, nachdem er seinen Bruder getötet hatte. (Livius)

[xxii] David M. Gwynn, The Roman Republic: A Very Short Introduction, Oxford University Press, 2012.

[xxiii] Plutarch, Moralia, On the fortune of the Romans, http://www.gutenberg.org/ebooks/23639.

[xxiv] Beard.

[xxv] Ibid.

[xxvi] Gwynn.

[xxvii] Stephen P. Oakley, „The Early Republic", in The Cambridge Companion to the Roman Republic, hg. V. Harriet I. Flower, Cambridge University Press, 2006.

[xxviii] Diese Stadtmauern werden fälschlicherweise Servius Tullius zugeschrieben und sind noch heute unter dem Namen „Servianische Mauer" bekannt.

[xxix] Livius.

[xxx] Octavius' Familie stammte aus Thurii, daher die Ergänzung des Namens Thurinus.

[xxxi] Büste des Kaisers mit der Bürgerkrone, Palast Bevilacqua, Verona, Italien. Quelle: Wikimedia Commons.

[xxxii] Publius (oder Gaius) Cornelius Tacitus, Annales.

[xxxiii] Gaius Suetonius Tranquillus, Die zwölf Kaiser: Das Leben des Tiberius.

[xxxiv] Gaius Suetonius Tranquillus, Die zwölf Kaiser: Das Leben des Nero und Cassius Dio, Römische Geschichte.

[xxxv] Tacitus, Historien.

[xxxvi] Porträt von Nero. Marmor, römisches Kunstwerk, 1. Jhr. n. Chr. Aus der Region der Kaiserresidenzen auf dem Palatin. Antiquarium des Palatin. Quelle: Wikimedia Commons.

[xxxvii] Sueton, Cassius Dio, Plinius der Ältere.

[xxxviii] Ibid.

[xxxix] Brian W. Jones, The Emperor Domitian, 1993.

[xl] Machiavelli, Discourses on Livy.

[xli] Michael Peachin, „Rome the Superpower: 96-235 CE", in: A companion to the Roman Empire, hg. V. David Potter, Blackwell Publishing Ltd, 2006.

[xlii] Quelle: Wikimedia Commons.

[xliii] Cassius Dio, Römische Geschichte.

[xliv] Siehe Kapitel 5.

[xlv] Julian Bennett, Trajan. Optimus Princeps, Indiana University Press, 2001.

[xlvi] Scriptores Historiae Augustae, Hadrian.

[xlvii] Ibid.

[xlviii] Cassius Dio.

[xlix] Julian, zitiert nach Brownworth.

[l] Abbildung mit freundlicher Genehmigung von Classical Numismatic Group/Wikimedia Commons.

[li] Wie zitiert in https://en.wikipedia.org/wiki/List_of_oracular_statements_from_Delphi; fünf verschiedene Übersetzungsmöglichkeiten finden sich hier: http://laudatortemporisacti.blogspot.com/2012/12/the-last-oracle.html.

[lii] Gibbon.

[liii] Brownworth.

[liv] Lars Brownworth, Lost to the West: The Forgotten Byzantine Empire That Rescued Western Civilization, Crown Publishing, 2009.

[k] Brownworth; Edward Gibbon, The History of the Decline and Fall of the Roman Empire, Bd. V., Projekt Gutenberg: http://www.gutenberg.org/files/735/735-h/735-h.htm.

[hi] Abbildung mit freundlicher Genehmigung von Arild Vågen (Wikimedia Commons).

[hi] Der englische Titel des Buchs von Lars Brownsworth über das Byzantinische Reich lautet „Lost to the West".

[hi] Titus Livius (59 v. Chr.–17 n. Chr.), ein römischer Historiker (seine Geschichte Roms von der Gründung bis zu seiner eigener Zeit umfasste 142 Bücher, von denen 35 überlebten), weist auf die Verbindung zwischen dem Wort „Wolf" und einer umgangssprachlichen Bezeichnung für eine Prostituierte hin und nimmt an, dass sich eine Prostituierte der Zwillingsbrüder angenommen hat.

[hi] Siehe dazu: Beard, SPQR, A History of Ancient Rome.

[hi] Alter und Ursprung der Figuren sind umstritten. Die Lupa wurde lange Zeit für ein etruskisches Werk des 5. vorchristlichen Jahrhunderts gehalten, zu dem die Zwillinge im 15. nachchristlichen Jahrhundert hinzugefügt wurden, aber eine Datierung mittels Radiokarbonmethode und Thermoluminiszenz hat ergeben, dass sie möglicherweise im 13. Jahrhundert nach Christus angefertigt wurde.

[hi] „So gehe jedermann zugrunde, der über meine Mauern springe!" rief Romulus, nachdem er seinen Bruder getötet hatte. (Livius)

[hi] David M. Gwynn, The Roman Republic: A Very Short Introduction, Oxford University Press, 2012.

[hi] Plutarch, Moralia, On the fortune of the Romans, http://www.gutenberg.org/ebooks/23639.

[hi] Beard.

[hi] Ibid.

[hi] Gwynn.

[hi] Stephen P. Oakley, „The Early Republic", in The Cambridge Companion to the Roman Republic, hg. V. Harriet I. Flower, Cambridge University Press, 2006.

[hi] Diese Stadtmauern werden fälschlicherweise Servius Tullius zugeschrieben und sind noch heute unter dem Namen „Servianische Mauer" bekannt.

[hi] Livius.

[hi] Octavius' Familie stammte aus Thurii, daher die Ergänzung des Namens Thurinus.

[hi] Büste des Kaisers mit der Bürgerkrone, Palast Bevilacqua, Verona, Italien. Quelle: Wikimedia Commons.

[hi] Publius (oder Gaius) Cornelius Tacitus, Annales.

[bi] Gaius Suetonius Tranquillus, Die zwölf Kaiser: Das Leben des Tiberius.

[bi] Gaius Suetonius Tranquillus, Die zwölf Kaiser: Das Leben des Nero und Cassius Dio, Römische Geschichte.

[bi] Tacitus, Historien.

[bi] Porträt von Nero. Marmor, römisches Kunstwerk, 1. Jhr. n. Chr. Aus der Region der Kaiserresidenzen auf dem Palatin. Antiquarium des Palatin. Quelle: Wikimedia Commons.

[bi] Sueton, Cassius Dio, Plinius der Ältere.

[bi] Ibid.

[bi] Brian W. Jones, The Emperor Domitian, 1993.

[bi] Machiavelli, Discourses on Livy.

[bi] Michael Peachin, „Rome the Superpower: 96–235 CE", in: A companion to the Roman Empire, hg. V. David Potter, Blackwell Publishing Ltd, 2006.

[bi] Quelle: Wikimedia Commons.

[bi] Cassius Dio, Römische Geschichte.

[bi] Siehe Kapitel 5.

[bi] Julian Bennett, Trajan. Optimus Princeps, Indiana University Press, 2001.

[bi] Scriptores Historiae Augustae, Hadrian.

[bi] Ibid.

[bi] Cassius Dio.

[bi] Julian, zitiert nach Brownworth.

[bi] Abbildung mit freundlicher Genehmigung von Classical Numismatic Group/Wikimedia Commons.

[bi] Wie zitiert in https://en.wikipedia.org/wiki/List_of_oracular_statements_from_Delphi; fünf verschiedene Übersetzungsmöglichkeiten finden sich hier: http://laudatortemporisacti.blogspot.com/2012/12/the-last-oracle.html.

[bi] Gibbon.

[bi] Brownworth.

[bi] Lars Brownworth, Lost to the West: The Forgotten Byzantine Empire That Rescued Western Civilization, Crown Publishing, 2009.

[bi] Brownworth; Edward Gibbon, The History of the Decline and Fall of the Roman Empire, Bd. V., Projekt Gutenberg: http://www.gutenberg.org/files/735/735-h/735-h.htm.

[bi] Abbildung mit freundlicher Genehmigung von Arild Vågen (Wikimedia Commons

www.ingramcontent.com/pod-product-compliance
Lightning Source LLC
LaVergne TN
LVHW041625060526
838200LV00040B/1439